# 歌の革命

リトアニアの独立とそれにまつわる人々

高橋眞知子

社会評論社

ヴィリニュスの大聖堂と鐘楼

バルトの道

独立を導いたリトアニアのランズベルギス元国家元首

1988 年、自由を求めて

J・ドブケヴィチウスとドビ機のモデル

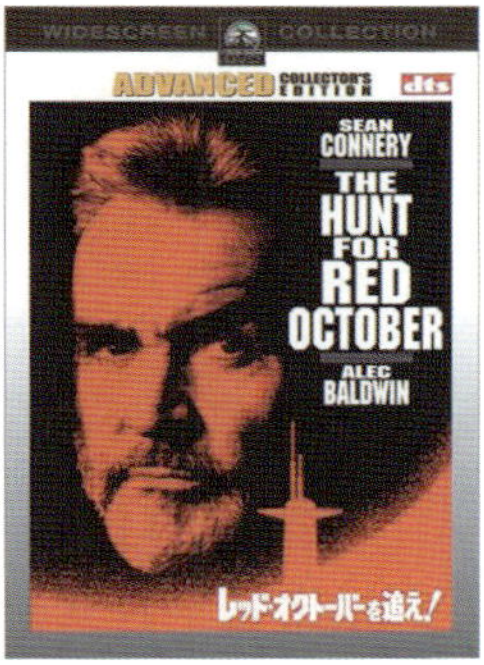


映画、レッドオクトーバーを追え

国立航空博物館にて
左から、ルコシェヴィチウス、ヤンカウスカス、高橋、ラモシュカ、シュトゥーラス

芸術家　M.K. チュルリョーニス

革命の日

雪景色のヴィリニュス旧市街

独立活動のロックバンド“アンティス”のリーダー、カウシュペーダスは改革運動組織サユーディスの主要メンバーで、建築家

目次＊歌の革命―リトアニアの独立とそれにまつわる人々

# プロローグ

1989年に世界へ発信され、感動の波紋を広げた「バルトの道（人間の鎖）」を覚えていますか。600㎞以上の距離を約200万の人々が手を繋いで自由を勝ち取ろうと一致団結した、バルト諸国のこの奇跡的なデモのニュースは、万人にとって驚異的な出来事でした。

1939年8月23日に調印された独ソ不可侵条約（モロトフ・リッベントロップ協定）、その裏に潜んでいたポーランドの分割やバルト三国のソ連併合の極秘の合意、この忌まわしい秘密議定書が交わされてから50周年を刻印する日でした。今なお語り継がれ、のち「ユネスコ、世界の記憶遺産」として登録されたこのデモ行動が、こんなにも感動を与えたのはなぜだったのでしょう。それは人々が国境を超え手をつなぎ、完璧な一本の鎖になって、しばしの静寂のなかで、今までのあまりにも長かった苦難の過去から放たれることを祈り、心をひとつに深く瞑想したことにあります。これこそがバルトの道（Baltic Way）で起きたことでした。夏の夜の7時、約20分間、人々の鎖の出発点はリトアニアの象徴であるヴィリニュス旧市街の丘の上、ゲディミナス城、そしてヴィリニュス大聖堂から切れることなく、高速道路に沿って延々と、ラトヴィアの首都リガ、エストニアの首都タリンまで結ばれたのです。600㎞といえば東京から北へ向けて、秋田や青森あたりまでの距離でしょう。

「バルトの道」の直前には少々の混乱もありましたがこれは容易く想像ができることです。我も我もと駆けつける車で道は渋滞し、海外からこのために帰国する国民も多く、予定していた場所に行きつけずに焦る人々が多数生じました。車を持たぬ人たちのために乗り物も用意されて、彼らもまた高揚感を抑えながら目的地に向かいました。幸いにも到着した人々は、続々と車を降り指定の場所に赴く、あるいは案内役の必死の誘導もあったでしょう。人の間に穴が開いてはならないのですから。

サユディス（政治組織）のリーダー、ランズベルギスは、先に進めなくなって騒然としている人々にラジオを通して呼びかけ続けます。「皆さん、どうぞ落ち着いてください。もし予定の場所に到着していなくても心配はありません。車を降りて、そこで手を繋ぎましょう。私たちはこの特別なモーメントを、今あなた方がどこに居ようと共有します。同じ将来の道を分かち合うのです」。こうして一本の鎖の他に、幾つもの短い人間の鎖ができていたようです。共感を持ったポーランドの人々も彼らの国旗や紋章を掲げ参加しました。時間が来て、やっとランズベルギスが鎖の中に入ります。右側にはランズベルギス夫人をはじめシベリアに強制送還を受けた人たちが、左側は青少年の教育活動を担うリトアニアのスカウトの若者たちでした。

このリトアニアを書くにあたり、私との関係をお話しましょう。

今から８年前のこと、２０１１年の秋でした。初めてリトアニアを訪れる機会に恵まれました。在リトアニア日本初代特命全権大使の明石美代子大使から、日本とリトアニア外交関係20周年記念行事に演奏家として一週間の行程で招待を受けました。滞在先はあろうことかヴィリニュスの大使公邸の、それも大使ご夫妻の隣室でした。毎朝8時半の朝食、これを大使ご夫妻とご一緒させていただくことになりました。思い出がよみがえり最初から脱線してしまいそうで、それを堪《こら》えねばなりません。

２０１１年は3月に東日本大震災の起きた年。そのため外交記念行事のテーマは「絆」でした。チャリティーの演奏会はリサイタルの他、著名なリトアニアの弦楽四重奏団や若手のハープ奏者との共演でした。初めて出会う演奏家たちとの共演はそれそのものが「絆」です。演奏会場はヴィリニュス市のリトアニア国立音楽・演劇アカデミーのコンサートホールや、旧市街にある聖コトリーナ教会でした。滞在4日目の10月12日、大使公邸の広いサロンには多くの来賓が訪れました。演奏者数名と朗読家によって準備されたプログラムには、スクリーンで日本民話が映し出されるなどの趣向も凝らされ、外交記念の公な場はアットホームな、心から絆を確かめ合う夕べになりました。

そしてその翌日出向いたのがカウナス市、アレクソータスの丘の上にあるユルギス・ドブケヴィチウス中等学校だったのです。

第1章の冒頭に述べるとおりですが、この時点ではドブケヴィチウスは未知の人物。５６００mの上空で宙返りをしたのは凄いと説明を受けても、その時は何のことかよく分かりませんでした。ところが驚くべきことは、それから7年近くも経って、無性にこの人物が気になり始めたことです。宿運とでも呼べばよいのでしょうか。

ユルギス・ドブケヴィチウスという１９００年生まれの飛行機設計士、空軍パイロットについては、調べるほどにその一途な生きざまに惹かれ、つい文章に起こしていました。複雑怪奇な歴史背景だけではありませんでした。空飛ぶマシーンに全てを打ち込んだユルギスに感動を覚えました。オランダのフォッカー機の生みの親、アントニー・フォッカーやパリに在住したブラジル人飛行家、そして発明家の一匹狼サントス＝デュモン、さらに加えて米国のライト兄弟以前の世界初の飛行を提唱したフランスのクレマン・アデールたちが登場しますが、まさにドラマチックでロマンに満ちた一場面を共有にしたような気持ちになりました。とこれが本書の成り立ちの第一歩です。

２節目に取り上げたリトアニア国立航空博物館の館長と専門スタッフ達との座談会では、ユルギス物語の裏付けができた他に、彼らのさりげない発言から生きた証言の一端にも接することができました。

では第２章以降、著書のテーマをどう選んだかと聞かれそうです。これはインスピレーションのようなものでした。「あ、あの人に話を聞いてみたい」とか、「リトアニアを書くなら、日本人として、杉原千畝は避けて通れないだろう」など、自然発生的な自己との対話が行われました。英雄的なイメージを持つユルギス、象徴的な芸術家チュルリョーニス。となれば、今日この国にある英雄的かつ象徴的な、あの独立革命のリーダー、音楽家でもある元国家元首を取り上げなくてはなりません。取材依頼に幸いをもたらしたのは、演奏の場で以前お目にかかる機会に恵まれたことでした。

第2章、リトアニア共和国、元国家元首ランズベルギス氏の日本訪問について回帰してみます。日本を訪れる都度、氏は多くのファンを作りました。続く2、3、4節では、ランズベルギス氏の孫、長女、親族の諸氏がリトアニアの今と昔を語ります。「論文」と「証言」を通して、彼らの祖国への思いが強く伝わってきます。紛争の衝突、摩擦、ねじれ、苦境からはおぞましい歴史が生まれましたが、こんな時にこそ人は奇跡の力をみせました。

第3章は5つの節に分かれています。

1節――リトアニアの象徴的芸術家チュルリョーニスについて。画家で、初のプロの作曲家ともいわれ、音から色彩を、色彩から音を聴くという稀な才能をもつ芸術家の、それは短い人生でした。最後に描かれたひとつの作品の印象が強く残っています。

2節――チュルリョーニスの画にも見られる「ジャポニスム」について、その由来をオランダの黄金時代の17世紀、オランダ東インド会社に探ります。日本が初めて参加した19世紀のロンドンとパリの世界万国博覧会、こうして日本趣味が開花してゆきました。しいては英国人コンビのギルバート（脚本家）&サリヴァン（作曲）のポピュラーな大ヒット作品、ミカド（帝）オペレッタというものもありました。ところがさて振り付けとなるとそう簡単なことではありませんでした。日本人的な身のこなしや作法の演出は直接習得するほかに手立てのないことを知っていた彼ら作者たち。幸い機を同じくして、ロンドンで日本紹介のために開設された「日本人村」。とにかく日本趣味は華やかなブームでした。

3節――1906年にリトアニアで日本の紹介著書を出版したカイリース、当時これだけでも特異なことです。3巻からなる書物の装丁のオリジナルな様相を逐一見ていきます。事態をロシアのピョートル大帝の熱心な日本語教育と日本漂流民の実話に結びつけてみると、カイリースの立ち位置が理解しやすくなりました。紹介するもう一人のリトアニア人、ペトラウスカスは、学び、教え、歌い、企画して、作曲して、エネルギッシュに世界を飛び回りながら音楽で啓蒙活動を行うという、彼もまたバルト国の歴史が生んだ異色の芸術家です。リトアニアで初めてオペラを作曲したひとでした。

4節――時代を同じくして、ロシア十月革命の主人公レーニンの音楽にまつわる言葉と、彼が好んだ世界初の電子音楽楽器との出会い、またその楽器製作者テルミンは盗聴器の製作者としても右に出るものがいなかった。不可解なままの人物ですが、1989年にフランスでインタヴューを受け、そこで自身が言葉を残しています。本書の中で唯一、リトアニアに対してロシアを扱った一節です。謎だらけな内容ですが、あえてこの不協和音のような響きをひとつだけ取り上げてみました。

5節――杉原千畝とオランダ領事のヤン・ツワルテンダイクの相互関係を明らかにしてみます。杉原千畝については、正確な情報は必ずしも行きわたらず、一面的なイメージが提供されることもあります。2018年秋にオランダで出版された、ヤン・ブロッケン氏の一冊の新刊が興味深い情報を提供してくれました。先入観なく事実を全体像から推し量ることは重要です。それが杉原氏、ツワルテンダイク氏、その他命のビザに関わった多くの人々への尊厳にも繋がると思います。

締めくくりの第4章は、1節は非暴力で自由を訴え、歌でもってなされた独立革命「歌の革命」とはどのように起きたのか。2節ではそれを率い導いたランズベルギス元国家元首のプライベートに迫りますが、物見遊山ではなく、歴史を変えた国の元リーダーの行動の源泉に触れてみたかったからです。どうやら、この判断は間違っていませんでした。ではランズベルギスとは？インタヴューにみる氏の思いがけぬ素顔、これが3節です。

北緯55度に位置する北ヨーロッパの国、リトアニア共和国の国土は約65300km²。バルト三国の中では一番南に位置して最も大きく、ベルギー国の2倍以上、ヨーロッパ国土面積ランキングでは30位。日本に比べれば北海道の80％ほどです。山はなくほぼ平坦ですが湖の数は数千もあり、西部の約95kmはバルト海に面しています。自然がたいそう美しい国です。寒帯気候で四季があり冬の気温は零下、雪も積もります。エネルギー資源をほとんどロシアに依存していますが、主に石油精製業、食品加工業、木材関連工業、麻繊維などの軽工業、その他バイオテクノロジー、薬学、ＩＴ、レーザー、電気通信業、エレクトロニクス工業、などが国を支えています。民族構成はリトアニア人がほとんどを占め、わずかな数でポーランド人やロシア人、残りは他諸国民でその人口は約２７９万４０００人（２０１９年)。

２０１８年のデータでは在留邦人の数がわずか85名です。つまり日本に知られていないことが沢山あるということです。そんな意味からも、本書が読者に何らかの役に立つことを祈ってやみません。

２０１９年７月　　　　高橋眞知子

---

リトアニアの歴史（外務省データ）

１２５３年、ミンダウガス大公がリトアニア国王となる
１３８６年、ヨガイラ王がポーランド王を兼ねる（リトアニア・ポーランド同君連合）
１５６９年、ポーランドと連合国家
１７９５年、第３次三国分割により大部分がロシア領になる
１９１８年、独立を宣言
１９２０年、ソ連より独立
１９４０年、ソ連に併合
１９９０年、２月に共和国最高会議選挙
１９９０年、３月に独立回復宣言
１９９１年、９月６日にソ連国家評議会バルト三共和国の国家独立に関する決定を採択
２００１年、ＷＡＴＯ　加盟（５月）
２００４年、ＮＡＴＯ　加盟（３月）
２００４年、ＥＵ　加盟（５月）

# 第１章
# リトアニア初の
# 飛行機設計士、空軍パイロット

ユルギスの兄妹

「バルトの道」で人々に呼びかけるランズベルギス

## 1 若きユルギスの夢と情熱 フライングマシーン 発明の時代

カウナス市に、ユルギス・ドブケヴィチウス中等学校という名称の学校があります。2011年3月に起きた東日本大震災には、児童生徒が日本へ励ましのメッセージを送った学校です。ここを訪れたのは、プロローグで触れたように「絆」テーマの一連のチャリティー演奏会に参加するためでした。

ネムナス川を見下ろす小高い丘の上にある学校は、当時小学1年生から12年生（小・中・高）までの児童生徒585名。指導教員49名。必修授業の他、音楽、民族舞踏やダンスを学び、毎年半数ほどの児童生徒がカウナス市の「歌の祭典」や「舞踏フェスティヴァル」に出場するということでした。文化と伝統を大切にする教育プログラムが推進されていました。

演奏の前に訪れたのは、東日本大震災の直後、初代特命全権大使のもとにお見舞いとして、友情のリストバンドや励ましのカード、折り鶴を届けた小学4年生の児童たちでした。贈り物は港湾都市のクライペダと姉妹都市を結ぶ岩手県久慈市に送られたそうです。

庭の緑を映して明るいクラス、笑顔の優しい子ども達。遠い国日本に起きた大惨事に寄り添って、ひとりひとりから慰めとお見舞いの言葉をもらいました。かれこれ8年前のことですから彼らはもう18歳。
１９５１年に創立されたこの中等学校は１９９２年、若き英雄に因んでユルギス・ドブケヴィチウス中等学校という名称を授かりました。

次の話は、そのドブケヴィチウスを軸に歴史背景をまとめてみたものです。空軍パイロット、飛行機の設計者として全身全霊をかけたこの若者のことをお国で知らぬ人もありますす。そして多くのことがそうであるように、時代とともに忘れ去られようとしています。是非紹介したいともいます。

## ユルギス・ドブケヴィチウス（Jurgis Dobkevicius）、父と、母と

１９００年の3月23日に生まれたユルギス・ドブケヴィチウスは飛行機ドビ（Dobi）モデルで国際的に知られ、リトアニア航空機の歴史に欠かせない人物です。生まれはロシアのサンクト・ペテルブルグ。ヴィボルグ商業学校で学び、大変優秀な学業成績をおさめ、卒業式には金メダルを受賞する模範生です。

ポリテクニック（高等工業大学）で造船技術を、バクの専門学校で航空技術を修得しました。

カウナスでは１９２０年11月26日という日を記憶している人もいます。ユルギスがドイツ製の強力なエンジン、安定性とそのスピードで知られた軍事用飛行機フォッカーで、リトアニアの最

高記録・地上５６００ｍの宙返り飛行を達成した日なのです。これはこの土地に語り継がれてきた誇らしいエピソードです。

５６００ｍとはとんでもない高度です。標高８０００ｍがデスゾーンと呼ばれ、これは登山用語ですが、生命維持ができなくなる限界とされています。酸素の濃度が３分の１ほどに薄くなれば人間の体はそれに耐えられません。コンディションによっては限界が７０００ｍいやそれ以下の場合もあるでしょう。

彼のアクロバット飛行はその技術を軍事に活用する試みとはいえ、酸素マスクの着装もないままの無謀なものでした。当時軍人パイロットの通常の訓練では４０００から４５００ｍの飛行はありましたがそれ以上のトレーニングを彼はどこで行っていたのか。有り余るエネルギーに任せた、ただの無鉄砲に過ぎなかったのでしょうか。

１９１８年（１９１７年?）、父親 のヨナス・ドブケヴィチウス（Jonas Dobkevicius, 1866-1937）は崩壊しつつあるロシア帝国から、独立を果したリトアニアのカウナスに家族共々帰郷しようと決心しました。自分と妻、そして３人の子供達、長男のユルギス、長女のヴァレンティーナ（Valentina,1903-1978）、次女のアレクサンドラ（Alexandra,1908-1961）です。この帰国はかなり前から念頭に置かれていたことではないか、とこれは推測にすぎません。しかし決定的だったのは１９１７年の「2月革命」の後に起きた「十月革命」［＊グレゴリオ歴では11月」のロシア革命でした。ロシアのサンクト・ペテルブルク（ペトログラード）を舞台にして起きた、ボルシェビキ（多数派という意味）のリーダー、レーニンのクーデター的革命でした。ロシア社会を構成していたのは上流社会層の知識人、資本家、その上に貴族と皇帝、それに対して労働者、農民、兵士です。よもやその上流階級層の打倒をもってなされたこの血なまぐさい革命のなかで、普通に考えればですが、ドブケヴィチウス家族が生活を維持していくのは困難であったはず。帰郷の年号は資料によって異なりますが、１９１７年の「十月革命」のかなり前であった可能性も否めません。すでにリトアニア独立の動向に通じていたに違いなく、なによりもサンクト・ペテルブルクの不穏を家族は重大に受け止めていたでしょう。

ここでユルギスのことを知るために、父親について触れておかねばなりません。サンクト・ペテルブルク大学で自然科学と数理科学を学んだ父のヨナスは、元の名前をダウクス（Daukus）といいました。ごく稀なリトアニア人名とのことですが、米国に渡って行ったリトアニア人により多く見受けられるものです。１８８５年にわざわざドブケヴィチウスと名前を変えたのはなぜだったのでしょうか？「よく分かりませんが、政治的な、あるいはロシアでのキャリアを慮ってのことではないでしょうか」とは、カウナス市の国立航空博物館の館長氏の言葉でした。

ヨナスはエコノミストでもありました。サンクト・ペテルブルク市にあるロシア帝国の国立銀行に勤務。その後、技術の先端を誇るフランス車や航空機産業を手がけ、それをロシア（軍）に供給するなど。ではヨナスの兄弟はとみれば、カイェトナス（Kajetonas）、フェリクサス（Feliksas）、ナポレオン（Napoleon）、それぞれが鉄道や自動車産業に従事する、同じく実業家、それも優秀な男たちばかりでした。ヨナスにはこの他３人の妹弟がいました。エミリヤ(Emilija)、そしてテレーゼ（Terese）は女性のための医療研究所を設立した末の妹。加えてゲディミナス－ユオザーパス（Gediminas Juozapas）という、のちに10年間シベリア強制送還を余儀なくされた政治家が末っ子でした。

ヨナスはリトアニアに戻ると、さっそく財務省に入り、１９２０年に財務副大臣、１９２２年には財務大臣に就任。独立を果たしたばかりで国家独自の通貨を発行する機関（銀行）がなかった当時のリトアニアで、中央銀行の設立にも寄与しています。１９２５年から9年間商工会議所長を、１９３３－１９３４年に在リトアニア・ハンガリーの総領事も務める。つまり、社会で常に一目置かれる立場の、ユルギスの父は、政治的なパーソナリティーをもつ、それも極めてパワフルな人物でした。

ヨナスの写真は稀有で、しかも鮮明なものが見つかりませんでした。時の混乱で失われてしまったのでしょう。暗色の背広に白のワイシャツという出立ちで、あまりぱっとしない一枚のポートレート。立てたワイシャツ襟の上にはネクタイが昔風に結ばれ旧き時代を偲ばせます。黒っぽい頭髪、広くせりあがった額と強い顎、そして白髪交じりの口ひげ。深い眼差しで、眉と目が迫り強靭な人格を思わせます。いかにも人望集める者が持つ気魄と激しさのようなものまで窺えるではありませんか。口ひげに隠れた唇は一文字。しかし親子です。ユルギスが父親から受け継いだものが顔の輪郭、額や顎の形によく現れています。

上流階級にある家族はもちろんそれなりの生活を営んでおり、さらに男子について言えば、特にこのような社会クラスの子どもたちは、幼少の頃から作法の習得においても厳しい教育を受けるものでした。

では母親は？　ユルギスの持つ柔らかな視線は母親から受け継いだものに違いありませんが、これはどういうことだったのか名前さえ出てこなかったのです。のち航空博物館の尽力で判明したそれは、Valentina Petrovna Teplyakova。ヨナスは彼女と１８９９年に結婚。そう、ヴァレンティーナ・ペトロヴナ・テプリャコヴァはサンクト・ペテルブルク生まれのロシア人女性でした。彼女の名前は同市の「数学者協会リスト」の１９４３年版に記載され、またこの年は彼女がカウナスで亡くなった年でした。数学者としてサンクト・ペテルブルク南方19 kmにあるプルコヴォ・宇宙天文台（Pulkovo Astronomical Observatory・１８３９年に創立）で仕事に携わっていたとの情報ももたらされました。この宇宙天文台は１８８９年に天文物理学研究所を開設していますから、ここがヴァレンティーナの仕事場だったのかもしれません。ともあれ、彼女はヨナスと結婚すると、自らのキャリアに終止符を打ちます。家庭の維持は自分が仕事を諦める以外に方法がないというすっぱりした決断でした。

## その時代背景・空飛ぶマシーン

ユルギスにとって早速の課題は、仏語、独語を学ぶことでした。一般教養のため、そして何より飛行機設計の研究と海外資料閲覧のためでした。

よく知られる通り、米国のライト兄弟によって世界で初めて航空飛行が成されたのは１９０３年のことでした。航空機界には目覚ましい時代が訪れます。各国の「空飛ぶマシーン」はその奇想天外で人々の目を見張らせ、ヨーロッパでは仏、独、英、用途や目的に応じた改良を進め、第一次世界大戦に向かって更なる性能を競う運命にありました。これら三国は世界航空機の技術水準で一目置かれていた国です。軍用機は偵察機として登場し、戦闘機、爆撃機、練習機が製造されていく。この背景にあって、世界の情報の流れを正確かつ詳細に追うためには複数の言語知識が必要でした。ユルギスの家庭ではロシア語が使われ、公の場ではフランス語が求められたはず。［＊仏語は世界の公用語としてステータスシンボルで、ロシアや英国では貴族や上層階級の必修言語として扱われた歴史を持つ］

リトアニア人の父親とロシア人の母。長い歴史のなかで隣国同士、民族の混血は複雑なテーマです。ユルギスがどの国の文化と伝統を最も身近に感じていたのか、何れにしても答えは簡単ではないでしょう。そしてユルギスだけでなく、多かれ少なかれ人々は皆同じような境遇にありました。これこそ島国の民には想像さえも難しいことなのです。

ユルギスはリトアニア軍に祈願入隊して軍の航空学校で学び始めます。後述する友人のひとりアンタナス・グスタイティスもクラスメートのひとりでした。ユルギスのリトアニア語は軍入隊後に習得したもので、上手ではなかったといわれますが、ハンディを克服してみるみる周囲を追い抜く学習力に周囲は目を見張ります。これこそは彼の持つ才能でした。謙虚で一途、スマートなユルギスは、人に好かれるタイプだったという印象を受けます。

時は第一次世界大戦直後のこと。独立したはずのリトアニアは新たな緊迫の時を迎えました。彼が軍に入隊した翌年の10月9日、小型のポーランド空軍機2機が主要空軍基地カウナスに偵察に現れるのです。小さなエピソードがあります。この日はユルギスが初めて実戦攻防に臨んだ日でした。

「ポーランドのパイロットはユルギスの迎え討ち寸前に危機一髪で退陣するんですが、その予想外な敏速さに慌てふためき、あろうことか安全装置をつけたままの爆弾を全て落下させてしまった。パイロットのひとりなどは、自身のミスで足に大怪我をする羽目に陥ったのです」とは航空博物館スタッフが冗談まじりに語ってくれたことでした。

カウナスはリトアニアにおいて最も重要な空軍基地でしたが、当時ポーランドの最終目標がヴィリニュスであったことに変わりはありません。

そうこうするうちにユルギスはドブケヴィチウス中尉に昇格。最優秀パイロットとしてエアー・スクワドロン飛行中隊長の任務に赴き、カウナスの２２００haあるアレクソータス（Aleksotas）から、7月以降の5ヶ月間、前線戦闘任務合計約１００回の内24回を遂行。これによって功績を讃えられ、忠誠、勇気、慈愛、寛容、奉仕、公正、礼節を象徴する最高位十字騎士勲章が褒章されました。家族にとっても素晴らしく誇らしいことでした。

アレクソータスとはもともと１９１５年ドイツ軍によって造られ、第二次大戦中大きなダメージを受けた飛行場です。

先に触れたように、ユルギスの家族はロシア帝国在住当時、少なくとも１９０５年の革命を経験していますが、１９１７年の方は不明です。この革命では民衆デモ隊と軍の衝突、乗じて農民に波及。皇帝が立憲主義を発足させたことで事態は収まったかにみえたものの、長期化する第一次世界大戦で生活苦を強いられた国民から不満が噴出。皇帝の専制政治への反感はつのり、サンクト・ペテルブルクを中心に革命を支える組織が形作られていきます。労働者と市民で物事を決める主権を奪い返そうとの組織です。レーニンの主導による社会主義の革命「十月革命」によって皇帝ニコライ二世が家族もろとも処刑され、ロマノフ朝、約3世紀（２９６年）続いたロシア帝政に終止符が打たれると、事態はソヴィエト連邦成立の１９２２年に向けて走り始めました。これに加えて、ドイツ帝国の第一次世界大戦での崩壊はバルト国にも大きな混沌を生みだします。帰郷もつかぬ間、ポーランドがヴィリニュス地域に侵略する事態に直面したドブケヴィチウス家族。

前後しますが、リトアニアは第一次世界大戦中バルト国の中では最も早い時期［＊１９１５年］にドイツに占領された国です。ドイツにとってはポーランド問題を抱えたままのリトアニアを占領したことになります。うまそうな物（リトアニア）を分捕った。ところが、うまそうな物にはポーランドがくっついてきた。

１９１８年のリトアニア独立宣言は実はドイツに占領されていた間になされたもので、第一次世界大戦でドイツが大敗する約８ヶ月前の出来事です。独立体制はその後ソ連に併合される１９４０年までの20年以上続きましたが、ロシア帝国とドイツ帝国の崩壊によって生じた「時の穴」がリトアニアに、バルト国に、そのタイミングとチャンスをもたらしたといえましょう。

## ヴェルサイユ条約の重大事とその公用語

さて、第一次世界大戦終結後の処理をするため、ヴェルサイユ条約締結（１９１９年）という一大事があります。敗戦国ドイツと連合国の間でパリ会議から始まり、半年ほどを費やしたのち調印された４４０条からなる講和の条約です。日本も主要同盟・連合国の一国として会議に出席し調印しています。当時70歳になる西園寺公望《さいおんじきんもち》首席全権代表以下、全権としては、牧野伸顕、珍田捨巳（駐英大使）、松井慶四郎（駐仏大使）、伊集院彦吉（駐伊大使）と、のち日本外交の中核を担うことになる松岡洋右、近衛文麿、吉田茂、芦田均、他総勢60名以上。それに加えて和食材を５t積み、料亭の料理長まで含めて１００名ほどが送り込まれたともいわれます。

連合国間、喧々囂々の修羅場をかい潜り、ついに仏の代表クレマンソーが、独に対して息の根を止める程の勢いと強硬な姿勢で臨んだ条約の条項は危惧された通り、致命的打撃を与えるものでした。条項はそれが提示された際のドイツの憤慨、反発でさらなる騒動をもたらすものとなります。

内容は植民地を含めた領土、政治、経済、賠償、軍備等々詳細にわたり、強敵ドイツが二度と這い上がれないほどの措置に及ぶものでした。軍備に関しての内容は微に入り細に渡っています。大幅な縮小どころか、ドイツ軍に懲役制を廃止させ、許可されたのは志願兵のみ10万人以下。空軍は事実上の保持を禁止され、航空機の条項には「ドイツは機雷除去の目的で航空機は１００機、兵員は１０００名以下保有できるがそれ以外の航空機及び部品は連合国に引き渡すこと」とあります。

実のところドイツは航空機産業を停止するどころか、工場をスイス、オランダ、デンマークに移し、１９２４年頃にはロシアの奥地で密かに飛行訓練や、毎年数百人ものパイロットの育成に励むのです。

ヴェルサイユ条約では別の観点からひとつ注目すべきことが起きました。公用語について少し触れてみましょう。

ヴェルサイユの講和条約書は「Conditions de Paix」と前例通り仏語で記述されましたが、これに「Conditions of Peace」と英語文が加えられました。これは画期的なことでした。18世紀以来、８カ国家間で結ばれた１７４８年のエックス・ラ・シャペル（アーヘン）講和条約などを見ればわかる通りです。それまで国際機関で使用される公文書は、フランスが関与をせぬ場面でも仏語が使われてきました。ヴェルサイユ条約に至り初めて英語も公用語となり、仏語は唯一の公用言語ではなくなるわけです。

このようにして一時的とはいえ国の存続さえ危うくなったドイツにヒトラー政権が誕生し、ヴェルサイユ条約はことごとく破棄されていく、その先に第二次世界大戦という流れができてしまいます。

ユルギスの父ヨナスと母ヴァレンティーナは、惜しくもこの大戦終結前に亡くなっています。


ヴェルサイユ条約によって軍用機の製作が禁じられ、民間航空の充実に努めた敗戦国ドイツとは別に、連合国間でも戦闘機製造には特定認可が必要になりました。これはもちろん公にという意味で理解すべきでしょう。

武装解除して平和をもたらそうとの姿勢は絵に描いた餅。大戦後多量に残る戦闘機は定期航空機として人を運ぶ役目に切り替わり改造されていくもそれはほんのわずか。実際には多くが破壊、解体されたことになっていますが、リトアニアやポーランドではドイツから安価に機体を手に入れています。セペリーナス大格納庫に残されていたドイツ軍の戦闘機もリトアニアが購入したそうです。

また敗戦したドイツからは有能な飛行機設計士、製作者、科学者たちが、ロシアやオランダに仕事を求めて流出していきました。ドイツ国内の優秀人材の空洞化が発生します。それらはロシアやオランダなどに一時期移動しただけにも見えます。

## オランダ王国の航空機界の父、フォッカー

ここでユルギスが実戦で使用していたフォッカー機について述べてみます。オランダ人、アントニー・フォッカー（Anthony Fokker, 1890-1939）の発明がフォッカー機でした。

オランダ王国の航空機、航空業界を立ち上げた人物です。ユルギスは空軍パイロットとしてフォッカー機に乗っていました。一世代ほど年長でビジネスの世界にあったアントニーの人生とは比べることができませんが、発明という点でふたりの心意気は同じです。

アントニーが発明した第1号は「スピン」（オランダ語で蜘蛛のこと）と名付けられ、１９１１年にオランダ、ハーレム市の聖バヴォ教会の上空を初飛行したのは、アントニー21歳のときのことでした。ユルギスが初めて試験飛行をしたのがやはり22歳です。

その直後アントニーはドイツのベルリンに赴き、父親の資産で設立したのはフォッカー航空機製造工場でした。なんと３０００人を雇用する大々的な企業です。それのみか航空学校も開設され、ドイツ人たちが毎日のように、のち25機ほどシリーズ製作されていく「スピン」で航空訓練を行う。オランダ人は元来ビジネスに長けた才能を持つと言われますが彼も例外ではありませんでした。アントニーはドイツで１９１７年に初めて金属の航空機を製造したユンカース（Hugo Junkers）と共同作業し、ここに大きな成果をあげています。ドイツ祖国の敗戦はユンカースにとって痛手でしたが、のちロシアに移り住んだ彼は技術を買われて成功しています。皆が生き延びる

術を模索した時代です。

１９１９年ユルギスがリトアニアの空軍に入隊した年、アントニーはといえば敗戦国のドイツからオランダに帰国。生まれはオランダ植民地のインドネシア、ジャワ島のケデラです。父親はコーヒー栽培農家の経営者。４歳で家族と共にオランダに帰国。学校時代は記録に残されるほど飛び抜けた落第生。極めて落ち着きがなく注意散漫で学業も大いに劣る問題児。でもその要因はシンプルなもので「学校で学ぶことはこれっぽっちも面白くない。先生もバカばかり」とアントニーが学校を毛嫌いしたからでした。この点はユルギスとは対照的ですが、アントニーも秀でた創造性と発明の才に輝いていました。彼の家族は代々高い教養をもった有力者たち。両親は息子アントニーの決意を聞いて、飛行機の発明を全力でバックアップします。さらに個人の資産家たちが彼を支えたこともラッキーがラッキーを呼びました。１９１９年にアムステルダムにフォッカー飛行機製造工場を立ち上げ、１９２７年には米国からの依頼で共同経営。世界最大の飛行機産業を誇るに至ったのです。アントニーは米国に移住して米国に帰化します。結婚もしますが、プライヴェートな生活はあまり幸福なものではありませんでした。

オランダ王国の航空業界ＫＬＭ、１９１９年に創立したのはアルベルト・プレスマン（Albert・Plesman）でした。第一次世界大戦後初めて旅客機を販売したフォッカー社の機体を購入したのはＫＬＭでした。

アントニー・フォッカーの写真の中で最も有名なものは、ＫＬＭオランダ航空の機体にプリントまでされた写真です。彼はまだ20代。ウールの三揃えのスーツに毛皮の襟をあしらったコートを羽織り、航空士の帽子だけでなくその上に添えられたパイロット・ゴーグルが小憎い演出で目を引きます。容姿端麗。微笑むポーズはとても開放的なイメージを与えます。実力者としての風情です。ユルギスの素朴さがあまりにも対照的です。

2度目のカウナスの航空博物館訪問の帰りの車で、アイスティスさんに「ユルギスは自分を飾る意識は微塵もなかったようですね」と聞くと、「彼は空軍パイロット、そしてドビのことで頭がいっぱい、そこまで意識が回らなかったにちがいありませんよ」。その通りです。フォッカーの航空機ビジネスとは、遠くかけ離れた世界に生きたユルギスです。

しかしどんなに違うタイプの人間だったにせよ、ユルギスもアントニーも若くして同じ年頃に、夢と情熱に賭ける精神がありました。アントニーは病に倒れニューヨークで49歳で亡くなりますが、フォッカー社は1996年まで続きました。フォッカー機を操縦していたユルギスは、10歳年上のアントニーについても情報を入手したでしょう。

一般旅客を載せる定期航空が始まります。KLMオランダ航空会社が最も古く1919年に創設され、1921年にはアムステルダムとロンドン間の初就航を行っています。フォッカーⅡ、機体番号「H-NABC」と「H-NABD」が使われました。それはともかく、当時は今日では考えられないようなことが可能でした。もちろん貧乏人は飛行機などに乗れない時代です。アムステルダムとロンドン間の飛行は庶民の憧れであり、夢の空飛ぶタクシーでした。

こんな逸話があります。飛行機に乗ってこれからロンドンへ飛ぶある客のことです。客は飛行場へ必死の様相で急ぎます。ご存知の通りアムステルダムの街は運河だらけで、何かというと橋が船を通すために上ってしまいます。こうなるとどれくらい待たされるかわからない。前もって予期できぬことです。ところがなぜかこういう時に限って何隻もの船が行き来して立ち往生する。そのため、額に汗し車を駆って飛行場に乗りつけた客は、不幸なことにフライトを逃し、すべて後の祭りということが起きました。

そんな時です。乗客には担当者（チケットを確認する者）に交渉するという対応策がありました。なぜ乗客を待たずに飛んでしまったのかとまずは苦情を述べ、そして拝み倒します。するとこの担当者は、慌てて司令塔がある平屋の建物に駆け込み、ロンドンに向けて操縦中のパイロットに交信してくれる。パイロットはしぶしぶ（?）了承し、早速回れ右をしてアムステルダム飛行場の野原に戻ってきたのだそうです。通常、乗客は自家用車やタクシーで飛行機の脇腹に乗り付けました。機体のドアは自分で開けて荷物を運びいれ、ステップに足をかけ乗り込む。現在のあの斬新なアムステルダム・スキーポール国際空港にそんな時代があったなど、誰が想像できるでしょう。１９２６年、北極への初飛行もフォッカー機、ヨーロッパから初めて日本へ飛んだのもフォッカー機でした。97年間オランダ航空とともにあったフォッカー機は、２０１７年10月をもって終焉を迎えました。偶然にも初飛行の空路と同じアムステルダムとロンドンを結ぶ便が最終飛行だったとか。［＊オランダ航空に続いた航空会社は、コロンビアのアビアンカ航空会社、オーストラリアのカンタス航空会社］

## パリの航空機発明家たち　クレモン・アデールとサントス・デュモン

話を戻して、前記した米国のライト兄弟（Wright Wilbur & Orville）ですが、それならば、複葉機ライトフライヤー号で世界初の動力飛行に４回成功したといわれる飛行とはどのようなものだったか。最高飛行距離２６０ｍ、飛行時間59秒。機密が漏れぬよう秘密主義を貫いて成功したといわれる当時のセンセーショナルな出来事です。「いや待ってほしい、世界の初飛行は我が国である」と反論を唱えるフランスでは、飛行機の元祖、父とされるクレマン・アデール（Clement A. Ader 1841-1925）が１８９０年、92年、97年の世界初飛行をアピールします。「何を言っているのか、滑走地面をわずかに離れただけ、車輪の轍《わだち》が少し消えただけで、そりゃあ冗談だろう。そんなものは飛行とは呼べない」と反対の声も起きるが「それは違う」とアデール。「高さ20ｍ、距離にして50ｍは飛んだ。フランス政府がこの事実を軍事最高機密として隠したがために、世界初飛行の栄誉を逃したのだ」。世界で一番乗りは誰かなどここでは問題ではありませんが、日本においては、１９１０年の12月が日本史上の初飛行として挙げられているようです。

アデールは著書「軍用航空（Aviation Militaire）」を１９０８年に出版し、５年間に10版を重ねるほど人気を博すのでした。（２００３年に英訳出版）。時代の流れに乗って航空専門家のみか一般庶民にまで行き渡ってベストセラー。当時の人々の好奇心旺盛振りはなかなかのものだったと窺われます。

そのクレマン・アデールの著書（1908年版）を手に入れました。ユルギスはこの本に目を通していると思われます。

アデールの趣旨を理解するために、一部抜粋します。［＊は引き続き筆者の追記］

序文と書簡から始まり、主要な章として、「航空機の概略」「滑走路」「海軍の軍用機」「航空方策—鳥の研究」「航空教育機関」「航空戦術」「航空訓練」「群団飛行戦術」「航空機の点検理論」「器具計量」「爆弾」「実験的検証」「飛行の戦略」、そして最後の20章に「パリの課題」で締めくくられています。

「戦争は人を悲しませるもので、最大の不幸であり、これには皆が同じ思いを持っています。では戦争を無くすことができるでしょうか？　この回答はヨーロッパからしか得られず、かといって昨今具体的な答えの片鱗さえ見えぬままです。悩みはなるべく最小限にしようではありませんか。戦闘の犠牲者を減らすこと、これこそが私たちの優先課題ではありますまいか。我々がこのような考えで国に献身し、防衛の予備に当たる心意気さえもてば、それこそお互いが同志であり愛国者になるのです。我々（推進者たち）にとって空軍とは、納得ゆく結果を得るために利便性を重ねもつ必須な道具である：少なくとも、これが我々のうちに育まれてきた考えでした」。（「軍用航空（Aviation Militaire）」序文から　1908年10月）

アデールの初めての飛行機はエオール（Eole）と命名されました。エオールとはギリシャ神話に登場する風を司る神のことです。ペレール家が所有していた土地のアルマンヴィリエ公園において、２００ｍほどのまっすぐの滑走路で飛行だめしが行われました。エオールは１８９０年10月９日、低いとはいえ50ｍほど飛んだのです。しかし故障があってそれ以上は無理でした。翌年の１８９１年、サトリーにおいては、８００ｍの滑走路を１００ｍほど飛行したあと、逸れて滑走を続けために傍に置いてあった地面を均す器具に当たって壊れてしまった。

「同年の10月17日、理事を務める防衛大臣フレイシネ理事長がメンシエ将官を伴ってパリのパヴィヨンに保管してあるエオールの見学に来訪されました。これをもって話はまとまり、国防省の戦略課で飛行テストを継続することが決定いたしました。これは軍用の航空機開発の第一歩でありました。我々にとって、これこそは大きな喜びであり、早速に次のようなプランを打ち上げました：航空専門学校の設立と航空機の生産工場の設置、航空技術と戦術（の研究）、空軍の新設。１８９７年10月12日、エオールに代わり次の戦闘機アヴィオン３番（Avion. nr.3）が政府防衛省からの依頼で試験飛行されることになりました。防衛大臣メンシエ将官の前で１５００ｍの距離を所々地面に轍を残しながらも飛んだのであります。［＊Avion はラテン語の avis からくる言葉で鳥のこと、とアデール自身が注釈をつけています。］

その２日後の14日。この日は天気が悪く、時に襲ってくる一陣の強風のなかメンシエ将官とグリオン将官が同席されました。こんな好機を逃すわけにはいかず、悪天候をおしてアヴィオンは大地を離れました。するとなんたること。大風がこれを滑走路の外側に吹き飛ばし、瞬時の決断で飛行を停止せざるをえぬ苦境に立たされるなど、ましてや、でこぼこの大地を300mも吹き飛ばされた機体はランディングどころか、大破してしまったのであります」。
（「軍用航空（Aviation Militaire）」序文から　1908年10月）

アデールはこれで全てを諦める人物ではありませんでした。著書にはいくつか飛行機の挿絵があります。コウモリの格好をした機体の羽は折りたたみ式。羽を全開にしたその優雅な流線形状。［＊パリの街の3区にある工芸博物館には、この「アヴィオン」が展示されています。明るいベージュ色の、巨大なコウモリが舞うようです。木骨を包んでいる布は強化のため細かくストレッチをかけてあるのが見られます。その美しい容姿はまさに芸術作品です］

戦う目的がなかったならば航空機は進歩しなかったのでしょうか。というのも、後に紹介するサントス＝デュモンは、まさにそこを問題にして独自の姿勢を貫いた人物だからです。

ここで最後にアデールの手紙の紹介です。1908年10月12日、「ル・マタン」新聞にオープンレターとして掲載されました。宛名はフランス大統領です。予《かね》てフランス、それも首都パリが戦いに巻き込まれる惧《おそ》れがあり、空からの来襲ともなればパリはそれを防ぐ術がないとアデールは危惧していたのです。

「閣下殿、
航空関係者こぞって、これこそ国の栄誉であろう内容を閣下に何卒ご注目いただきたく、たった一介の科学の開拓者の立場からお便りさせていただくことを、どうかお許しください。……フランスでは、もしや、戦闘機飛来の事態が発生したならば、いかなる防衛で臨むのか、海外に指導援助を懇願する必要などあるでしょうか？　我々は手をこまねいている場合ではありません……　関係者一同から閣下へ嘆願させていただきたいのです。大統領閣議から議会に、航空学校の設立のために一千万の予算を提言していただくことはできませんでしょうか、……もし敵国がフランスの町に戦闘機で挑むなど、悍《おぞ》ましい事態を、閣下は想像なさることはございますまいか。……ヨーロッパはどこも戦闘には航空機で防衛を固めます。どうぞ閣下、もう寸分の躊躇の余地はありません。……貧弱な言葉しか述べられませんが、どうかあなた様の愛国の心に届きますよう。大統領閣下、深い尊敬の念をもって仕える、C・アデールより」（新聞「ル・マタン」１９０８年10月12日付けから抜粋）

アデールのところには早速一通の手紙が舞い込みました。それは航空設計士、ヘンリー・ファーマン［＊Henri Farman 1874-1958］からのもので、パリ生まれのフランスに帰化した英国人の飛行士はこう綴ります。

「大統領へのあなたのお手紙を10月12日の新聞「ル・マタン」で拝見し、とても嬉しく思いました。
このような素晴らしい発案に賛辞を述べさせて下さい。第一線におられる新科学のパイオニアからのご提言。科学はいかにも難題ですが信ずる者は多く、このような行動は、それだからこそ貴重に思えます。
私は、つい申しあげれば、あなたの熱烈な賞賛者のひとりです。これは子供の頃からで、ご自身のことやそのご体験について聞き及んでいたためです。……空の世界に挑む力限りの努力には、障害をひとつひとつ取り除いていく必要があります。神の御加護や同志の結束により、この航空機分野の科学の複雑さを乗り越えられる、こう信ずるものです」。

（ヘンリー・ファーマンの手紙　１９０８年10月14日から抜粋）

アデールは、フランス国家に功績をもたらしたことが讃えられ、１９２２年にレジオン・ドヌールの勲章が授けられました。

では、ブラジル生まれでフランス、パリ在住、飛行機開発に情熱を注いだダンディーな一匹狼、アルベルト・サントス－デュモン（Alberto Santos- Dumont, 1873-1932）。発明家で航空機の開拓者として著名なブラジルの英雄の一人です。
１９０１年10月19日にパリのエッフェル塔の周りを初めて２００ｍの高さで約30分旋回した飛行船は彼の発明作品でした。試行錯誤を重ねようやく出来上がったのは巻きタバコのような形をしたバルーン。重量に眼目を置き、高価な絹の布地を使うことで重量27kgという超軽量を実現させます。嫉妬や策略のすったもんだの挙句、このバルーン飛行でドゥッチ賞を獲得した彼が、賞金の大枚を協力し合った仲間と分け合ったことは後世に残る有名な話です。ところが挑戦的な発明家にとっては、ただゆらゆらと風に流されるだけでは飽き足りません。そこでデュモンは自在に操縦できる飛行機を設計しようと発奮します。名の知れ渡ったサントス＝デュモンは、彼の新発明を見届けようとするパリの社交界のみか庶民まで、その一挙一動が囁かれる存在になっていました。毎日のように噂やあらぬゴシップにいたるまで、記事ネタに欠かせぬ注目の人物でありました。

彼が名門ブランドの宝飾、高級時計を扱うフランス人、ルイ・カルティエと友情を結んだのは丁度この頃１９００〜１９０１年あたりのことでした。飛行中に使用する懐中時計がいかにも不便であるとカルティエに嘆きを訴えると、数年後、彼のために操縦しながらも時間が読めるよう特別なデザインで出来上がってきたのが、後のサントス・ウオッチで、性能に優れたエレガントな腕時計でした。１９０４年から１９１１年までは唯一サントス・デュモンのみが身につけた時計だったとか。

１９０６年10月23日、バガテル公園には分解されてばらばらの機体が運び込まれました。するとその周りを群衆が取り囲み、組み立て作業を熱心に見学。天気は曇り。秋も深い季節で気温も低かったのでしょう。エンジンを温めるのに時間がかかったようです。この機体は「キャナール」と呼ばれ、渡り鳥のマガモを念頭につけられた飛行機のタイプの名称で、これが「14-bis」と命名されたものです。機体は9・60m、羽11・46m、重量290kg、エンジン37kWで最高時速40km。T字の機体は箱型の羽を持ちますが胴体の鼻先にも箱型の羽！　奇妙奇天烈。操縦は立って行います。

さあ、機体が放たれ、滑走（100mほど）を始めるやるや、人々はぱっと地に身を伏せたのだとか。これは機体が本当に地面を離れたかを確認するためでした。高度3m、飛行距離60mほど飛ぶと、芝生にいきなりドカンと着地したとあります。群衆は一斉にパイロットめがけてやってきてその成功を称える。記録係りの者たちは、あまりの驚愕に唖然としたまま口をぽっかりと開き、任務を忘れていたというほどの衝撃だったとも。これによりデュモンはアルケデーコン賞（Ernest Archdeacon）を受賞。時はベルエポック、新しい事に挑戦するハングリー精神と英雄趣向が華やかに花咲く時代です。

同年11月14日、「14-bis」は6mの高さを220m飛行します。

ヨーロッパではこれが初めての飛行とされています。裕福だったデュモンは自分の全資産を発明に費やしました。平和主義者で社会慈善活動に徹底し、受けた数々の賞金は作業に関わった全ての人々に配分し、残りはパリの貧にあえぐ人々に渡っていったという美談も残ります。

「14-bis」の後に設計された「ラ・ドゥモアゼル（お嬢さま）」の機体の設計図の特許についても、それを申請するのではなく、全て公開して誰もが共有できるようにした。一般常識の蚊帳の外にいた人物といえましょう。裕福さを妬まれることも多く、独身生活をしていたことから男色家を噂され多くの中傷もあった、どこからみても波瀾万丈型の人物です。

1910年にアトリエを閉めたのは、「ラ・ドゥモアゼル」の飛行に失敗をしたことがあった、その頃のことでした。健康を害し精神不安定に苛まれ始めたサントス－デュモンは、パリから離れノルマンディーに家を構え、天体望遠鏡を購入して天体の研究に没頭するも、第一次世界大戦勃発。時に身体的な発作を有し、彼は自分の境遇があまりにも不幸に思えたのでしょう。それまで大切にしていた飛行機の設計図などをすべて暖炉の火にくべてしまう。もし今日残っている資料があるとすれば、それは知人や友人が保管していたものかもしれません。大戦が終わると、しばしの間ブラジルとフランスとの行き来をした後、とうとう故郷ブラジルに帰っていきました。しかしそこにも期待していた平和は見いだせませんでした。彼には納得できぬことがありました。それは飛行機の戦闘使用でした。政府に反対を唱え署名活動まで起こしますが無視されてしまう。あまりの絶望感からか、サンパウロのホテルの一室で自ら命を絶った、サントス－デュモンのドラマチックな最後でした。

## リトアニア、ポーランド対戦にあって

1920年7月、ソヴィエトがポーランドを圧する対戦で、リトアニアはソヴィエトと平和条約を締結してやっとヴィリニュスを取り戻す。それもつかの間。次に来るワルシャワ戦でポーランドがソヴィエトを敗北に追いこみ再びポーランドの占領下。暗澹たる現実に直面します。リトアニアの首都ヴィリニュスは14世紀にゲディミナス大公（Grand Duke Gediminas）により建設され

て以来、仮の首都がカウナスに移されたことはあっても、憲法上のリトアニアの首都であることに変わりありません。それが、こうして果てしない領土の略奪合戦に振り回され続けてきました。

登場したのはポーランドのジェリゴフスキ将軍（General. Lucjan Zeligowski）でした。それは1920年10月上旬のこと。国際的な圧力の元でスパ（ベルギー）とスワルキ（ポーランド）の両協議が求めていたリトアニアとポーランド停戦協定は、調印がなされたにもかかわらず、ヴィリニュス市の統治権については不明瞭なままでした。歴史的経緯によって我々のものであるとの認識をもつポーランド。当時ヴィリニュス市民はポーランド人がおよそ65%。リトアニア人はたったわずか（データは調査国によって数字が異なる）でした。これを大義名分にポーランドはヴィリニュス市をできれば戦わず友好的に手に入れたいとの思惑で共同国家の形を求めます。どんな提案がなされようと破廉恥以外の何物でもない、と動かぬリトアニア。何としても統治下に置きたいポーランドは、埒があかぬとばかりにスワルキ合意（10月7日）直前に動くのです。

9月下旬、すでにポーランドの指導者は内密にジェリゴフスキ将軍に行動（反乱）を命じておりました。指導者はこう言いおきます。「ジェリゴフスキ将軍、いいかね、君の名においてやってくれるよう」。命を受けた将軍はこの策略に確信が持てなかった。出来れば他の方法を講じたかった。致命的な賭けに等しかった、というのが真実に近そうです。ところが前代未聞なことが起きます。10月6日、ジェリゴフスキ将軍が配下の軍人に戦闘遂行指令を下したその時、これがポーランドの指導者ピウスツキ元帥（J. Pilsudski）の陰謀とは知らされていなかったため、「ジェリゴフスキ将軍どの、あなた様の独断には応じられませぬ」とばかりに複数の軍人が行動を拒否。

これが事実であればなんとも陳腐な事態です。リトアニア、ポーランド対戦は8日朝にもちこし、ヴィリニュス市とその地域一帯に何が起きたか。それはまさにシナリオ通りでした。ヴィリニュス在住のポーランド人の加勢によってポーランド軍が街に侵入したのです。10月9日のことでした。この対戦は終決を見るのが1920年11月29日です。それから1938年までの長い間、ポーランドの占領は続きます。この歴史問題には次のような発言もあります。記載者は明らかにポーランド側の視点に立っています。

「いや、ジェリゴフスキはスワルキ協定に反したわけではない。協定には、ヴィリニュスのことは含まれておらず〝ポーランドとリトアニアの国境問題が最終的に解決したその時に初めて有効性を発揮するもの〟と記されていたではないか。しかるにこれはジェリゴフスキ将軍が反旗を翻したことにはならない」。

もう終わった過去のことだと片づけるわけにはゆきません。作られるとはいえ歴史は社会にあって、人々の意識を左右させます。繰り返しになりますが、長い歴史の中で陸続きの隣国同士が戦い、関係していくという有り様は、島国の民には想像が至らず実感を伴わないものです。人々のアイデンティティーは必ずしも明確ではなく、自分がどちらの国の文化伝統に属するのか、大小の葛藤をもった複雑な背景が築かれていっても不思議はありません。

ロシア帝国で生まれ、日露戦争にも関わったジェリゴフスキ将軍に対して、リトアニア生まれのピウスツキ元帥はヴィリニュスから北東70～80㎞のザラヴァスというベラルーシの国境の村で生まれました。元帥の家族は元々この村の権力者でした。しかし1874年に起きた大火災でヴィリニュスに移り住み、そのためヴィリニュス生まれといわれることがあるようです。

　このような話があります。日露戦争の只中、１９０４年の夏も真っ盛りの7月。ピウスツキ元帥は日本を訪問しました。ポーランド独立のための軍事援助を日本政府に仰ごうとやってきたのです。ところが同国の政敵であるドモフスキ（Roman Dmowski 1864-1939）［＊ポーランドの労働者階級出身ですが苦学の末ワルシャワ大学を見事な成績で卒業した生物学者で、民族主義者］が、これもまた日本を訪問をしていたのに重なってしまった。思惑は達成できるどころか、巡り合わせた二者は、東京で大口論を戦わせたとか。

　＊ピウスツキ元帥の兄は名前をブロニスラフ（Bronislaw Pitr Pilsudski 1866-1918）といい、そのアイヌ研究において、またポーランドの文化人類学者として著名。ロマノフ朝、アレクサンドル３世の暗殺未遂事件に連座し逮捕され、樺太《サハリン》へ10年間流刑されました。派遣された土地で、樺太アイヌの言語と文化の研究の成果として多くの資料を収集。１８９９年に刑期を終えてウラジオストクへ。アイヌの人々にロシア語を教えるうちに、樺太南部の集落、栄浜村出身のチュフサンマと結婚。二児を授かります。１９０５年に「樺太アイヌ統治規定草案」を作成した後、やむなく家族と別れてポーランドに帰国。のち米国を経由してロンドンに滞在。「アイヌの言語・民族研究資料」その他貴重な書物が刊行されますが、世界第一次大戦勃発。１９１５年春から2年半をスイスに過ごし、１９１７年にパリへ。１９１８年5月17日、パリのセーヌ河で投身自殺。パリ警察は自殺としますが動機は不明のまま。内向的な性格のブロニスラフはこの頃精神不安定に悩まされ、金銭的な問題

も抱えていたといわれます。しかし彼のアイヌ民族への憧憬と愛は最後まで変わる事がありませんでした。

ドモフスキと繋がるのは次の部分です。ブロニスラフは１９１７年から弟ヨゼフ・ピウスツキ元帥の政敵であるロマン・ドモフスキのパリの事務所「ポーランド国民委員会」に勤務していました。１９１７年8月にパリに設立された「ポーランド国民委員会」は海外におけるポーランドの代表機関でした。

リトアニアとポーランドの戦いは、長い歴史を持って苦難苦渋をもたらし、リトアニアの発展が妨げられたともいわれます。どこかに血のつながりを持つ者同士の戦いは、延々と続き却って熾烈になる、とは飛躍した解釈でしょうか。

## 時事評論・日本の報道はリトアニアとポーランドをどうみていたか

風刺画をおもわせるような気概満々の日本の新聞記事を見つけました。１９２７年12月３日(昭和2年）中外商業新報が掲載した「ウィルナの争奪・欧州新魔殿のバルチック諸国」。当時の詳細が記された貴重なソースです。日本がどのように状況を捉え報道していたか参照ください。

中外商業新報とは日本経済新聞の前身です。社説の記者は不明。もしや、なうての名物的ジャーナリスト、時事評論家の小汀利得《としえ》氏（１８８９‐１９７２）ではないか。１９２１年に中外商業新報に経済部記者として入社し、１９２７年12月に同紙の経済部長に就任しています。この記事の日付に注目してください。経済部長に就任したばかりです。12月３日から12月７日までに書かれた5連載は大作の時事評論ですが、ふと見ると、小汀氏の誕生日は12月３日。全てが重なっているようだ、とだけ述べておきましょう。

(1)

去る11月13日ロシア共産党中央委員会書記長スタリンは、革命記念祭参列の各国労働代表の「何故にロシアは国際連盟に参加せざるぞ」の問いに対して次の如く答えた。「ソヴィエト連邦は連盟の帝国主義的政策に対して責任を分担するを欲しないのだ。……ソヴィエト連邦は帝国主義的からくりのてれかくし─国際連盟の一部たることを欲しないのだ」。

ロシアとしては、列強が軍備を全廃してその後に、ロシア独特の宣伝の武器を以て各国の内政干渉に転じ得れば、まことにめでたしだが、そうはいかない。……軍備だけで足りなくてロシアの辺境諸国を後押ししてロシアの策動を防がなきゃならない目下の欧州政局なのである。先日来仕掛け花火のそれの如くにぱっと輝いてぱっと消えていったリスアニア［＊リトアニア］とポーランドの戦禍（?）、ウィルナ［＊ヴィリニュス］争奪の紛争も、この見地に立って見る時、その真相をつかみ得よう。一件は目下近く開催さるべき連盟理事会へおあずけとなって居る。外電を待つ暇に少し蛇足を並べるならば、尊・すべき世界外交評論の大家のおまんまの種となることほど左様に問題の多い地方は、由来、支那とバルカン、新大陸でメキシコ、アフリカでモロッコと相場が決まって居たのに欧州大戦後は今一つバルチック諸国という新しい伏魔殿が出現した。フィンランド、エストニア、ラトヴィア、それから問題のリスアニアとポーランド……ともあれ、この一連の諸小国を中に挟んで、西、東、ロシア、ドイツ、英国、フランスと、欧州列強の駆引きそれを背景として各小国内の武断派、デモクラワト、共産党などの去就反服（＊去就叛服）なかなか忙しい欧州国際場裏である。（つづく）

(2)

問題の主人公リエツア即ちリスアニア民主共和国は１９１８年12月の建国、超えて22年の12月正式に承認せられたもの、人口２２５万、リスアニア人８割５分、ユダヤ人７分、ポーランド人３分、ロシア人３分その他若干といったところ、多いものは牛と馬、併せて２５０万頭、陸軍は将校以下２万８３４人……ニーメン河はそろそろ凍結する頃だ……ポーランド軍一挙にしてゴヴノ［＊カウナス］を陥れんとする……というところで問題はゼネバ連盟理事会の卓上へ。

先ず一わたり、ウィルナ争奪の経過を見よう、ウィルナの問題が発生してから満7年になる。毎年10月９日はポーランドはウィルナ占領記念日として歓声を挙げる。そうするとリスアニアではこれ・国辱記念日として悲憤慷慨する。こうして７ヶ年両国も絶交状態でやって来た。リスアニアは前にいった通り心細い国だ。そこで、唯一の武器……経済的ボイコットでポーランドに対抗する。最近ではリスアニアはウィルナを以て自国の首都たることを新憲法中に制定せんとして居るとポーランドの新聞が書き立てた。そしてリスアニア当局がポーランド人学校を閉鎖し、教師に迫害を加えて居る、実にけしからんと並べ立てる［＊が］リスアニア政府はそれは事実無根だと否定する。然しポーランド首相兼陸相として事実上ポーランドの独裁官たるピルヅスキー元帥は承知しない、早速強硬なる抗議に及んだ。……今までリスアニアは（ポーランドもそうだが）決してウィルナ事件のことで連盟の言うことを聴き容れたことはなかった。然し連盟は放任して置くわけには行かぬ……となると話は1918年3月のブレストリトウスク条約の頃まで遡ぼらねばならぬ。（つづく）

(3)

……1919年の1月になるとロシアは波蘭［＊ポーランド］反革命軍を撲滅すべく進出して来た。そこで当時ウィルナを首都として居たリスアニア仮政府はゴヴノに移転した。然る波蘭軍は9月頃になって、盛り返し赤衛軍を駆逐し、ウィルナを占領してここに駐屯した。そして図上に「……線」で示す如きリスアニア国境線を勝手に定めた。……波瀾はリスアニア誘い共にロシア侵入をやろうと提議したがリスアニアはウィルナを首都とする独立国として承認して呉れなきゃいやだと断った。

そこで波瀾は独力ウクライナ地方へ進出したが7月赤衛軍の攻勢にひどくやっつけられて退却した。するとリスアニアはこっそりとウィルナを占領して7月12日にはリスアニア代表はモスコウでリ露平和協定を結んでロシアからグロドナ地方の一部及びウィルナ地方の大半領有を承認せられおまけに３００万金留と10万ヘクターの森林開発権を得た。……それほど欲しいウィルナ市ならば何故ボルヤヴィキ侵入の時之を捨てて逃げたと追及する、そして、リ、ポ両軍はウィルナ及びスワルキ地方で衝突した。……

軍事委員会は10月7日スワルキに両国の全権を招集し取り敢えず一の境界線を協定せしめた。この線はグロドナからカーゾン線に略平行してその西側を南北に縦断するものであった。但しウィルナ市はリスアニアの領有に帰して居た。而るに10月9日のことポーランドのツェリゴースキ将軍［＊ジェリゴフスキ将軍］は突如手兵を以ってウィルナに闖入しこれを占領した。以後リスアニアはゴヴノに首都を移し、今日に及んでいる。即ちこれ国辱記念日である。このツェリゴースキ将軍の背景にポーランド政府の内命があった、否、ないと論議立てするだけ野暮だろう。（つづく）

（4）

連盟理事会の処置の裏をかくポーランドのかかる行動は事態をいよいよ紛糾せしめた。依って理事会ではさきに派遣した軍事委員会はゴヴノの南方スワルキ地方からウィルナを経てドヴィンスクにわたる一帯の地域に中立地帯を設けツェリゴースキ将軍の兵を撤退せしめ、国際警察隊を以て治安維持に膺《こ》らしめた。一方理事会は人民投票を以てウィルナ市及び同県の帰属を決定することとした。然しこれにはリ、ポ両国とも反対した。投票区域の範囲、投票資格の如何が問題なのである。それにリ国はポーランド軍の干渉を懼《おそ》れる。……リスアニア政府はポーランド語を使用する者は2割に過ぎぬという。然し戦時戦後、同地方は混沌状態でさっぱり判明しない。一番確かな記録は1897年の帝政ロシア政府の検察官の調査ぐらいだろう。それによると、［＊次にロシア当局が1897年に製作したデータとするものが載せられていますが印刷不明瞭。明らかな部分だけ書き出します。「わずか」や「位」は不明瞭に対する補助です］ロシア人20％、白ロシアわずか、波蘭人［＊ポーランド人］30％位、リスアニア人2％、ユダヤ人40％位、その他わずか。

人民投票じゃ悪いとなると理事会1921年（3月3日）は仕方なしに当時の理事会議長、ベルギーのイースマンの案を採用してウィルナ県をひとつの自治州とし、これをリスアニアに、リスアニアの中央政府とウィルナ自治州との関係をスイスの中央政府と各州の自治体との関係に準ぜじむ。

ウィルナ地方の軍隊は同地方徴募のものを以て組織し、単一の指揮に置き、同地方の公用語はポーランド語とリスアニア語を併用せしむ……云々。これに対しても両国それぞれ反対する。そして両国とも1922年の理事会に至ってなお頑として態度を改めぬ。そこで流石に忍耐強き理事会も匙を投げた。直に軍事委員会に現場引上げを命じた。よって軍事委員会は中立地帯を撤回し、暫定境界線を設け、両国軍ともこれ以外に侵入してはならぬと決定した。然しその後この暫定線の内外で騒擾《そうじょう》が絶えない。依って終に1923年3月14日の連合国大使会議は同年2月理事会の決定を採用して明確に国境を制定した。即ち現在の国境であって、軍事委員会の暫定線にほとんど一致し、かつ当時のポーランド軍の占領線に一致したものである。かくしてウィルナ市は終にポーランドのものとなってしまった。これに憤慨したリスアニアは「矣、それならば！」とあってポーランド軍の故智を倣《な》らい、例のメメル海岸の軍事的占領を行い、この事実的占有を以てメメル国境線の解決を迫った。よって１９２４年5月連盟総会はやむなくメメル地方をリスアニアの主権の下に置く自由自治体とした。しかしリスアニアはウィルナを諦めた訳じゃない。……この小都市ウィルナの帰属決定の如何はバルチック諸国の向背如何の問題となり、その向背は陰に陽に欧州列強の勢力均衡に断層を生ずるのである。即ち新伏魔殿とでも名付けたい所以だ。

（つづく）

＊ここにあるメメル地方とはドイツ名でクライペダの旧名。リトアニア西部バルト海に面した港町一帯のこと。13世紀にドイツによって建設され古くから交易の拠点。当時暫定的に英、仏、伊、日で構成された大使会議の統治下にあったものが実質的には仏の管理下―事務的な―に置かれており、そこへ１９２３年リトアニアが軍事侵攻をかけ、１９２４年クライペダ条約の元に正式にリトアニア自治区に収まった地方のこと。

（5）

断層は大地震の原因の一つ、とは地震学の先生が常に仰られるところ、目下、欧州列強の勢力均衡に、断層が生ずるか否かの形勢だ、そこで少しく欧州平和の断層地帯を復習するとして先ずバルチック諸国中の大国ポーランドの辺から始めよう。……ポーランドは何といってまだ農業人口が67%の農業国だ。そこへ更に欧州第3位の石炭業が、欧州一般的不振を受けて需要は戦前の75%に落ちてしまった。……ポーランドは農業国ではあるが、治下に在る当時からモスコウ地方に次ぐ工業地方である。製糖業、製塩業、石炭、石油、金属工業、機械、硝子、紡績業等その主なるものだ。ところでその売路は何と云ってもロシアだ……ロシアは例の通り資金に就てはポーランドと同病相憐れみたいところ。……さればこのところピルヅスキー閣下洞ヶ峠の日和見であろう。(つづく)

(中外商業新報より抜粋「ウィルナの争奪・欧州新魔殿のバルチック諸国」1927年12月3日 - 7日)

[*は筆者の追記]

## ユルギスの飛行機ドビ - Iの登場　恋人は

偉業を成し遂げる人物に一貫しているのはわき目もふらず没頭すること。構想は時間とともに固まっていったに違いありません。ユルギスはポケットマネーをはたいて四方八方から資材を収集。第一次世界大戦後、古い機体の修理修繕のために残されていた旧ドイツ空軍のセペリーナス大格納庫で初めての試みが始まりました。ドビ - Iの作製です。友人や知人たちはこぞって観覧に訪れたというのが微笑ましさを覚える光景です。仲間の作業する姿がいくつか写真に残っています。木工担当の、これはパウラスでしょうか、帽子をかむり作業着をつけて、前かがみの立ち姿で無心にノコギリをかける。左上、少し高い場所にいるのはヴィスギルダスかもしれません。木製のウイングの骨組みでしょう、木板の上に両手を置き計測するような素振りです。

ドビ－I機種には一つ分からぬことがありました。リトアニア空軍に保存されてしかるべき資料が残されていないのです。それがユルギスのポケットマネーで製作された事に起因するとは一般的な推測です。個人のものは軍が資料を残す必要はなかったというわけです。しかし、1940年から1941年の間にソヴィエトが資料をモスクワに持ち出した、もしくはその場で破棄したことも考えられ事実は今も不明のままです。

幸いなことに専門家たちの言葉は残されています。国立航空博物館のG・ラモ シュカ（Gytis.Ramoska）が2008年に紹介した記事によれば、A・ガヴェリス（Antanas Gavelis）がリトアニア紙「我らの翼」に掲載したドビモデルについての記事の内容は不十分なものであったとし、Dobi-Iの資料としてさらに信憑性があるのは、当時出版された2誌、ドイツの「飛行－週間」（Flug-Woche）1922年8月16日版、あとひとつはイギリスの「英国・航空エンジニアリング」（Aeronautical Engeneering）1922年10月8日版であるとしています。ドビ－Iの完成は1922年でした。ラモシュカは続けて、航空歴史家のV・P・ユルクシュタス（Vytautas.Povilas.Jurkustas）の言葉を引用します。

「ユルギス・ドブケヴィチウスはセペリーナス大格納庫をよく訪れていた。ユルギスのもとで、バラナウスカス（Juozas.Baranauskas）と兵隊のパウラス（Pauras）は木工作業を、ヴィスギルダス（Vizgirdas）は翼の骨組み作り、ブルシウス（Blusius）は金属パーツ作業に携わっていた。ユルギスは仲間の作業を急がせながら自身も翼の調整などを行っていた。完成までの行程に約半年間を費やした」。

重複しますが、１９１７年に初めてアルミニューム合金のジュラルミン構造のユンカースの戦闘機が現れます。それ以前の飛行機構造は木骨に布張りでした。

ラモシュカはさらにデータを極め、「翼」、「胴体」、「尾」、「枠」、「モーター」、「塗装」、「飛行状況」とそれぞれ詳細な記述がありますが、ここではこれら項目のみに留めましょう。

次のような記載があり驚かされました。「予備燃料はパイロットの頭の前に60ℓ入りのものが取り付けられていた」。よりにもよって頭の前とは？「この設置場所は慣習的ではない、かといって異例なことでもなかった。機体の飛行の均衡を保つためには選択肢がなかったともいえる。ドビのクラッシュに見られるようにパイロットは怪我しても機体は炎上していないんですよ」という答えが返ってきました。

機体の塗装はユルギス自身が行ないました。アルミの粉を使ってシルバー色に仕上げ、最後にキリル文字（ロシア文字）で尾の部分にＪＤと入れた。黒文字で巧みなデザインです。さっそく同僚の海軍兵、スタネイティス（S.Stanaitis）がこれに異論を唱える。「機体にロシア文字があれば、ロシアの飛行機に間違われるじゃないか、やめておけよ」。

「リトアニアでは１９０５年まで通常のアルファベットを使うことを禁止されていました。学校でもキリル文字しか許されなかった。それでもリトアニア語を継承するための隠れた活動は存在し、出版物もあったのです。反則的な学校も実際は存在してリトアニア語の授業をしていたのです。カリニングラード州などはドイツに占領されていたので、こっそりとリトアニア語の印刷をすることもありましたよ。そんな過去の世情を踏まえて、軍連隊の仲間達はユルギスに〝そんなロシアンスタイルの文字を入れてはいけない〟とアドヴァイスをしたんでしょう」とは国立航空博物館の解説ですが、一方、ロシアに反発する者の異論だったという解釈もあります。

１９２１年に設計され、翌年の夏に初試験飛行が行われたドビ－Ｉ。２輪の固定脚に支えられ愛嬌のある輪郭。生き物であればさしずめ甲殻類。単葉、単座で鼻面についたプロペラがひとつだけ。

革命や大戦など度重なる戦いの時代を過ごすユルギスが見ていた夢はなんであったかといえば飛行機の製作でした。そりゃあ時代背景というものだ、当然な成り行きであると言って仕舞えば身も蓋もなくなります。

彼がチェスのプレイが巧みだったことを質問すると、頭の中に描いたチェス盤でゲームができるほどの際立った能力の持ち主だったと。ボクシングも得意なスポーツだったそうです。それなら、恋人は？　これをきいたスタッフみなが愉快そうに声を立てて笑いました。友情はあっても、ロマンチックなエピソードなど、これっぽっちも残ってないというのです。「恋するなんて、考える余裕さえないほどの毎日だった筈ですし、彼はまず軍に従事する若く勇ましい戦闘士だった。軍人としてキャリアの意欲満々だったからねえ。寝ても覚めてもドビの構想が目標にあったし。

没頭していた彼にはそれ以外のことを考えたり見たりする余裕は与えられていなかったはずだ。当時の軍の仕事は大変難しいものでおまけに危険すぎるものでしたしね。女性の兵役は許されていなかったので男ばっかり。女性の登場はそれからしばらく経った１９２５から30年代に入ってのことです。だから軍人キャリア、次に飛行機作製。そして、大事なお母さん、とこれがユルギスの三大事だったんですよ」。

恋した事がないというのには大きな疑問が残りましたが、ユルギスは本当にお母さん子でした。パリとカウナスを行き来をしていた最後の３年間、都度の帰省は母親に会うためでした。設計に製作、そして空を飛ぶこと。しかしこれこそが彼の芸術（？）、恋の対象だった。ドビで人一倍優れた技量を駆使して天高く、アクロバット飛行術を磨くこと。それがたとえ命との駆け引きであったとしても、恋に賭けた人生と言えるかもしれません。

当時のドビ－Ｉの試験飛行の様子です。

シングルエンジンの木製飛行機ドビ－Ｉは素早い動作で離陸して直ちに下界を見下ろした。最高時速１７５km。機体の長さ４・５ｍ。翼７・９ｍ。重量１６７kg。操縦席は翼の真ん中に位置し、操縦士の視界は限られていたが、このエンジン（30ＡＪ－馬力）で最高時速が１７５kmとは素晴らしいことだった。たった６分間で地上１０００ｍに達せるなど思いもよらぬことであり、同僚のみならず上司達も感嘆を隠せなかった。ただし、その機体は極めて的確な操縦が不可欠で、ランディングには超絶技巧が求められた。そのためにユルギスはドビ－Ｉをけっして他のパイロットに操縦させることはなかったといわれています。

翌年のこと。仲間に会いに行くためドビ－Ⅰでカウナスからサンクト・ペテルブルグへ飛んだ、そのとき、飛行中に事故発生。ガソリンチューブの故障でランディングを強いられ、失敗。場所はザラサイ（Zarasai）です。リトアニアの北部、ラトヴィアに国境を接する湖や川の多い地方でカウナスから約１８０㎞の距離。壊れた機体を修理するために技術者がひとり援助に駆けつけた様子ですが、ここの状況は分かりにくい部分です。ユルギスはすぐにカウナスに戻っています。

１９２３年、ユルギスは軍を引退しパリへ留学。大転換期を迎えます。知識を補い挽回を図るため、入学したのは世界航空界のメッカとして著名なフランス、パリの国立航空高等学院 "Ecole National Supérieure de l, Aéronautique" でした。１９０９年、ロッシュ大佐によって設立され、１９１１年から１９３２年の間はパリのクリニアンクール通りの93番にあり、航空技術専門学校として先端を切る教育機関でした。［＊現在は南仏のトゥールーズに移転し、国立航空・宇宙高等学院と呼ばれています］

１９２５年にめでたく卒業。ここにリトアニア初の飛行機設計士、ユルギス・ドブケヴィチウスが誕生しました。

ドビ－Ⅰのもうひとつの災難は、卒業と同年の12月１日に起きています。高スピードを記録しますが、危険な試行が原因で墜落。足を骨折したユルギスをみた母親は、今までどんなに我慢してきたことか、言いたくとも言えずにきた気持ちをぶつけました。「飛行機にはもう乗らないで、そう約束をしてちょうだい！」。

## ドビ－Ⅱ、Ⅲ・遠い空の彼方へ

上司のクラウセヴィチュス大佐（Juozas.Kraucevicius, 1879-1964）は部下のユルギスの良き友、良き理解者でした。ドビ作製に、国（軍）の財団の資金援助を要請したのはクラウセヴィチュス大佐でした。彼も日露戦争に参加した人物で、１９４０年にはソヴィエトに併合されたリトアニアから逃れ、チェコスロバキアに移り住みますが、第二次世界大戦後の１９４５年にはソヴィエトに、翌年の１９４６年はロシアに逮捕され約10年拘束されています。

資金援助を基に、ユルギスは次の2機、戦闘用のドビ－Ⅱ とⅢの製作に取り掛かります。ドビ－Ⅱは１９２３年に完成。体長６・１ｍ、最高スピード時速２４８㎞。機体重量が８４０㎏。ランディングミスが複数回起きてそれ以降、忘れられてしまう運命にあります。

ドビ－Ⅲの完成は１９２４年で、ただちに試験飛行が行われています。体調６・４ｍ。最高スピード時速２５０㎞。機体重量７１２㎏。翼は折り紙細工のようなラインを持ち、ドビ－Ⅱのずんぐりした体型とは異なってスマートなトンボをイメージさせるものです。試験飛行には天候がおよそにつかわしくなかったとの記録を見ますが、どんな天気だったのかを伝えていません。

ユルギスはリトアニアの短い滞在を終え、ちょうどパリに出発する前でした。母との約束を破っても、あと一度でいいからドビ－Ⅲに乗ってみたかった。それは6月8日の早朝でした。家族に気付かれぬよう自分の寝室の窓からこっそりと抜け出し、ユルギスが向かったのはエアードーム。ドビ－Ⅲはすでに飛行整備され準備万端整っていました。この機種は特にフランスや英国などから注目を浴びていたものでした。操縦桿を握り雄大な空にはばたく醍醐味は想像できそうです。夏へ向けて最も美しい季節、香り立つ空気、眼下には目にしみるような森の新緑や満々と水をたたえた湖が陽を受けて煌めき、機体の影を映していたことでしょう。

国立航空博物館のスタッフの言葉から引用します。

「一般の情報が伝えるようなエンジンの故障はなかったはずだ。事故は飛行中に起きたことではなく、ランディングの時だったんだ。滑走は400mぐらいの距離があれば本当は充分だった。ただ通常と異なる方向からはいる必要に迫られた。風向きが問題だったからね。クラッシュの直接的な原因に未知な部分は残ります。アレクソータス丘（Aleksotas Slope）で木を叩いてしまったのか、あるいは、写真を見るとわかるが、電柱が一本あって、その電線にひっかかってしまったのか。おそらくランディングの平行飛行が長すぎたに違いない。ドビは実に特種な飛行技術を要求されたんです。これ、ちょっと見てください。クラッシュした時の写真だが、ここに電柱が立っているのがみえるでしょう。そして電線ですが、原因はこれではなかったかと思うのです」。

確かに、現場の写真には大破した機体のすぐそばに電柱が1本ありました。

その写真は事故直後に取られたものでした。距離があって詳細はつかみにくいものですが、電柱は見えました。電線は？　この写真からはそれ以上確認できません。そこでは人々が呆然とドビの残骸を見下ろしていました。

「パイロットの視界は頭がコックピットの中にあったため何も見えず、操縦席から身を乗り出すか勘を働かすことを強いられた、これこそが惨事を引き起こす原因でした。ところがユルギス・ドブケヴィチウスはベストパイロットだ。彼にはそう自負があったんですよ。視界の限界などなんのその、操れるという自信に満ちていた、ありすぎた！　若者にありがちなね。飛行開始から墜落するまでの時間はどこにも情報が見付かりませんが、おそらく20分ほど、長くても40分くらい。天候状況の詳細は残っていないが、風向きが異例で西風でなく南からの風だったことがわかっています。彼はそんな風が吹いていたことは百も承知で飛んだんですね。その風向きがランディングに支障をもたらすことは知っていたくせに。他のパイロットだったらそんな危険を冒してまで飛ばなかったでしょうよ。ドビモデル－Ⅲ機は試験機種として作ったもので、将来に活用するためだった」。

母親は目を覚ますと家に息子がいないのに気がつきました。急遽エアードームに駆けつける。母親の勘です。誰よりも先に見つけたのはやはり母親でした。右足の骨折のみならず胸部と頭部の負傷は大きく、急遽軍の病院に運び込みますが怪我は致命的なものでした。悲報は翌日の朝刊によってもたらされました。

そして、ついに帰らぬ人となりました。家族の、母親の思いは計り知れません。

ユルギスはパネムネ（Panemune）墓地に永眠しました。

## ユルギスの手紙から　愛する母さんへ

ユルギスの書簡からいくつかを取り上げることにします。この若者の人物像を探る唯一の手立てです。ところが思いがけぬ問題に直面しました。ロシア語で書かれた書簡は、一瞥しただけでは読める字体ではない事が判明。できることはただひとつです。これをロシア人の筆跡解読者の手に委ねることになりました。解読に大変手古摺《てこず》った様子でした。清書された書簡は次にロシア語に堪能なリトアニア人翻訳者に渡り、これがオランダ語に訳されました。訳者の印象では、文面のスタイルには技術者らしいものが漂っているとのことでした。残念ながらご覧の通り、どんなにしても解読不可能な部分が沢山残りました。文脈が未完結で大変読みにくいものですが、些細な片鱗からユルギスの声が聞こえてきます。筆者には、ユルギスがクラシック音楽ファンで、モーツアルトのフルート・コンチェルトの作品名がここに登場したのは嬉しい驚きでした。

「ユルギスの母への思慕」がメッセージです。

### 書簡その１

日付なし

「今のところ冬の時期よりは仕事が少ないよ。　そう、そのエンジニアにはもう大分前に苦情を書いて送ってあるんだけど、12日にしか受け取らなかったっていっている。その仕事は特に何も変更はないって書いてよこしたんだ（その彼の兄弟が修理したらしいよ）。……まだ見つかっていない間違いを指摘して欲しいという依頼なんて……でも返事はまだもらっていない。僕が手紙を書いたのは、もちろん愚痴ってやるためだったけどね。

僕の愛する母さん、キスを送るよ。皆んなにも僕からよろしく、それと手紙を下さいってね。ところで、もしゼニア・クパヴィに会ったら、僕にコンタクトするよう伝えてくれないかな。（ま、僕からも彼に手紙しよう）。ユルギスより」

## 書簡その2

日付なし
「彼にはもうだいぶ前に小包を送ったよ。　愛する母さん、どうか母さんのもっと細かい近況を知らせてくれないかな。カウナスの事業はどうなった？　うん、ここシュトルーヴェ［＊エストニア］では〝改革〟の告知がされて、それを皆が承認している。僕はまだ見てないけど従兄弟が教えてくれた。トゥミリオヴィーや……ラブコフ・グロシェヴスキー夫人には出くわしていない、僕も人目を引くつもりはないよ。従兄弟はトゥーロンにヴィラを借りたそう。今はリアリィヤが……邪魔しているところで、僕たちはソニア以上に悔いているけど、ソニアは最終試験だ。でも彼女は普通な感じで過ごしてるよ。
ここは、ときにものすごい暑さで、木陰で30度の気温だなんて、もう全てを焦がしてしまいそうだ。今やっと少し涼しくなって勉強しやすくなったところ、本当だよ。」

書簡その３

絵葉書１９２１年７月21日［＊イタリアの絵葉書と見受けられますが、英国からの投函かは不明。封筒を使って送られたものらしく、スタンプがないため確認不可。絵葉書の絵はミケランジェロの１４９７年の作品：マドンナと子供、聖ヨハネス、天使たちの絵。作品はロンドンのナショナル・ギャラリー館蔵］

「……カーペットってさ、しっかり叩かないと、埃だらけになるからね。僕から、いっぱいキスを送るよ。愛する母さん、海で天気の良くなるのを待っているところなんだ。哲学的な心境になるように努めている。なるべくお金を使わないように、格安の方法を見つけたよ。ヴィザにはお金がかからなくって、今週は交通費だけ。だけど、何も買わないことにする……月曜日に、宿賃の支払いをするまではね。ところで、僕は……を始めた……。」

書簡その４

１９２４年１月15日の書簡［＊同じ日付で別の書簡があり、１日に複数の手紙を母宛に書くこともあったよう］

「今日手紙を受け取りました。ほとんど良いニュースばっかりのね。もうすぐ帰るよ。

僕がアジア［＊人名］の代行ができるのはとても嬉しい。彼女（アジア）は母さんと一緒に行けばいいし、僕は母さんがそうしたほうがいいと思うな。だって仕事が忙しくないんだから。

父さんにも学業のことで手紙したよ。それに補足するけど、ジャワに〝許しを請うた〟オランダ人パイロットは、言われているように……から……へ移動させられ……実は彼のフランス語が僕のよりも下手だった。

やっといい天気になった……待ちどうしい気持ち……手紙……おじさん Ka……の家に寄って……今は公使職してる。

優しい母さん、シェンベルグのためにありがとう……せっかく……といって手紙を書かなくてはね。

母さんは［＊ここへ来たら］僕のところに泊まったらいいよ。彼にテニスのラケットのこと聞いてみたらいい。僕にはテニスシューズを持ってきてってね。寝まきも幾つかあればいいな……一番大事なのは、すべての……ということ、それと＋新しい一枚の写真だよ。

これくらいにして、またそのうちに書くから。母さんにキスを、皆によろしくね。シェンベルグから暖房器具をまた持ってくるようにって、誰のだか知らないけどさ、それ2件の（とおもうんだけど）。Ｂａ……から何か聞いた？　ユルギス」

## 書簡その5

パリ、1925年3月1日

「愛する母さんへ、レリーナの手紙を本当にありがとう。もし彼女に手紙を書く機会があったら、僕からキスを送っておいてね。土曜日はやっぱり病気になってしまったよ。有名な医者 d……のところに行ったら、まず聞かれたのは、僕が学生かどうか、それと、どれくらい病気でいたいかなんて聞くんだ。それによって診断証明書を作るからって。(噂では、彼は、去年、病人も見ないで、一枚の名刺あてに病欠証明を希望の期限で発行して、「名刺の持ち主」のお手伝いさんに渡し高額を請求していたって)そのあとも時々診断証明書を延長するためお手伝いさんがやってきたっていうんだけど。どこが病気なもんか?

僕は月曜日にはプログラムの一部はもう提出して、残りは自分でまた持っていく。同僚に持って行ってもらってあげるよと親切な提案もあったけど、僕が間違っていた、時期のタイミングをうまく測れなかったんだから。この次はもっと上手くやらなくては。でも試験は上出来だったよ。びっくりしたのは三日目に予想外の総合14点の結果が発表されたときなんだ。試験官の愚鈍なミスに違いない。だって僕の回答は間違っていなかったのがわかっているんだ。だけど、もうこんなこと何でもいいよ。彼［＊試験官］は皆んなに、こうやって嫌がらせして、わざと酷い点をつけるって噂も聞いたし。

お天気は素晴らしい、いつもの……僕は初めて……つくづく嫌になって、でもそんなのを吹き飛ばそうと演奏会に行くんだ。明日は素敵なコンサートがあって、プログラムは、スカルラッティ、スクリアビン、バッハだ。バミールと一緒に出かけるよ。日曜日には〝ダヴィッド王〟の演奏がK……によってされたのを聴いてきた。良いコンサートだった。Kはモーツアルトのフルートコンチェルトで管弦楽団と共演して、あとはヘンデル、これが僕の大好きな作曲家なんだ。

僕は……ミリムの定期会員になって、条項を購入したけど、書いてあることが良く解らなかった。カヴノに持って帰るから母さんたちで見てくれない？　これって詐欺かしら。J……はもう僕のところにいる……彼の2冊の緑色で綴じられた古典書。

優しい母さん、パーティーがあまり楽しくなかったのはとっても残念だったね。でもアジアからはとてもいい手紙をもらったよ。ワルカはどうしているか教えてくれる？

Jからの図書リストをもらったところで……手紙書くから、母さんが選べるし、パスカルにもコンタクトしてみよう。

母さんに、いっぱいのキスを送るよ。寝る時間があまり遅くならないようにして、疲れすぎないようにね。そうしないと疲労で倒れちゃうよ。なにがってとても嬉しいんだ、あと5週間もすればカヴノにいると思うとね。パリが楽しくないというんじゃなくて、変化が好きだし、母さんに会えるのがさ。ナターシャも来るかもね。じゃあ、またね。ユルギス」

# 想い出

ユルギスの良き友だったアンタナス・グスタイティス（Antanas Gustaitis, 1898-1941）は著名な航空設計師・技術師、リトアニア空軍オフィサー、またトレーニング用航空機アンボ（AMBO）シリーズの設計者でした。このモデルがとても機能的な飛行機で、１９２８年以降60機ほどもシリーズ製造されるに至ったのも、彼がユルギスその人に、そしてユルギスのドビモデルから大きな影響を受けたからに他なりません。

「Lakunas Inzin（パイロット技術誌）１９２６年号・１５３版」にこう語っています。

「ユルギス・ドブケヴィチウスは想像を絶するエネルギーをもち、夢を叶えるためにはすべてをかけた。我を忘れ、人生そのものを超越していた。障害を物ともせず、作業中は寒さなどまるで感じていないようだった［＊尋常ではない寒さのこと］。フレダにある自分の部屋を訪れたユルギスがドビ‐ⅠとⅡの話をしてくれたのを今も思い出します」。

最後に、写真で見るユルギスは御伽の国の物語に現れる貴公子のよう。軍服姿がほとんどですが顔は細面。父に似た広い額にこれも父から受け継いだと思われる顎はここでは優しく、親しみを覚えます。きりっと結ばれた形の良い口元にすっきりとした鼻筋。目の色はわかりませんが、遠くを見つめる視線は夢想的で一途。黒っぽい短髪が軍帽の下に覗いています。話す時は、それもほんの少し高めで、澄んだ声を持っていたのではないかとは、ユルギスの体格からの印象にすぎません。

3人兄妹が子どもの頃にお揃いで撮った一枚のセピア色の写真があります。

絨毯が敷き詰められています。その上にスタイルの異なる椅子2脚、サロンの片隅によくみかける、小ぶりながらも背の高い大理石張りと思われるテーブルが1卓。これらが撮影に使われた小道具です。優雅なサロンというよりは写真スタジオでしょう。背景には、片隅にカーテンとおぼしきものが真っ直ぐに垂れている以外何もないのです。壁紙もみえず窓もなければ、花が生けてあるわけでもない。背景は壁でなくパネルかもしれません。

右端にはユルギスが模様の入った布張りの椅子に腰を下ろし。左端にはヴァレンティーナが座っています。真ん中は末っ子のアレクサンドラ。誰も微笑んではいません。カメラのレンズをじっと見つめて、撮られることを強く意識しています。エレガントな装いです。ユルギスは白っぽいセーラー襟の服を纏いズボンは暗色。立派な革靴を履いた右足を上に組み右手はその上に、左腕をテーブルに預けた姿勢です。正面を向く姿は大人のそれで年の頃は11、2歳？　早熟な子どもだったに違いありません。妹のヴァレンティーナは髪に明るい色のリボンを結び女の子らしいはにかみを見せています。動きが感じられるのは真ん中のアレクサンドラです。まだあどけなく、兄さんの腕が預けられているテーブルに身を乗り出すようにしてもたれ掛かかっています。写真撮影のために遊びを中断させられてやってきたのか、ちゃめっけある彼女の表情が色と光を与えています。

落ち着きと聡明さを窺わせるユルギスは才能豊かで有望な一人息子として両親から大きな期待を抱かれていたことでしょう。夢と情熱に満ちた、しかしあまりにも短い人生でした。

## 2 リトアニア国立航空博物館にて ユルギスは芸術家？

リトアニア国立航空博物館は１９９０年2月19日、リトアニア共和国の文化省によりカウナス市のダリウス&ギレーナス飛行場に設立されました。2万２０００点に及ぶ膨大なコレクションの中には飛行機とグライダーを合わせて43機が展示され、所属図書館には充実した資料が揃っています。

１９６３年後に、ソヴィエトからの廃棄命令の圧力にもめげず飛行機愛好家たちが収集してきた多くの資料はもちろん、カウナス市の消防隊が取り揃えたリトアニアの消防の歴史関係資料も閲覧できます。最も人気の高いレプリカ飛行機「リトアニカ」は１９８２年にデザインされたフルサイズで、実際に飛行する機体です。これは１９３３年のトランス・アトランティックの戦いにおける英雄、ダリウス（S.Darius）とギレーナス（S.Girenas）に因んで作製されたものでした。

その他、日本でも大々的に報道された「人間の鎖」[＊１９８９年、独立を目指してバルト諸国の人々が手をつないだデモ行動」の上空を飛行した機体も展示されています。その記録撮影は記憶遺産に大きく寄与しました。

博物館では希望者には、パイロットのスキルをテストする飛行の模擬実験も体験できるそうです。

## スペシャリストたち

博物館の事務所は小さくて素朴です。

奥の壁に小魚が泳ぐ水槽が1つ。事務机2つ、すっきり整頓されています。真ん中には来客用兼スタッフ憩いのテーブルが1つ。これを我々がぐるっと囲むともういっぱいです。

総勢5名が揃いました。と、未知の初老の男性がふと入室し、最後に残った1脚をそっとひいて席に着いたので6名になりました。にこやかな微笑をたたえ無言で我々のやり取りを聞いておられました。このラウンド・テーブルトークは形式ばったものではなく、鳥がさえずるように自由なもので、複数の返答が同時発生すれば、こっちを聞くとあっちが聞けない。それはともかく、まずは簡単な自己紹介です。

ラモシュカ

私は航空歴史家です。いいえ、軍人職にはつきませんでした。でもソヴィエト時代は皆が徴兵され、私もおなじように任務に就きました。その時私の職務はレーダー・ステーション、つまり技術専門分野ですが、ここで3年半働きました。その後リトアニアに戻り、カウナスの技術研究所の写真実験室で仕事をはじめたのです。航空博物館が1990年に設置されて以来28年間勤務したことになりますが、実はこの夏に退職したばかりです。思えば、50年も歴史家の仕事をしています。時間の経つのは速いものですね。［＊ここでヤンカウスカス氏が補足をします：ソヴィエト時代、ＫＧＢは重要資料をモスクワへ持ち出し多くを損壊しました。残ったものといえば、飛行士が大切に保管していた数枚の写真のみでした。リトアニアの航空界は何人かの飛行士によって構成されていたのですが、彼らと交流のあったラモシュカのおかげで、そのわずかな資料は復元されたのです。彼はその技術を持っていました。］

ヤンカウスカスのいうとおりです。私は昔から航空関係者や飛行士たちと行き来がありました。航空機や彼ら飛行士たちの生き様に強い興味を覚えたこと、これこそが航空機の歴史を学ぶ発端になりました。

飛行機の操縦ですか？　いいえ、残念ながら飛行技術は持っていません。模型モデルをつくるだけです。それも自家製のやつをね。（笑）

リトアニア初期の戦闘機について著書を出版しました。歴史的な専門書が書きたかったのです。「リトアニアの空軍戦闘機史（Lietuvos Karo Aviacija）」といって　Ａ・ガムジウカスとの共著で、１９９３年に出版されたものです。２００９年には一般向けの書「リトアニアの航空史　Lietuvo Aviacija.」がお蔭様で大変評判になりました。

現在私はリトアニアのグライダー愛好家たちのために働いています。グライダー・モデルの設計図やスケッチを作製して１００機以上のモデルを紹介するアルバムを準備中です。

リトアニアは世界でグライダー愛好家が最も多い国なのですよ。ご存じでしたか？

シュトゥーラス

今の話にあるようにKGBは様々な愚行を働きました。飛行機の写真など持っているだけで逮捕され、何年も刑務所に入らなくてはならなかったのです。リトアニアの航空機に関する分野も全てタブーでしたし、まあなんと50年間もこんな時代が続いたのです。

私は1991年からこの博物館で勤務しています。カウナスの技術大学（KTU）でインフォルマティックを学び卒業しました。私はITエンジニアです。

ルコシェヴィチウス

僕もギーティス（ラモシュカ）とおなじ航空歴史家です。去年カウナスのヴィータウタス・マグヌス大学を卒業しました。現在修士課程を修得中です。研究テーマはリトアニアの航空史から、グスタイティス（Antanas Gustaitis 1898-1941）を選びました。2018年の7月にギーティスの後を継いで就職したばかりです。

ヤンカウスカス

私は1955年、カウナス生まれです。母が1933年からここに住んでいます。博物館には2001年に就職して、2008年に館長に就任しました。私の任務は、年齢を勘定してみてください、退職にあと少しです。専門分野は航空機ではなく、それは私のホビーでした。模型の新タイプのフライングモデルとかスケールモデルなどを作って楽しんでいましたのでね。(笑)［＊スケールモデルとは飛行機模型で、実物の釈図に基づいて忠実にに再現された実物大、もしくは縮小モデルのこと。模型飛行機とは人を乗せることはなく、燃料を含めて最大重量25kgまでのもの］

カウナスの工科大学を１９７７年に卒業して工学エンジニアになりました。科学分野の仕事で、小型の原子炉を扱って人工衛星を飛ばすために使う工学とでもいいますかね、人工衛星のエネルギーシステムの仕事に従事しました。ちょうどその頃ソヴィエトは大規模な人工衛星プランを抱えており、私はそれに関わっていたのです。ところがリトアニアが独立したことによって仕事を失いました。仕方なく家庭用のエネルギー、つまり暖房システムの仕事を見つけましたが、これはいかにも退屈な仕事でした。かといって科学分野の就職は叶いません。見つかるわけがないのです。ソヴィエト占領時代はリトアニアも科学的に同レベルだったのですが、独立によってソヴィエトに破壊され、職がなくなってしまったのです。何か仕事をしなくてはいけない、それでスケールモデルの会社を設立しました。ホビーの延長みたいなものですよ。今はこの会社、目が回るように忙しいので経営は全面的に妻の手に渡ってしまいました。(皆、笑)！

リトアニアに博物館は12ありますが、ここはその中で唯一の国立の技術専門博物館です。他に似たような博物館はありますが国立ではありません。

先ほど無言で入室したミステリアスな御仁が、ここで館長ヤンカウスカス氏と素早く言葉を交わし席を立ちました。テーブルの上から筆者に手を差し延べ、「ありがとうございました。どうぞ頑張って、成功を祈っています」こういうと、大変丁寧に握手を求めつと退場されました。どなただったのか、未知のままです。

さあ、ここからのテーブル・トークですが、その雑然ぶりが却って楽しいものでした。

**ラウンド・テーブル・トーク**

——訪れる訪問者に、航空博物館が最も提供したいのは何でしょう。

もちろん展示を満喫してもらうことです。博物館では常に教育プログラムが企画されています。これによって航空史と同時に歴史一般を学ぶきっかけになります。歴史はとても大切です。我々の趣旨は訪問者に、これは面白いぞと思ってもらうこと。他の博物館や美術館とこの点は変わりません。

我々が教育プログラムを大事にするのは外国からの訪問者に対しても同様です。博物館としての機能を最大限に発揮して喜んでもらいたいと思っています。

——教育プログラムのなかで、子どものためのユニークな企画についてお尋ねします。飛行技術を１ヶ月ほど無料で体験できるということでした。新しい才能の発掘などもありますか。

まずは子ども達に飛行を経験をさせてあげることです。といっても高度は地上たった１ｍくらいで、距離も数１００ｍほど。それでも彼らにとってはユニークな体験です。体が覚えたその感覚や印象を将来に活かすことが出来るでしょう。タレント飛行士を見つける意図があるかどうかですか？　素養を持ったものが現れないとはいいきれません。昔は飛行技術を持つことは極めて誇らしいことでしたよ。ここで展示をご覧になったでしょう。リトアニアのパイロットや作製者たちも立派でした。ですから、新しい才能が生まれれば我々はどんなに嬉しいことでしょう。

――飛行機の設計や製造に関して最も感動する点は何だと思われますか。

その質問にはここにいる皆がそれぞれ異なった意見を持つかもしれませんが、一貫していえるのは航空機はその時代の最も先端の技術を用いて作られるということです。これは常にワクワクするような出来事で感動します。戦闘機などが敵陣突入する時代ではもうありません。ドローンってのがある。偵察行為もこれでできる！　宇宙への飛行なども含めてテクノロジーの進展が我々にさらなる可能性をもたらします。考えてもみてください、いつか火星へ旅することさえできそうです。

人間の創造力は実にすごいものじゃありませんか。我々は感動し感嘆しています。スタッフのひとりに、その感動を別の職場に持ち込んだのがいますよ。以前ここで働いていた者ですが今は大学教員。学生たちに課外授業として飛行機のモデル作りまで教えているそうなんです。飛ぶことは私たちにとって、まさに終わりのない夢なのです。

――飛行機をご覧になって、例えばそこに芸術性をみますか。

ジャズピアニストみたいに（皆、笑）、まあ別の楽器でもいいのですがね。奏者はその瞬時のタイミングをを手中に演奏を継続します。飛ぶ行為にも、技術はもちろんのことですが、芸術に近いプロセスはあると思いますよ。これこそ面白いことですが、飛行機も線の美しいものはよく飛ぶのです。そうでないものは飛びません（皆、笑）。（これはヤンカウスカス氏）

そこには詩がありますよ。詩がね！（声の調子まで変えて繰り返し述べたのはラモシュカ氏！）

――演奏家にとっては嬉しいお話です。では第二次大戦が終わった１９４５年までの間に、リトアニアではどのくらいの飛行機が製作されたのでしょう。（このような質問にはさえずりが一段と高くなる）

航空産業に関わった飛行機製造数は約５００機。グライダーまで加えるとその倍の数です。グライダーはアマチュアがほとんどです。ですからこの５００は多くのアマチュア作製によるものです。

国に従事する者たちが約５００名、それにそのグライダーをいれて機数にすれば全部で１０００機位でしょうか。

現在、航空産業は減少しています。たった1社が今までのように製造しており、その脇で複数の工場が修理にあたっています。

我が国ではグライダーが大変人気です。それはその数に象徴されていると思います。１９３０年頃から今日までの間に約３５００ものグライダーが製造されているのですよ。

大国ドイツは、数だけはこの10倍ありますが、人口比率から見るとリトアニアが世界でナンバー・ワンです。

――さんざんお騒がせしているユルギスですが、みなさんから見てユルギスの何が特別でしょうか。

彼の知名度がリトアニアでは低かったにもかかわらずヨーロッパではよく知られていたことや、彼の作製したエンジンが今までになくパワフルであったことでしょう。

スピードは眼目点でしたよ。そうです、ドビ－Ⅰは時速１７５㎞。30馬力のエンジンです。ドビ－Ⅱは時速２００㎞以上でした。当時のこととして驚きに値します。

――ユルギスのドビ－Ⅱは事故が多発して忘れ去られたのですか？　ドビ－ⅡとⅢは、製作資金に国のフレダ財団から援助があったいうことですが。

ドビ－Ⅱの再製造プランは実はあったのです。しかし残念ながらそのままになってしまいました。

ドビ－ⅡとⅢはリトアニア空軍からの資金でなされ、他の財団からの援助はありませんでした。皆が知っているようにドビ－Ⅰだけはユルギスの自費で作られたものです。

――ドビ－Ⅰの機体のウイングなどは英国やフランスの航空雑誌の関係者を通じて仕入れたという情報があります。これは正しいですか。

一斉に声を揃えて‥いいえ、それは違います。(笑)

ユルギスとその仲間で製作したものですよ。唯一エンジンだけはドビ－Ⅰのためにドイツから公に仕入れました。タイヤや細かい部品については明瞭ではありません。

確かにフランスや英国の航空専門誌がドビについて掲載しました。ドビは正に革新的機種だったからです。セリアルナンバーでシリーズ生産化せず、サンプルしか作りませんでしたがね。ユルギスが注目されたのはその機種の画期性にあり多くの称賛を得ました。彼のような斬新な開拓者がカウナスで生活したことは重要ですし、他の飛行機設計者達に多大な刺激を与えた功績は大きいと思います。おっしゃる通り、ユルギスの2、3年後に飛行機アンボ・シリーズを立ち上げたグスタイティスが、彼に影響を受けた人物として代表的なひとりですね。ふたりの違いはこのように説明するとわかりやすいでしょう。グスタイティスは現実的な実践派、ユルギスは将来を夢見た未来趣向派です。

――ユルギスは設計者として、芸術家だとは思われませんか。

（皆笑う）ユルギスが芸術家だとでもおっしゃるんですか。彼は軍人ですよ。これを忘れてはいけないでしょ。この辺りをどう解釈しましょうねえ。芸術家！　ま、そういう見方も、無理すればですがね。軍人の彼は将来を夢見た、とはいえ実利的な若者でしたよ。

――軍人と宗教についてはいかがでしょう。

そういえば、前回お話ししましたっけ。関係者なら誰も知っているように、一言でいうと彼らはあまり宗教的ではありませんでした。軍人たちは、まずはファタリスト（宿命論者、天命論者）です。だってそうでしょう？

――日本との関係ついてはいかがですか。

残念ながら！（皆、笑）我々はコンタクトを持っていません。

来年はリトアニアの戦闘機の歴史１００周年記念（２０１９年3月2日）が開催されます。公には3月12日が記念日です。私（ヤンカウスカス氏）がこの航空博物館とカウナス市内にある博物館（ルムシスケス・オープンエアー博物館）を代表してプレジデントを務めます。１０００機種のモデル展示が行われる予定で、大々的なイヴェントです。第二次大戦における日本の戦闘機も革新的な機種として展示されます。ドイツの航空機に比べれば革新度合いが低いとはいえ、当時から関心を集めていました。日本の戦闘機の多くが大戦後に米国に渡り精密な調査が行われています。日本がこの戦闘機で成果をもたらしたその原点を探るためです。短期間に限られた情報しか持たなかった日本ですが、例えばアルミニウムや他の資材原料をすでに調達していました。技術の獲得方法も注視され、そんな中で作られたのがゼロ戦闘機でしたね。

――日本はドイツの飛行機製作者、ユンカースとも繋がりがあったのでしょうか。

１９２８年から１９３５年の間に日本空軍は世界中から購入できる限りの資材を収集したのです。ダグラス機とかユンカースの機種はもう少し後になって購入したでしょう。確かに、日本は第二次大戦中にドイツの航空機産業界と繋がっていました。その中の幾つかは日本海軍と連携してもいました。日本空軍が特に興味を持ったのはロケット戦闘機です。ドイツが世界で初めて開発したものですが日本はこのエンジンをカミカゼ（神風）飛行に使いました。エンジンと燃料のサンプルをドイツから購入しています。

我々は日本とコンタクトを持ちませんが、ドイツとも持っていません（皆、笑）。こんな小さな国ですからね。日本のことで知っているといえば、ある玩具会社でドビ－Ⅱのスケールモデルを扱っている、それくらいです（皆、爆笑）！

――ではなおさら、日本に何かメッセージの言葉をくださいますか。

メッセージですか、ちょっと待って、考えさせてくださいよ。なかなか難しい課題ですね。ええ、そう。日本の方々に今日のリトアニアがどんな国か知ってほしいです。皆が訪れるドイツ、オランダや英国だけでなく、産業の発展はともかくのリトアニアですが、深い歴史をもち、自然豊かな美しい国です。たった数日間でも是非訪れてください。今日自然はますます希少価値です。食べ物も美味しく、国民もいい人たちですよ。

――皆さん、楽しい時間を大変有難うございました。

リトアニア国立航空博物館を初めて訪問したのは２０１８年5月31日でした。

ヤンカウスカス氏とスタッフの方々、飛行歴史家のラモシュカ氏との懇談は忘れがたい思い出になりました。そして同じ年の10月８日、２回目の訪問。これがこのラウンド・テーブル・トークです。

博物館館長ヤンカウスカス氏の心こもった対応や、貴重な情報と図書資料の提供で援助を下さったシュトゥーラス氏。また退官されたラモシュカ氏の今日までの大きな功績は計り知れないものです。新任で、ラモシュカ氏の後を継がれたルコシェヴィチウス氏には今後のご健闘をお祈りします。皆様に心から御礼申し上げます。

カウナスの国立航空博物館　ラウンド・テーブル・トーク　２０１８年10月8日　司会
高橋眞知子
館長　ヤンカウスカス氏（Remigijus Jankauskas）
元航空歴史部所長、広報担当　ラモシュカ氏（Gytis Ramoska）※２０１８年に退職
技術士　シュトゥーラス氏（Saulius Stulas）
航空歴史家　ルコシェヴィチウス氏（Aistis Lukosevicius）
※ラモシュカ氏の後継者

＊原稿内容の確認と承認をいただくために国立航空博物館へ重ねて問い合わせをしましたがお返事をいただけませんでした。以前にも同様なことがあったことを踏まえて、これを掲載の承認と解釈させて頂きました。

# 第2章
# 独立革命のリーダーと
# そのファミリー

証言者ルケナス

僧侶ドブロヴォルスキス

歓談：右からランズベルギーテ、オシュキニス、著者

## 1　ランズベルギス氏の日本訪問　政治家、音楽家として

歴史的な偉業を遂げた政治家、音楽学者として知られ、「歌の革命」を成した元国家元首ランズベルギス氏については最後の章で取り上げますが、その前に氏の日本訪問について簡単にまとめてみました。

１９９２年3月、今から27年前のことになります。ランズベルギス氏はリトアニア国家元首として初めて日本を公式訪問されました。それにちなんで、東京池袋のセゾン美術館では「チュルリョーニス展・リトアニア世紀末の幻想と神秘」と題された展示会が開かれ、１５０点以上の絵画、版画、素描が公開されました。

ちなみにランズベルギス氏はこの国民的芸術家（画家、作曲家）チュルリョーニスの研究家、第一人者です。

国家元首は公式訪問の席に臨み、天皇・皇后両陛下や要人らを前にご挨拶されたあと、バルト三国、リトアニアについて語られたそうです。それは、周囲の国々から主権を侵されてきた苦難の歴史についてです。そして、演奏家としてピアノに向かわれました。日本の皇室が音楽に精通

され、楽器演奏を楽しまれることは知られています。しかし国家元首のピアノ演奏の披露は例外的なことです。それを真剣に考えてみた人はいたでしょうか。公式訪問で、国のリーダーが美声を披露したり楽器を奏でるなど、誠に残念ながら稀有なこと、いや皆無かもしれません。このような度量あるリーダーが他に現れれば、世界は変わるのではないか。日本国に強いインパクトを与える場面であり意味あるメッセージでした。少なくとも人々はそこに発想や文化の異なるあり様をみたはずです。

チュルリョーニスの作品は作曲にしても絵画にしても、日本に隠れファンがいるようです。それは1970年にチュルリョーニスを初めて紹介した加藤一郎氏の功績や、日本に入ってきたレコードやCD、出版物によるものもありますが、都度ランズベルギス氏が日本訪問で行ってきた絵画の紹介や演奏が大きく寄与していると思われます。自然で素朴な「誰にも真似のできない」チュルリョーニスの演奏は、ファン曰く、「今もその思い出を宝として、大切にしているのです。人生の中で最高の日だった」。ランズベルギス、チュルリョーニス・ファンは静かに広まってきました。

続いての訪日は1995年の1月でした。渋谷のワタリウム美術館の「フルクサス展」で講演と演奏が行われ、チュルリョーニスのピアノ作品が披露されました。1960年代に起こったセンセーショナルな前衛芸術運動「フルクサス」の活動を先導したジョージ（ユルギス）・マチューナスと幼友達であったランズベルギス氏、それゆえの企画でした。

さらに２００５年の夏、愛知万博［＊日本国際博覧会］のリトアニア参加に合わせて再び来日。ワタリウム美術館は「フルクサスのなかで・アートで政治が変わった話」と題してランズベルギス氏のトークコンサートを企画。その４年後の２００９年11月22日には、青山学院大学総合研究所ビルで開催された「冷戦終焉20年・鉄のカーテン解体から、ベルリンの壁崩壊へ」の記念国際会議に出席されました。「１９８８-１９８９年におけるEUと結合：リトアニアの貢献」と題して講演もありました。最後の訪問は２０１１年、もしくは２０１３年です。

２００９年の訪日では、11月20日の午前中に記者会見が行われました。以下は産経新聞外信部の佐々木正明氏による記者会見と演奏会の「会見リポート」抜粋です。

「いまだ舌鋒鋭く　バルトの老闘士
会場に入ってきた老紳士は背中が丸く曲がり、足取りもなんだか弱々しい。18年前、リトアニア民主化のリーダー、民族組織サユーディスの議長として、「赤の帝国」を追い出した獅子奮迅ぶりを現地で見た記者からは「太ったな」との声も漏れた。しかし会見が始まると突然、炯炯たる眼光を周囲に放ちだす。舌鋒鋭い言葉で、民主主義を脅かす者たちや、その現象を次々に斬っていった。
ロシアのプーチン首相を「『権威主義的なリーダー』『残忍な独裁者・スターリンを賞賛す

る過激なスターリニスト」と断言。先に中国を訪れたオバマ米大統領さえも、「（人権問題など）大事な問題に触れておらず、これは妥協を意味する。自殺行為になりかねない」と批判のやり玉にあげた。

終了後、「中身の濃い会見だったなあ」と某社編集委員が思わずつぶやく。名前を翻訳すると、「土の山」を意味するバルトの闘士は77歳にして今も自らが命がけで勝ち得た民主主義の砦を、独裁国家から守る守護神そのものだった。

会見の日の夜、今度は代官山でレクチャー・コンサートでピアノコンサートを行い、音楽家としての一面も披露した。昼とは一転した柔和な表情を見せ、国民的作曲家チュルリョーニスの作品や民謡を40分にわたり独奏した。集まったドレス姿の御婦人たちをほれぼれさせたのはいうまでもない。会場で買ったＣＤにサインを頼むと、「土山」と日本語で書いて返してきた。ニヤリと笑ったお茶目な表情を私は生涯、忘れないだろう。」（産経新聞・２００９年11月20日付から）

文中の、晩のレクチャーコンサートというのは、「チュルリョーニスの時代」と題されたものでした。演奏会場、東京の代官山のヒルサイドプラザでは、チュルリョーニスの絵画がスクリーンに映しだされ効果的な演出がありました。

演奏プログラムは次のようなものでした。

「6音列　A-D-F-B flat-E flat-G flat の主題によるプレリュード・ニ短調」（VL256）、これは深い色彩で、森に潜む空気が漂ってくるような作品。次は、光に満ちた「聖霊降臨祭のためのプレリュード・ト長調」（VL337a）。３番目に演奏されたのは、「SeFaa Esec の主題による七つの変奏曲」（VL258）で、並んだアルファベット文字の主題は Stefania Leskiewicz という若い女性の名前の綴りから取られたものです。他の作品が数分という短いものに対して8分ほどの作品です。１９０４年の夏に知り合ったとされるこの女性に、チュルリョーニスはどうやら心をかき乱されたらしい、その様子がありありと表現されています。

プログラムの真ん中には、チュルリョーニスが愛したリトアニア民謡の編曲作品が4曲続きました。コラール風な主題の「風が吹いたのかしら」（VL274）。同じく１９０６年の作品で「去った乙女」（VL278）。民族色豊かで哀愁帯びた「おお、森よ、森」（VL276）。これら小変奏曲に加えて、優しく昇り降りする音列が子守唄にも聞こえる、「母さん、眠いの」（VL281）。

後半は、散策を思わせる「プレリュード・ト長調」（VL338）と「小さな風景」（VL317b）。最後はロマンチックで、秋の季節をメタファーに、劇的な風情を持つ１９０４年の作品「Ruduo（秋）」（VL264）で締めくくられ、全10曲でした。

作品の整理番号 VL（Vytautas・Landsbergis）によって作曲時期がわかります。全プログラムは１９０４年頃から１９０９年に至る作品が選曲されていました。１９０９年はチュルリョーニスが多くの作品を残した最後の実りの年です。ここでは（VL337a）と（VL338）がそれ。その年の末には重度の精神不安定に襲われ、チュルリョーニスは病に侵されていきます。

演奏終了後には舞台上で対談がおこなわれています。その前の年に邦訳がなされた著書「チュルリョーニスの時代」について語られ、「原書（１９８７年）はリトアニア語だが、その後英訳されて"Ciurlionis ,Time and Content"とタイトルされた。これが意味することは大事だと知ってて欲しい」とランズベルギス氏。「Time and Content」は時と内容、もしくは時と真意。時の流れと共に芸術の成熟する経過とでもいう意味でつけられたタイトルのようです。

「音楽家と政治家はどのように両立できるのですか」など対談者から質問されると、「このふたつは異なった世界だとは思っていない。人のために働き、説得し伝えること、人の話を聞くこと、これは音楽家も政治家も同じである。オーケストラの指揮者みたいなものだ」。チクリとした苦味とユーモアを交えて、いかにもランズベルギス風な答えが返ってきました。

政治家と音楽家は対極的に捉えられますが、果たしてそうだろうか。その内にある内容、意識や感覚が異るとはいえ、両者がパーフォーマーであるところは似ています。関連性を見てゆけば案外シンプルな答えが出てくる、そんな予感がします。

この日のランズベルギス氏は記者会見から始まって晩の演奏会と対談その後のレセプション、と長い１日でした。来場者たちとの楽しい交流があったことでしょう。

そして今日、元国家元首は87歳。リトアニアの首都ヴィリニュス在住。多忙な毎日を過ごされています。２０１８年6月中旬のこと、ダライ・ラマ法王14世がリトアニアを訪問されました。インターネット上には、ランズベルギス氏ご夫妻となごやかに歓談される様子や、顔を寄せ合い再会を喜ぶお姿も報道されました。ダライ・ラマ法王が茶目っ気たっぷりな様子で、ランズベルギス氏のあごひげに手をのばし両手でそれを引っ張っている（としか思われない）、それに対し所作に戸惑う元国家元首、ほのぼのとするショットもみられました。

次の節で紹介するのは、日本では語られることのない氏のファミリーメンバーで、孫のヴィータウタス・オシュキニス君、長女のユラーテ・ランズベルギーテさん、そしてユラーテさんの従兄妹のカスタンタス・ルケナスさんです。

オシュキニス君とユラーテさんでは、それぞれから託された論文も抄訳してみます。経験（体験）談を今までずっと口閉ざしてこられたルケナスさん。ここで全てが語られます。

## 2 ヴィータウタス・オシュキニス　リトアニアの精神とは

世界遺産のクルシュ砂州があるネリンガは首都ヴィリニュスから北西へ３４０㎞ほどのバルト海に面した避暑地として知られています。夏場は観光客で賑わう土地柄です。

国立音楽&演劇アカデミーに長年務めるヴィスギルダ教授によって行われてきたこのネリンガのフルート夏期講習会は、若いリトアニアのフルーティストたちが演奏を競い合う場でした。

ヴィスギルダ教授から依頼を受けて、２０１２年から指導にあたることになったのは大変幸運なことでした。そのおかげで長年私が抱えてきた演奏（者）と言語の結びつきの疑問に答えを得たような感じを受けました。インド・ヨーロッパ語の祖語ともいわれるリトアニア語を国語とするフルーティストたちの演奏を聴いて、それまでのもやもやのようなものが吹っ切れたのです。創り出される音色や抑揚、その他多くの音楽的表現はやはり言語そのもので、演奏はその人のあり方まで表すことがあります。いつも耳にしている自身の言葉が源になって演奏に反映されるといえば飛躍しすぎと思われるかもしれませんが、どんな言語で、どのような話し方をするかによってその人物がある程度推測できるのと同じように、演奏もそれに比例するのです。演奏者の人格といってよくなければ性質が、かもしだされる音から聞こえてきます。こんなことを言っても、あまり関心を持つ人はいないようですが、人間の耳という器官だけを取り上げても、想像をはるかに超えた働きをすることに単純に驚きを覚えるものです。

ネリンガの講習会では慣例の成果発表演奏会が行われました。会場となる教会に毎年これを楽しみにする土地の人々や、避暑客まで訪れることもあり、それは格別な雰囲気のイヴェントでした。

オシュキニス君はこのフルート夏期講習会の受講生のひとりでした。第一回目に演奏した作品を今でも覚えています。作曲家、C・ライネッケの情緒的な作品、フルートとピアノのため［＊原曲はオーケストラ伴奏］の「バラード」でした。偶然と呼んでよいかどうか分かりませんが、ライネッケはチュルリョーニスがライプツィッヒ音楽院時代に作曲を学んだ恩師です。

## ヴィータウタス・オシュキニス（Vytautas Oskinis）

ヴィリニュスのリトアニア国立・音楽&演劇アカデミーのフルート科、修士課程を修得して卒業。様々な芸術分野にチャレンジする、ヴィリニュス生まれの28歳。リトアニアの独立運動の真っ只中、1月8日にソ連政権がヴィリニュスで軍事行動を開始、13日には死者と負傷者が出ました。彼が生まれたのはその数日後のことでした。母親のユラーテさんは、ソヴィエト兵が病院にどかどか入ってきて不安な思いを経験したようです。

長かった髪を短く刈り上げスポーティな装いに変身したとはいえ、にこやかな微笑みを浮かべて物静かに話す様子は7年前とちっとも変わっていません。自身の発言に驚いた様子でクスっと肩をすくめる仕草なども以前のとおりです。リトアニア人は日本人と少し似ていてシャイだといわれることがあります。そんな反面、揺るがぬ意思でものを見つめるオシュキニス君。どうやら代々受け継がれたマグマは彼にも潜んでいるようです。現代を生きるリトアニアの若者の考えを聞いてみましょう。

ここには母上、ユラーテさんが同席したことで対話が広がりました。

## オシュキニス君から見るリトアニア

子ども時代の思い出について訊ねると、「母を前に、少し話しにくいことではありますが」、ふと気迷いをみせながらもストレートです。「父親が一緒に住んでいませんでした」。これを聞く母親のユラーテさんの反応も印象に残りました。息子の言葉を真剣な面持ちで聞く姿勢から互いを認め合う大人同士の関係が見て取れました。

幼少の頃から母親と3歳年上の兄（異父兄弟）と暮らしていた彼は、祖母（ランズベルギス元国家元首の最初の夫人）の家で過ごすことも多かったといいます。母ユラーテさんが仕事に忙しくおばあちゃんに預けられることが多かったのでしょう。「でも父の不在は普段あまり考えることがなかったように思います」とは、そのような環境が築けていたためです。父親、オシュキニス氏は生物学が専門で、ヴィリニュス大学で生態学を教え、趣味の登山をしていました。幼いオシュキニス君が待ちわびていたのは父親からの誘いでした。週末になると野外活動に連れて行ってくれたのです。「充実していて、だから父の不在に悩まされることはありませんでした」。

「お父さんと上手くいっているわね。ついこの間も一緒に出かけていたのでしょう？」と問いかけるユラーテさん。実は彼女も大の登山好き。息子たちを連れて山登りを楽しむこともあると聞きます。「山登り」とは、どうやら家族の合言葉のようです。

幼い頃からからよく旅をしたといいます。父とだけでなく母と出かけることもあれば、祖母とも出かけました。兄弟はいつも一緒。ドイツに行く機会が多かったのは、ユラーテさんのプライベートと仕事の基盤がそこにあったからです。子どもは大人の心配など何処吹く風で、置かれた環境に馴染んでいくものです。彼もこうしてドイツ語を覚えました。

「こんな方法で言葉を覚えていくのは子どもにとっていい経験に思える」という彼の意見に賛成です。

彼を取り巻く音楽的な環境は言うまでもなく全て揃っていました。「その頃の僕はまだ楽器演奏は初めていませんでした」。

ユラーテさんは当時からドイツの音楽環境は素晴らしいものだったといいます。

「いつも子どもたちを自分の演奏会に連れて行きました。ある日演奏終了後に教会の牧師さんが子ども達にほらといって、小型のチューバを貸してくれたことがありました。子どもは目新しい物に興味を持つものですがその結果はわかったものではありません。息子たちはその楽器から音が出るか試していました。ところが、その場をほんのわずか離れた隙に、ああ何ということでしょう。悪戯してそれを壊してしまったのですよ。どうやって謝ったら良いか悩みました。牧師さんは本当に心の広い方だったと思います。これがあなたの（オシュキニス君に目で合図）楽器演奏の始まりかしら」。これに答えてオシュキニス君。「この事件（！）未だによおく覚えています。兄さんはよく悪さをする子どもだったのです」。ユラーテさんが笑う様子を見ていると、兄さんへの悪戯のなすりつけではなく真実のようでした。「なにがあっても兄ゲルデニスは僕の友達です。今でもベストフレンドですよ」。

独立を果たした直後の生活は楽ではなかったと思われますが、幸せな思い出が沢山あるそうです。母親の提案でチュルリョーニス・芸術学校に入学した彼は［＊リトアニアでは小学校は7歳から］3年間リコーダーを学びその後フルート科に進みました。なぜリコーダーで、なぜフルートだったのかは聞いてみたことがありません。

「この学校は芸術に重点を置いて教育する学校ですよ。聞いたことがおありでしょう。才能をもった子どもたちを育てる教育機関ですから選抜があります」。

そういえば筆者もこの学校の若者たちを数人指導したことがありました。ある生徒はフルートを吹く傍ら、ピアノ演奏でコンペティションを受けるほどの余裕を持っていました。視野の広い優れた若者達がいたのを思い出します。

オシュキニス君は19歳になるまでの12年間をこの中等学校で過ごしました。この時代を「良かった」といいます。友達でグループを作って活動し、読書し、とことん話し合い、なんといっても仲間同士の自由な交流が宝だったそうです。「音楽アカデミーの仲間たちよりも彼らとの交流が多いです」。中等学校時代の仲間とは今も頻繁に会うのに、音楽アカデミー仲間とは交流が少ないのだそうです。そもそも音楽アカデミーへの入学自体、本望ではなかったと告白するオシュキニス君。映画制作がしてみたくって、なかなか決心つかずにうろうろしていると、「音楽アカデミーに入るべきである！」と声が降りてきたのだそうです。その声とは祖母の声で、その意見に折れて入学試験を受けた経緯が不純だったというのです。

ユラーテさんが即座にこの意見に同意を表明しました。

「本当ですよ、まったく！　私の母は家族全員の指揮をしていましたからねえ（笑）」。

そういうことであれば祖母なる方のことを聞いてみたく思いました。

「ええ、祖母のことを話しましょう。ご存じのように祖父ランズベルギスの最初の夫人で、母の母親になります。名前はリタ・サカリエネ（Rita Sakaliene）といいました。これは再婚者サカラス氏（A・Sakalas）の名前です。祖母は僕の母が生まれたあとすぐに祖父と別れてしまいました。１９５６年位のことです［＊結婚生活1年後］。祖母はサカラス氏と再婚して子どもができ、また祖父も今の夫人と再婚し子どもが二人できました。祖母リタはピアニストで優秀な指導者でした。弟子達からはまるで本当の母親のように慕われ、一緒にウクライナ旅行や登山をしていました。ところが不思議なことに、自分の子ども達にはいつも不在の母親だったのです。誰からみても納得いかぬことでした。それだけではありません。祖母はなんと、僕と父、母と祖父の関係まで絶とうとするような人だったのです。では祖母と母の関係はといえば、近い仲でしたが問題だらけ。さらに再婚した夫とも上手くいかなかった祖母は、所詮家庭を築くことの出来ない人だったのでしょう。カリスマ的な性格、豊かな感性を持った美しい女性でした。ところがどっこい自己の主張を他者に強要する、過激で複雑な面を持った特殊なタイプの女性だったのです。これではあまり幸福な生活はできませんよね」。

しかし驚くべきことは、祖母のリタさんは孫のオシュキニス君をとっても可愛がったそうです。「それは、僕が祖母の昔話をとても熱心に聞いたからです。彼女の経験談はもちろん実話ですから、たいへん面白かったのです。祖母にはそれが格別な喜びでした。だからもうとても可愛がられて、とうとうおばあちゃん子になりました（笑）。それで僕は少々甘えん坊になった！」。

頷きながら聞いていたユラーテさんがこれを聞いて、とうとう笑いだします。

「本当に！　あなたはおばあちゃん子。それにちがいないわ」。

祖母リタさんは長い間一人暮らしをして元気でしたが、数年前81歳で亡くなられたとのこと。彼の心境は　とても複雑です。

「彼女からあまりに強烈な影響を受けた僕は、未だに、そこから立ち直るのに時間がかかっているようです。亡くなった時の悲しみと、また解放された気持ちもある。それともうひとつ、これは本心です。どこかで彼女に腹を立てている自分がいるのです。特に家族関係についてはうまく誘導されてしまった、してやられたと感じます。今になって、なぜ?どうしてそんなことをしたのか?祖母にあれこれ聞きたくなるのですが、僕はそれをしてこなかったのです。悔やまれます、上手くいかないものですね」。特殊な人、過激な人という言葉を何回も使い祖母を語った彼ですが、愛し愛された、近しい人への暖かい思いが伝わってきました。

自身の将来については、「専念することで道が開けると思いますが、今後の活動については映画制作に進むことも念頭にあります。そうです、昔から惹かれていた職種です。何回かお話したことがありましたよね。実は今月末に一つ試験があります。上手くいけばいいのですが」。（試験に合格。現在彼は勉学に猛進中）

もし海外に出るようなことがあったとしても、帰国してリトアニア社会のために貢献したいとのこと。またハングリー精神も旺盛です。

「ええ、祖父は偉大です。母も尊敬しています。僕も政治に興味を持ちますから世界をもっと知りたいですね。研究したいことはたくさんあってリトアニア語にも興味を持っています。この言語が危うい状態にあった歴史についてはご存じでの通り。古代からの母国語をもっと探求してみたいというのは自然なことです」。

リトアニアの若者の意識とは?　との質問にはこんな答えをもらいました。

「例えば、パトリオティズム（愛国主義）が浸透してきているように感じます。若者だけでなく大人も同様です。愛国主義がファッショナブルな行為に変貌しているかもしれません。ええ、ファッショナブルという言葉が妥当です。国旗を立てて車を運転するのもそう。いいえ、今年が独立100周年記念の年だからではなく、その前からありましたよ。僕自身ですか？ 愛国的な考えを持ちますが、これはファッショナブルとは違う。盲目的ではいけません。今僕の中で熟考していきたいこれが課題のひとつです」。

ユラーテさんは母親として、ここに一言付け足したいと思われたのでしょう。

「彼らの世代は、国家主義とか愛国主義について本当の意味がわかっていないと思います。疑問です。でも勉強しているのだなあと、息子については考えを改めました。去年のこと、彼はユダヤ博物館やホロコースト博物館に通い、ひとしきり何か調べていました。詳細は聞いていませんが、知りたいということに意義がありますね。それがすべての出発点ですから。それを見てちょっと安心したのです」。

これにオシュキニス君、

「リトアニアは偉大であると叫ぶような愛国精神が何なのか大体気がついています。その感情がどうして生まれるのかを自分の目で見て結論を出したい」。

愛国心に関連して、亡命したリトアニアの人々の話題になりました。ユラーテさんはこうも言います。「例えば、海外在住のリトアニア人は、我々よりさらに客観的にリトアニアを展望できるだろうという、あなた（筆者）のご意見はもっともだと思います。彼らは第三者の視点で祖国を見られる立場に在るひとたちです。リトアニア人らしさを大切にしているのは、却って彼らの方かもしれませんね。祖国に対する純粋な愛についても今後多くの議論がしたいと考えています」。オシュキニス君も同じ意見でした。

「リトアニアの将来についてという質問は返事の難しいテーマです。どのようにお答えしたらよいでしょう。周囲には我が国に親交的でない国があります。それに加えて、ご覧のように世界が大きく動いています。身近な社会生活から始まって政治に至るまで課題は蓄積しています。リトアニアがまず取り組むべきは、心の傷から立ち直り健康になることです。独立から時間が充分に経っていないため、現在の政策から結果が生まれるにはあと少し時間が必要でしょう」。

音楽家や政治家だけでなく建築家、映画監督など、元国家元首のほかにも著名人の多い家系。現職にあるリトアニア保守党のリーダー、ガブリエリウス・ランズベルギス氏（Gabrielius・Landsbergis）は、オシュキニス君の又従兄弟にあたり、ランズベルギス氏の孫の中では最も年長者です。

「そういうことは、素朴なプライドくらいでそれ以上のものではありません。それより、得るものは精神的な支えの方です。勇気が持てるのです。見えないものにも恐れず前進できる力がもらえる、そんな気持ちです」。

ランズベルギス家を遡れば、どうやら１０５５年に至るようです。ドイツに今日も残されている資料によると、ヴェスリン（Veselin）というドイツのヴェルデンの公使、もしくは大臣が家族の先駆者であるとのこと。この人物の次世代にフィリプ・ヴェルデネットという騎士が現れ、１２９４年にランズベルグ城の城主になる。12から13世紀にかけてアグネス・ランズベルグというドイツの貴婦人も現れる。さらなる詳細には踏み込めませんが古い歴史があるのです。

＊第2章の一節に、ランズベルギス氏の日本訪問の際、お名前が「土山」と訳されることがあった様子。これは注意が必要です。

「Land」は大地の一部、それも水のかぶっていない、しっかりした土地のこと。テリトリー、区域、所有地、地方、国のことにもなります。「berg」は、アイスベルグを氷山と訳するように、山や丘―岡またはその土地の名称にもなります。特に中世からの歴史をみると、主にドイツ西部にあった公爵の領地、もしくは公国など。「berg」は変化して「burg」、「burgh」、「boro」ともなれば、例としてあげればきりがありません。土地名のピッツブルグ「Pittsburgh」エディンブルグ「Edinburgh」やハンブルグ「Hamburg」にもなり、「burgess」でその地域の民の意味。「burgus」となって砦や城などにもなる。果たしてランズベルギスを直訳した場合、何が一番適切か。考えてみるのはとても面白いことですが……。

ユラーテさんは、著名な家族であることをあまり意識しないといいます。

「私自身の印象ですが、父と再婚した夫人の家族がありますから、社会的な面でのプレッシャーは少し軽減されます。私の妹（異母姉妹）はピアニストで、彼女こそ私より国を背負う意識が強いと見受けます」。

リトアニアの宗教はカトリックが多いことで知られていますが、ユラーテさんはのちにドイツ人の牧師と再婚されプロテスタントに改宗し、カトリックで洗礼を受けたご息子兄弟も彼女と同じく改宗したということでした。

オシュキニス君に最後の質問です。今のリトアニアの様子をどう思うかです。日増しに海外から訪れる旅行者や西ヨーロッパ化されるリトアニア。ヴィリニュスのような都会ではそれが顕著です。彼の意見はこうでした。「昨今リトアニアは海外から多くの影響を受け随分と変わってきました。良いところもありますが、洗脳された社会が広がっていることも否めません。古来からの哲学がすべて正しいとは思いませんし、それを盲目的に見習うつもりはありません。昔にしがみ付いているつもりはないと言いたいのです。しかし今や宗教的な背景は希薄になり伝統も姿を失いつつあるのを見ると、これは放っておけないぞと感じます。是非ともこれら大切なものを継承していきたく思います」。

次の文章は、ジョージアで毎年開催される国際シンポジウム「２０１６年・第10回・環境をテーマにした文学におけるモダニズム」に応募されたオシュキニス君の論文です。19名の応募者のうち上位の数名に選ばれ、２０１７年に発刊されました。以下はその抜粋です。

論文抜粋

## 世界大戦間（インターワー）リトアニアにおける建築と音楽
## モダニズムのありかた

この文章の趣旨は、第一と第二次大戦間の約20年に、仮の首都カウナス市［＊東欧の小パリとも呼ばれた街］に集中的に誕生した、リトアニアの建築と音楽分野のモダニズムについて紹介することにある。市の景観は目を見張るほどの大転換を遂げた。カウナス市こそ、リトアニアの建築家たちが何世代にも渡って西欧のモダニズムから得た、機能的かつ芸術的な発想を展開させてきた街である。ここにおいて西欧趣向とリトアニアの民族趣向が併合され、国民的スタイルが生まれ、また音楽分野にも明らかに同様な動きがあった。都市カウナスの景観に焦点を当て、観察していくことにしよう。

キーワード：モダニズム、カウナス、インターワー、建築、音楽、伝統、形式

### イントロダクション

第一次世界大戦後、いくつもの中央、東ヨーロッパ国家で起きたように、リトアニアにも独立のチャンスが訪れた。それは1918年2月16日のことだった。それまで120年間に渡るロシア帝国統治のもとで、（＊リトアニアは）1915年には野心的で強靭なドイツ帝国による占領がなされ、ボルシェヴィキにも対抗して戦い、その［＊混迷の］なかで行われた独立宣言である。

１９０５年あたりから見ていた夢とはいえ、こんな小さな国家にとって巨大なチャレンジだったのは言うまでもない。ところが独立の戦い終焉の間際に何が起きたかというと、１９２０年10月、ポーランドによるヴィリニュス市の占領である。なんと、リトアニアは貴重な伝統的文化遺産と繁栄の目覚ましいヴィリニュスを失ってしまった。こんな悲惨な状況下で、我が国は国際的に主権を認められ、自由な民主国家として動き始めた。１９２１年の9月には国際連盟に加入した。しかし最も重要な都市ヴィリニュスを損失したことはどうにも受け入れ難いことだった。ポーランドの、ヴィリニュスとその近郊の占領は大戦の狭間で続くが、いってみればこの暗澹たる現実こそ、リトアニアの国民と国家が、カウナスのために行動を共にして奮起する要因になっただろう。

こうしてカウナスには歴史的な好機がもたらされ、仮とはいえ首都として国際的な都市計画のチャンスに恵まれた。以前のカウナスは、何処から手をつけたらよいかわからぬほどひどいものだった。教会は閉ざされ、道路は石も敷かれずにでこぼこで下水はなく、ほとんどの家庭で水も電気も引いていなかった。

１８７９年にカウナスはロシア帝国第一の要塞となっており、２階建て以上の建築物は禁止されていた。家々はほとんどが木造建築で、庶民は家畜を飼っていたため、街全体が田舎さながらの景観だった筈である。

カウナスの都市計画構想では、国会議事堂をはじめ政府や公共機関の建設が必須だった。そのなか政府は真っ先に重要課題として教育を取り上げ、システム整備が行われたあと初等教育が義務化するに至った。１９２２年にはリトアニア大学が創設された［＊現在のヴィータウタス・マグヌス大学］。若者たちが活動できる文化施設の建設にも目が向けられた。近代化の波と共に人口が増しそれに乗じて商業が発展すると、７万の人口はなんと15万４千人と２倍以上に膨れ上がっていったのである。一万件に及ぶ新しい建築物の誕生によって街が変貌を遂げ拡大していく。ジャリアカルニス（zaliakalnis）地域にも家々が新築され住宅地になり、下水溝や水道が引かれ、見違える都市に生まれ変わっていった。そこで極めて注目すべきは建築方法だが、それが今まで伝統であったように、職人の手仕事に全てが委ねられていたのだ。

この20年間は、第一期の１９１９年から１９３０年まで、そして第二期の１９３１年から１９４０年までという２つの時期に分けることができる。第一期は伝統とネオクラシックに沿った様式で、ドゥベネッキス（V.Dubeneckis 1888-1932）と、サンクト・ペテルブルグで研修を積んだソンガイラ（M.Songaila 1874-1941）のように当時流行りの要素を伝授した建築家たちが代表的である。

第二期は、モダニズムの流れに乗った合理主義や機能主義である。主導的な建築家はランズベルギス－ジェムカルニス（V.Landsbergis-Zemkalnis 1893-1993）、そしてフンカス（A.Funkas 1898-1957）のふたりであろう。彼らが学んだヨーロッパ諸国の建築様式と芸術センスは、周囲の建築家達を大いに刺激し、独特な国民スタイルが継承されていくことになった。カウナスで

1919年から1940年の間に起きた伝統性と近代性の同化は、他のヨーロッパ諸国にない独自のスタイルを作り上げた。それはドイツの表現派的なものでも、バウハウスの機能主義のムーヴメントでもない、かといって純粋なアールデコやイタリアの合理主義でもなく、混合的でただひたすらリトアニアの国を愛する精神に則った、稀有な風情をもつ建築物だった。そのため、2015年、リトアニア第二の都市カウナスはユネスコ・デザインシティーとして認定された。

カウナスを中心としたアカデミックな音楽活動については、これも建築分野の様式過程と類似している。著名な作曲家ノーヤリス（J.Naujalis 1869-1934）やシムクス（S.Simkus 1887-1943）などは、保守的な姿勢でロマンチックなスタイルに徹し、反対に、現代的な要素を取り入れたのは、ヨーロッパのモダニズムを研修したヤクーベナス（V.Jakubenas 1904-1976）、カチンスカス（J.Kacinskas 1907-2005）、バセヴィチウス（V.Bacevicius 1905-1970）らだった。

忘れてはならぬことは、1937年にリトアニアが国際現代音楽協会のメンバー（ISCM）に所属できたのは彼らの功績だったということだ。一方、1933年に創立したカウナスの音楽院の初代ディレクター、ユオーザス・グルオディス（Juozas Gruodis 1884-1948）のように、ドイツ前期のモダニズムとロマンティシズムを合致させた作曲家も存在した。ここでも民族が育んできた音楽は切り離しがたいものだった。

次の章ではカウナスの街の主要道路、「ペルクーノ通り」「ライスヴェス通り」「オジェシュキエネス通り」を散策しながら当時の、特にモダニズムを軸にした歴史的建築物と音楽を見比べていこう。［＊次の章は「散策」。読者をカウナス市の街に招き、散策しながら建築物を紹介していく形式です。要所で写真を添えてあります。以下、抜粋です］

## 散　策

カウナスは、伝統と歴史を持つ首都ヴィリニュスや港町のクライペダとはまた異なった魅力を備えている。丘と谷の起伏があり、リトアニアで最も大きいネリス川とネムナス川が流れている。起伏あるジャリアカルニス地域の南側から歩き始めてみよう。1926年の昔から、この地域にはモダニズムの最も象徴的なものがある。リトアニアに初めて建てられたラジオタワーがそれで、これを機にこの地域は発展を始めた。主軸となる「ペルクーノ通り」はリトアニアの古代の神の名前に由来するが、石畳にするために多くの木々が伐採された。幸いなことに伐採を免れた老齢の落葉樹の木々が今も残って、道路に覆いかぶさるようにして地域の景観と雰囲気作りに役立っている。

家並が個々のスタイルを誇示しているのは、そのように計画されたものである。レンガ造りがほとんどで、表面が漆喰で被われている。レンガは当時とても高価な建築材料だった。

家々には民族的な装飾が施されているが、これこそが象徴的なスタイルである。合理主義と機能主義の近代のスタイルは、非対称的なコンポジション、明瞭な幾何学的なシェイプ、最小限の装飾の使用でもって見分けやすいものであり、なにより観る者にほっと安堵感を与えてくれるのがよい。ファッショナブルでエリートなカウナスの片隅にこんな佇まいが残っているのだ。

その少し先には変わった建物がある。１９２９年に建てられたヴィラ「エグルーテ」。建築家は民族スタイルで著名なフェリカス・ヴィスバラス（F.Vizbaras 1880-1966）。カウナスにあるこの種の建築物のうちでは最も財産投資されたものである。非対称的構造と幾何学的造形でモダニズムが主張されると同時に、紋章に花型の装飾アクセントを効かせたネオルネッサンス・スタイルのテラスと塔。混合的なスタイルである。［＊このヴィラは外交官ペトラス・クリマス、Petras Klimasとその家族のために建築され、けっして大きなものではないが、カウナスでは最も豪奢なものである。所在地はヴァルジュガンタス通り25番］

ここから想起させられる音楽といえば、近代初期の１９２２年に作曲されたグルオディス（J.Gruodis）のヴァイオリン・ソナタ　ニ短調。１楽章（Allegro ma non troppo）に提示される第二主題には、リトアニアの民族歌謡のメロディー「私の愛するお母さん」が用いられている。アカデミックな手法が取り入れられたのは、そうすることが作曲家の理想だったからなのだ。

リトアニアの作曲家たちが最も力を入れて探求したのは手法の差こそあれ、リトアニア民族音楽の豊かな和声、踊るリズム、歌うメロディーを彼ら個人の言語として駆使することだった。

それはハンガリーの偉大な作曲家バルトーク（B.Bartok 1881-1945）に通ずるものがある。グルオディスについて我々が考慮すべきは、リトアニアの音楽作品は民族音楽を基礎にして作らねばならないと信じていたことだ。創造活動のみならず教育現場において彼はその意志を貫き、長年周囲の作曲家たちから注目されたものだ。グルオディスは音楽院で初代の作曲科の教授に就任し、15年間（1933-1948年）勤務した。彼こそはリトアニアのインターワーの時期、アカデミックな音楽教育現場において多大な影響力をもつ人物だった。ヴィスバラスの「エグルーテ」とグルオディスのソナタは、壮大なフォームや伝統性、モダニズムのなかに見る保守性が共通点としてある。

ニュータウン地域にはヴィータウタス公園を抜けてショートカットで足を運んでみることにしよう。ヴィータウタスとはリトアニア公（1392～1430年）に由来した名前である。ここは「ライスヴェス通り」だ。

ライスヴェスは自由という意味で「自由通り」となる。19世紀半ばにロシア政権の都市計画で用いられた代表的な幹線道路で、ソヴィエト時代から同じく約1.7㎞程の歩道だった。ぶらぶら歩いて周囲の建物を見ていこう。まず1933年造りの元公民館。作者はランズベルギス-ジェムカルニスである。外形の少々厳しくかっちりしたイメージは合理的で機能的なスタイル。カウナスには同種のオフィス用の建築物が多数みられるなかでもこの元公民館はとりわけ重厚でそのエレガンスには意表をつくものがある。縦横の線が成す活発なリズム、資材がもたらす色彩のコントラストのありようが美しく、目を引く建築物に違いない。その数メートル先、「ライスヴェス通り」からポーランドの著名な詩人の名前に由来する「ミケヴィチュス通り」を曲がると、その角には国民的スタイルが著明な、軍のオフィサーのクラブハウスが構えている。1937年、クドカス（S.Kudokas）が率先して建築した。頑丈で剛健な造りはドアを開けて一歩進めば一転して、なんとも優美なアールデコ・スタイルの「大統領の間」に行き着く。軍高層部の当時の待遇を垣間見る思いである。

向かい側のブロックに建つのは、もとは乳化製品会社の本社であった。1934年の作で作者は公民館と同様。1937年、この建築物は栄光に輝くことになる。作者のランズベルギス・ジェムカルニスがパリの国際博覧会で、リトアニアの特異なモダニズムを代表する建築家として名誉勲章を獲得したのである。

複合機能に目を向けた誠に稀有なタイプのビルディングであった。当時1階［＊日本式では2階］に店が並び、有名なヘアーサロンが出店し、ご婦人方の人気を集めていたという。［＊ヘアーサロンを経営したのは、ムラリス・ブラザーズで、1階がメンズ・サロン。2階がレディーズ・サロン。1935年から営業。サロンの建築家はアルマス・フンカス、Armas.Funkas］

2階と3階はオフィスに使用され、4階と5階がアパートメントというもの。階ごとに様相が変わるだけでなく、金属やコンクリートの枠殻の素材を補強に用いることで外観の変則的な形体の実現を目指した。外観はあくまでも簡素で、機能的なスタイルの風貌をもってかつ懐古的であり、屋根が伝統的な切妻屋根だったりする。これは残念ながら通りからでは見ることができない。インターワー時代の近代的建築技術を駆使した、これこそ例外的な建築物である。

つぎに、その西側に50メートルも行かぬところで作者不明の建物に出会うが、ここは「ライスヴェス通り」の69番。情緒的なシェイプで、表現主義派のアールデコ・スタイル。目立たぬものだが、１９３０年築である。じっと見ていると「海の詩」というバチェヴィチウス（Vytautas. Bacevicius）のオルガン作品が聴こえてくる。同じような断続的な線描写、外壁の懐古主義な曲線の波、万華鏡から切り取ったような異例なフォームは「海の詩」の冒頭の音の流れの切れざまそのものだ。クロマティックな流れと不協和音の響きは、絶え間ない動きとミスティックな詩の世界へ我々を誘う。作曲家は自称「トナル・表現主義派」。彼はリトアニアのモダニズムを代表する一人として国民から愛されてきた。しかし万国的［＊ここでは特色がなくつまらないという意味］で機械的な作風だとの酷評もあった。当時よく知られていた作曲家、ヴァイオリン奏者のグラジィーナ・バチェヴィッツ（Grazyna.Bacewicz 1909-1969）は彼の妹だ。彼は著名なポーランドの音楽家族に生まれたにもかかわらず、ポーランド家系を選ばずカウナスにやってきて、リトアニアの音楽界を、自身の才である文筆家、出版社、教育者、ピアニスト、作曲家の立場から盛り立てる努力を惜しまなかった。１９２７年から3年間、パリで作曲と哲学を学んでいる。彼は音楽的なトランサンデンシャル［＊超越した、もしくは卓越した］概念によって、第二次世界大戦の悲劇から逃避を試みた作曲家だ。リトアニアを象徴する芸術家チュルリョーニスと近しくなった作曲家のひとりでもある。

足を進めて行こう。

中央郵便局は1931年のヴィスバラス（F.Vizbaras）の作品で、この時代の国民的モダニズムのスタイル建築の代表作といってよい。外観も内装も仔細に観察すると民族的なオーナメントに満ちている。特に目を引くのは正面外壁の角のカーブに沿った窓ではないか。コンクリート造りだが木製を真似てある。

「自由通り」西側の端は「オジェシュキエネス通り」に至る。ポーランドの文学作家の名前がついている。ここにプロテスタント宗派の教会があるが、作者のレイソナス（K.Reisonas 1894-1981）はカウナスで働いていたラトヴィア人だった。教会は坂の近くに位置して木々に囲まれて自然と一体感がある。重量感に支えられ、縦にリズミカルな線で切られた窓。そこから静寂が伝わってくる。ソヴィエト時代にはタバコ工場の倉庫になった挙句、バスケットボールの運動場にもなった。床には未だにそのマークが残っているのが痛々しく目に映る。

「オジェシュキエネス通り」から「プトヴィンスキオ通り」に行こう。この辺りには少々奇作なアパートメントが揃っている。そして、ヴィータウタス大公・戦争博物館と国立チュルリョーニス美術館がある。ドゥベネッキス（V.Dubeneckis）によって1936年に建築されたもので、一つの建物の相互作用が興味深く、南と北にそれぞれ入り口が設けられている。南側の戦争博物館の外壁は中央の階段が威風堂々の貫禄を持つ。それに対して北側の外壁、縦に並ぶコンクリートの反円錐型の柱の連立は王冠を彷彿とさせる。おのずとチュルリョーニスの作品が偲ばれる。

［＊REX、〝王〟や王冠の作品のこと］

## まとめ

リトアニアのモダニズムの美学は戦間の第2期に波及した。ヨーロッパに学んで帰国した建築家と作曲家たちは持ち帰った知識や情報を交換し合い、発祥したモダニズムは文化の要素となっていった。遺産的建築物をみるときそれは顕著である。政治環境をもって、カウナスは建築学分野で目覚ましい発展を遂げ、緊急性を伴った膨大な需要とそれを受けたプロの建築家の才能が現在の街の景観を作り上げた。個々の建築物ではなく街の全貌がカウナス都市の歴史である。建築家たちはモダニズムを具体的な形で提示しようと試みたのではなく、ネオクラッシック様式の影響を好んで駆使しリトアニアの伝統を優先的に導入した。他に類のないユニークな建築景観をカウナスに立ち上げることができたのはこのためである。

保守主義と民族主義の深い縁由は、建築学分野からリトアニア音楽のモダニズムにも繋がる。作曲家バチェヴィチウスや自称「モダニスト」のヤクーベナスは、広く知られた評論家でもあるが、このありさまを、「これは単なる現象ではないのだ」と論じた。伝統保持の精神と進歩的思考の狭間から生じたテンション、つまり緊張がもたらした結果であると彼らは断言する。

音楽と建築分野が並行的な足並みであるのは、リトアニアのモダニズムの進展が二種の理念に則っているからだ。ひとつは探求精神がもたらした国民の民族性。ふたつ目は他欧州諸国の文化諸面に見受けられるような一般的な近代化である。

若い国家リトアニアの歴史条件を鑑みればこの結果は自然な成り行きだろう。リトアニアの芸術家は西欧諸国のように、伝統への反発姿勢の力でもってモダニズムを勝ち取ろうとはしなかった。それは我が国では起きえぬことだった。その逆に、伝統を構築していったくらいだ。伝統は彼らの創造に欠かせぬ、愛すべき情緒であった。

音楽と建築分野の創造活動の根幹にある感受性を対比すると、リトアニア精神とは何かが見えてくる。

穏健さ、自然との細やかな関連性、真実の探求などがその答えになる。

## 3　元国家元首の長女　ユラーテ・ランズベルギーテ　実話の紹介

ヴィリニュスの中心街はいまや見違えるほど華やかです。なにより旅行客が増えました。ファッショナブルなブランド品店が並ぶさまなども他の西欧首都とあまり変わらなくなりました。ゲディミノ大通りに面するリトアニア国立音楽・演劇アカデミーから徒歩でわずか。オシュキニス君と共に約束の場所へ急ぎます。

そこはショッピングモール最上階のカフェーでした。ユラーテさん は窓際の席につき紙の束を前に書きものに没頭しておられる。1年ぶりの再会です。

初めてお目にかかったのはネリンガ夏期講習の発表演奏会でオシュキニス君が演奏をした時のことですから、早いものでもう6年ほどになります。「僕の母です」と紹介されたその時のユラーテさんの第一印象は今でも目に浮かびます。素朴さとその目の輝きの暖かなことでした。

ランズベルギス元国家元首の自叙伝に「私が（音楽院を）卒業をした一九五五年、我々にはもう女の子があった」。いうまでもありません。これがユラーテさんです。

簡単な略歴を紹介します。

ユラーテ・ランズベルギーテ（Jurate Landsbergyte）。

リトアニア国立音楽院（現在の国立音楽・演劇アカデミー）卒業、修士取得。専攻はオルガンと音楽史。

主な演奏活動：バルト諸国、ポーランド、ウクライナ、アルメニア、ジョージア、チェコ、英国、ドイツ、フランス、リュクサンブルグ、カナダ、アメリカ合衆国。　活躍中のオルガン奏者です。

１９７９年から三年間音楽学校の教員を務め、１９８１年にリトアニア国立音楽院の教員に就任。のちリトアニア芸術文化リサーチ・オフィス（現在の文化協会・哲学と芸術）で生涯の課題としてリトアニアの音楽研究に取り組む。１９８９年、キエフのオルガン・コンクールに入賞。２０１０年に国際連合・リトアニア協会の実行委員長に就任して今日に至る。２０１４年、音楽芸術博士号取得。［＊国際連合は一九二カ国からなる組織で、リトアニアの加入は一九九一年。同年にリトアニア協会を設置。前代実行委員長は文学学者、ジャーナリストのアルギス・ゲニウシャス氏　[Algis Tomas Geniusas]

**ユラーテさんが語る**（＊オシュキニス君が同席）

ユラーテさんが生涯の課題とするのは、オルガン音楽を中心にリトアニアの現代音楽を研究することです。ドイツで定期的に演奏会を行ってなんと25年近くもベルリンを行き来してきました。「丸一日の汽車旅は読書ができてなかなかよいものですよ。私は好きです。長旅だと思われるかもしれませんが日本に行くことを考えれば余程近いでしょう」。地図を見てみますとヴィリニュスからベルリンまでは１０００km以上の距離がありました。ミンスク、そしてワルシャワを経由すると夜行列車で17時間半ほどかかりそうです。

「日本といえば父が何度か訪問しています。私はまだ行ったことがありませんが」。海外の人々が口を揃えて「一度は行ってみたい」という日本です。時間が限られていますからこの話題は後回しにしてさっそく本題に入りました。

２０１０年から国際連合・リトアニア協会の実行委員長を務めることについて、まずはその経緯から伺うことにしました。

「ああ、それは、ニューヨークに演奏旅行で訪れたときのことなのです。そこでミセス・チャールスというリトアニア・アメリカ人女性に出会ったのが発端です。この方は今も情報交換のために頻繁に連絡をくださいます。彼女とは初めから共感が生まれました。ですからこの役職を依頼された時には、もうなんの躊躇なく引き受けていました。そうです、ミセス・チャールスからの依頼でした」。

＊アンヌ・チャールス　Ann Charles は新聞記者でニューヨークの国際連合本部事務局、〝バルティック・レヴュー〟の局長。国連外交関係の援助、人権、環境問題などを扱う。

＊米国に渡ったリトアニア人の数は１８６８年から１９１４年までに25万２５００人。２０１４年の統計は約65万３０００人。毎年約３５０００人の新生児が生まれるとの統計もあります。大きなコミュニティーがあるのはイリノイ州、ペンシルヴェニア州、カリフォルニア州、マサチューセッツ州など。

ユラーテさんが実行委員長に就任した初年の会合はエストニアのタリンで行われたそうです。テーマはリトアニアとウクライナ。［＊２０１４年のウクライナの大混乱が起きる前のことです］この話を是非聞きたいと思いましたが、残念なことに店内には喧騒がありシリアスなテーマは、どうやら語りにくい雰囲気でした。（のちそれを忘れて話題に集中）そこで、恒例の会合の実質的役割について聞いてみると。

「会合でのコンフェランスや話し合いは、もちろん互いの意思の疎通を図ることが趣旨です。バルトの歴史的事実を認識していくことですね。こんな場合、個人の対話は有意義ですが、それとは別に多勢のオーディアンスに語りかけることです。カウナス市のヴィータウタス・マグヌス大学との連携もあれば、テーマは教育から政治まで裾野が広がり議題は目白押しです」。

彼女は注文したばかりのコーヒーカップを引き寄せて、ふと表情を曇らせました。

「それはともかくとして、現在のリトアニアの教育システムでひとつ気掛かりなことがあるのです。独立後はヨーロッパ・モデルが浸透して随分と国際的になり、大学機構など教育現場は大いに機運が高まったものの、政府が突如として政策を変えようと叫び始めたのです。大学の数が多すぎるというのです。彼らはこれを教育システムの改革プランと呼んでいますがなんのことはない、体制を縮小するつもりです。分野の異なる大学をひとまとめに運営することも厭わないというのですから危惧されますよね？」。

異分野の教育機関の合併、しかも縮小改革とは確かに一大事です。危惧されるとおりの悲劇もあるかもしれません。だが事は考えようで、こんな時こそ好機の可能性が隠されてはいないだろうか、とはこの対談終了後随分経ってから、ふと私の脳裏をかすめたことです。

今日ますます、各界の専門分野で細分化が加速しています。しかも細分化されたものは厚く硬い壁で分断される傾向にあります。本来人間の幸せのためにある学問や研究ですから、こんなことをしていたら全体像を見失うのではないかと単純な疑問が湧くのです。あらゆる分野の学問はどこかで必ず繋がっています。芸術には人文学のそれぞれや自然科学など密接な関係があるだけでなく他の分野との関連性は挙げればきりがないでしょう。少々乱暴な言い方かもしれませんが、上のような教育改革プランは方法次第で良いものになります。異分野同士の接点を構築して新しい道を開ければ大いなるチャンスです。ただし、教育機関の縮小のみが目的となるとどうでしょうか。

個人的な内輪話ですが、オランダでの経験談をユラーテさんに語ってみました。当時、公的機関からカルチャー方面への援助金のカットが行われました。大々的なものでした。２０００年前後のことです。私の務めていた音楽院もその影響が顕著でした。それ以前から少しずつ少子化問題が加わり経営が下り坂だったところにきてこれです。それでどうなったかを一言でいってしまいましょう。数年かけて内外の交渉や討論の末、とうとうオランダ北部の音楽院ふたつと合併することになりました。縮小するとはそういう発想です。ところが雇用側は教職員のリストラはできません。ですから優遇措置を条件に退職を呼びかけたのです。「これだけのお金をあげるから出て行ってください」とね。それを受けて教員がひとりふたりと去りはじめ、教育現場には殺伐とした空気が漂いはじめたことを想像してください。

威張れるようなことではありませんが、私はこれ以前すでに2回も職を失った経験があったので、危機感に慣れてしまったといいますか。笑話にもなりません。驚かなくなってしまいました。最初はアムステルダムの室内管弦楽団に所属していた時のことでした。歴史ある演奏団体でした。それが援助金のカットで経営が行き詰まり、私のように新しく入団したものから失職を余儀なくされました。何とか次のオーケストラに職を見つけた、するとその数年後、またしても生命線を絶たれるような事態が発生したのです。話を短くしますが、団員みなの涙を飲み込むようにしてこの演奏団体は丸ごと無に帰しました。

「地域の文化で最も重要な役割を担っていたオーケストラを潰すなど、言語道断である！」と強い庶民の反発がありました。これが1984年頃のことです。政策の荒波をかぶってこのオーケストラがその時代の悲劇のトップバッターになってしまいました。これを機に、社会はどんどん唯物的な方向に走り始めたと感じています。無教養への第一歩です。縮小対策はその後音楽（特にクラシック）だけでなく芸術分野全般を何回も狙い、今もけっして楽観的ではありません。オランダ人演奏家曰く「我々はもともと商人（気質）だから、どうしようもない」これは短絡的な言い逃れに過ぎません。

「どこも同様な道を経てきたのですね。何とかしたいですね、とため息まじりにユラーテさん。リトアニア政府は現在検討中だということです。医学、薬学専門の大学と農業大学を組み合わせるようです。カウナスの体育アカデミー（大学）も同じような憂き目に直面しています。今後の様子を見るしか手の下しようがないのです」。

オシュキニス君が体を少し前へ乗り出しました。

成績が優秀な者に政府から援助があるのは大学教育システムの特典だが、大変有効なこととして再認識したいといいます。続く次の発言、これは日本でもよく耳にする国々の社会システムのことです。注意深く聞きました。

「スカンジナヴィア・モデルの教育が優秀であるというニュースをたびたび耳にします。僕はこれには検討すべき課題が多いと考えるのです。教育はこれこそ社会の基盤。その国で良いモデルだからといって、鵜呑みにすれば失敗します。同じような教育が出来るわけがないのですから。国民性の違いは大きいですし環境の違う国にそれをすっぽりはめ込むなんて、まずは無理なことでしょう」。

オシュキニス君が続けます。

「少々手厳しいのは承知です。でも言ってしまいましょうか。我が国には指導者たる教員たちのなかに〝賞味期限切れ〟のような人たちがいます。これはとても困ったことなのです」。爆弾宣言！（おもわず笑ってしまいました）つられて厳しい表情を和らげると、「外国に出て学ぶとよくわかるのですよ。僕の言う意味わかりますよね？」。おそらく、現代ではもう古臭く有効でない知識や間違った情報を基に指導する教員のことでしょう。

私がこんな風に返すと、どうやら頷いてもらえました。「賞味期限切れはどこにでも存在しませんか。指導は大きな責務です。誰でも間違いをしますし。ただ問題はその教員が最善を尽くしているかどうか、この点にあります。日頃の努力の積み重ねなくしては、ワタシもアナタも賞味期限切れになってしまいかねない。これはとても怖いことです。どうやらリトアニアだけの問題ではなさそうですよ」。

そういえば、とユラーテさん。「賞味期限の話（笑）ではありませんが、つい昨日のことを思い出しました。ある大学の音楽史の試験で審査員を務めました。合格が決まった女子学生に審査委員長から祝いの言葉がありました。おめでとう。あなたは優秀な成績で卒業ができます。大変喜ばしいですね。あなたの希望通り博士課程に進めますよ。とこれを聞いた学生は、なぜか困惑の表情で黙ってしまったのです。不思議なこともあるものだとみていると、意を決したようにこういいました。どんなに名誉なことでしょう。私もそれを目標に頑張ってきました。でも思いがけないことが起きてしまったのです。母が病気になって……。カウナスに戻って私が母の世話をしなくてはならなくなりました。医療にお金もかかります。勉学を諦めるとは想像もしていなかったのでとても残念な思いです。うつむいた女学生を前に愕然としたのは教授たちでした。これは一同後ろ髪を引かれるような事例だったのですよ」。

リトアニアの不安材料のひとつである人口の減少についてです。多くの若者たちが外国に出て行ってしまうという現状をどうしたら食い止められるのか心配だといいます。「彼らが海外から持ち帰った経験をここで活かしてくれれば素晴らしいのですが戻ってこないケースも多いのです。真面目に考えていかなくてはならない実に悩ましい問題です」。この課題はすでに耳にしていました。データを見てみると独立当初１９９０年のリトアニアの人口は３７０万人。２０１５年には80万人も減って２９０万人。２０１８年には２８１万人です。気がかりなことですが人口の流出はこれでひとまず底をついたともいわれます。今後の回復を期待したいところです。

話は飛び飛びになりますが、次の話はユラーテさんが国連の協議会のテーマに「詩と政治」を取りあげディスカッションに臨んだときの内容の一部です。

「作曲活動さえもおおっぴらにできなかったソヴィエト時代ですがそれにもめげず人々の心を繋ぎ合わせようと尽力したのが作曲家たちでした。オラトリオ音楽はミスティックな精神性や自然を描くのに適しています。彼らは個の満足ではなく、社会が一つになることを求めて必死で創造したのです。作品が与える感動はメッセージになり示唆となりました。これからもわかるように芸術、自然、政治はそれぞれのドラマ性を組み合わすことが可能なのです。社会事情から切り離して音楽のみに携わることは考えられません。少なくともリトアニア、バルト諸国にとってはそう理解されていて何の不思議もありません。例えばリトアニア人の作曲家のマルティナイティスですが、彼もそのエレメントを重ね合わせ作品を書いたひとりです。彼の作品にフルートソロの曲がありますよね。そういえばこの曲をヴィリニュスで演奏をされていましたね。演奏しながら何か感じられませんでしたか。いや経験した者にしかわからないかもしれませんが。それは強い政治性です」。

これを聞いて改めて楽譜を広げてみました。1950年生まれの作曲家マルティナイティスは、2003年にこの三楽章から成るフルートソロ作品を書いています。内容は鳥の歌です。なるほど、表と裏の言葉が存在しそうです。どのように表現したら良いのかはまだ課題ですが、背景を知ってその政治性を見つめるところから始めなければならないようです。これは良いアドヴァイスをもらいました。

父上とはどんな話をされますかと聞くと、彼女は大らかに「政治の話をします」。
「そればっかりなので、きっとうるさい娘だと思われていますね。良い書物を見つけると持っていきます。するとまた政治や哲学談義になるのです。父と音楽について語り合う機会が稀だというと意外に思われますが学生の頃はそうではありませんでした。卒業論文などに多くの助言がもらえてすごく助かったものです。こういう親を持つと心強いですよ。私の息子たちもそんな風に私の話を聞いてくれるといいのですけれど、親の言うことは……嫌がられたりもしますしね」。
「そんなことはない。ちゃんと聞いているでしょう。この間も……（笑）」。おもわずオシュキニス君が反論。

ユラーテさんは2006年に著書を出版。リトアニアの今日に至るまでの音楽について書かれた、「オルガン・教会音楽」です。その二年後には教会音楽とその精神性がテーマの専門書「オルガン・ミスティックの創造」が新しく出版されました。「専門書ですから読む人が限られていています。誰も読んでくれないかと心配でしたから「音楽と教会」というドイツの雑誌で高く評価されて嬉しかったです」。

「いえいえ、とんでもない。カオティック（めちゃめちゃ）な性格ですから自叙伝なんて、到底出来そうもありませんよ」。とこれは自叙伝の執筆について意向を伺った時の反応です。

2014年に「アーキタイプ［＊元型論］」を取り上げ博士号を取得した彼女にとってはその続編かもしれませんが、カール・グスタヴ・ユングの元型論をもとに新たな論文を執筆中ということでした。先ほど、テーブルにあった紙の束はそれかもしれません。

「オルガン音楽に繋げて、リトアニアのバルト精神を展開させてみようと考えているんです。バルト諸国のオルガン音楽は他のヨーロッパ諸国のものと比べると感動派といったらよいでしょうか。この音楽のもつ観念性、劇性、精神性という観点からもっと新しい表情が見えてくることを期待しています。現在このモノグラフィー（専攻論文）のテキストを準備中ですが全体で三百ページくらいになりそうです」。［＊彼女は文章をすべて手書きし、アシスタントがそれを読み込みます］

「一九四〇年にソヴィエトに併合されてしまったのはなぜだったのか、どうしたら避けられたのか。我々の歴史は極めて生々しいものです。私の父ですか？　彼は間違いなくフェノメーン（特異現象的存在）で偉大な人格者です」。リトアニアを独立に導いた父上の功績は計り知れないといいます。

植民地化されたこともなく独立運動を経験したこともない国民には、ユラーテさんの次の言葉は覚えておきたいひと言です。「独立とは、何かの終りではなく、まさにことの始まりです」。

彼女は問いかけます。「私たち国民の気持ちが想像できるでしょうか。リトアニア軍は常に（有事に）備えている、と。これは新聞によく掲載されることで、こんな記事をたびたび目にしなくてはならない我々の毎日。これってどう思われますか？」

こう問われて立ち往生しました。どんな言葉も空虚に響き、なんとも返事のしようがありません。

こんな時、われわれに残されるのは思考すること。思考放棄は自身の放棄になると知ること。理解し行動するためにはそれ以外に出発点を見出せないからです。

新たに注文を取りに来たウエイトレスが行ってしまうと、

「私ごとの話をしてもいいですか」とユラーテさん。

「次男は独立（革命運動）の数日後に生まれたので、その時はソヴィエト兵が病院にどかどかと入ってきて身のすくむ思いをしましたが当人はご覧の通りです。ところが長男のゲルデニス（Gerdenis）の方は、今リトアニア軍にいるので……ああ、もうご存じでしたか。彼もチュルリョーニス・芸術学校を卒業しています。次男と同じです。彼はもともと画家になりたくて、ヴィリニュスの芸術アカデミーに入学しました。優秀な成績で卒業するとリトアニアの教育大学でフランス語を学んだのです。彼は何をどう考えたのでしょう、これがよくわからないのです。軍の入隊を決心して今もまだそこにいるのです。事務の仕事をしているとか聞きますがこの辺のことはあまり話したがりません。彼は私の父から頼まれれば重要な手紙や書類をドイツ語に翻訳できますし、二〇一五年にノーベル文学賞を受賞したベラルーシの作家、スヴェトラーナ・アレクシェーヴィチ（Svetlana Alexievich）のことをご存知でしょう？　この作家の文章（著書）をリトアニア語に翻訳もしています。ですからなんといったらよいか……」。

＊スヴェトラーナ・アレクシェーヴィチは、１９４８年ウクライナに生まれたジャーナリスト。２０１５年にノーベル文学賞受賞。ストックホルムのスウェーデン・アカデミーでの受賞記念の講演の最後をこのような言葉で締めくくっています。「私は３つの家を持っている。ベラルーシは今まで私が生活してきた父の故郷。ウクライナは私が生まれた母の故郷。それに加えて偉大なるロシアの文化、これなしに今の私はありえません。これらはすべて私の愛する家です。どうやら今日は愛について語りにくい時代のようです」。

他に、彼女へのインタヴューで耳に残る言葉はいくつもありますが、少しだけ紹介してみましょう。

「私は今まで千人以上の人々を（戦場やチェルノブイリ現場）でインタヴューしてきましたが、男性がみな英雄的なことや勝利について語るのに対して女性は、戦争は人殺しの行為であるとします」、「ロシアが分断されてしまった横でバルト諸国といえば、我々とはまた異なった経験をしています」、「私の父は高齢で亡くなりましたが村の学校で教師をしていました。ある時、私がアフガニスタンの取材から帰ってきて、とうとう彼にこう言いました。コミュニストたちは殺人者以外の何ものでもないじゃないですか、とね。父は共産党員だったのですよ。父は娘の口からそれを聞いて、そこで泣き始めたのです」

邦訳されたアレクシェーヴィチの著書：「ボタン穴から見た戦争」、「チェルノブイリの祈り」、「アフガン帰還兵の証言」

ユラーテさんは、長男のゲルデニスさんが何を考えているのか、なぜ持ち前の才能を最優先で伸ばして行かないのだろうかと歯がゆく思っているに違いありません。

「息子は良い絵を描きますし、私のオルガン演奏会では楽器のアシスタントを務めたりするのは得意ですし」。軍隊に所属していることも大きな心配の種かもしれません。気を揉む母親の姿はいつもどこでも同じです。

「また別のことですが、カスティス（カスタンタス）という従兄弟がいます。ちょっとこの話がしたいと思います。彼はフィンランドの国境まで歩いて、そこを越えようとした時にソヴィエト兵に捕まりました。刑務所から生還したひとりなのです。その後は独学で翻訳者になりましたが、今までその頃のことをいっさい語ろうとしませんでした。口をつぐんできたので誰も真実を知らなかったのです。やっと気持ちが落ち着いてきたのでしょう。少しずつですが語り始めたのですよ。ですから、是非会ってくださいませんか。私が彼に話してみますから」。

その数ヶ月後のことでした。とうとうカスティスさんにお会いすることになりました。ここに紹介できること、その機会を与えてくださったユラーテさんにも感謝します。

最後に、息子さんにに希望、期待することはありますかと聞くと、次男の横顔に笑顔を向けて、素晴らしい答えが返って来ました。

「ますます輝いて強くなり、教養に満ちたスマートな人間に育ち、私も是非そこから学ばせてもらいたいです。偉大な人になって欲しい」。オシュキニス君、これを聞いて肩をすくめ小さく、クスッと笑いました。嬉しそうでした。

次の論文は「リトアニアのホームランドの概念」と題されたユラーテ・ランズベルギーテさんのものです。「現代の文学研究」キエフ・国立言語学専門大学・出版センターから２０１６年に発表されました。以下はその抜粋です。

出版：Contemporary Literary Studies. Issu13. The Phenomenon of /House/Home in Literary Studies Collection of Scholarly Essays. Kiev National Linguistic University Publishing Centre, 2016,Pages 705-717.

原語タイトルは「The Concept of Lithuanian Homeland. Transcendental Landscapes」。

＊印の記載は、引き続き筆者が追加情報を補足したものです。バルト国の事情に熟知した読者を念頭に書かれたものとみられ、一般周知された事柄については簡略、または記載が省かれた箇所もあ

りました。そのため日本の読者が理解しやすいように追記が必須になりました。ユラーテさんの許可を得て、文章の組み替えなど構成上の変換も行われています。

## 論文抜粋　リトアニアのホームランドの概念・「超越した展望」

### 自己の主軸―超越した暗号

1960年代といえば、欧州の歴史に今までとは異なる状況が展開した時代である。バルト諸国における戦いに続く戦いの醜事は後を絶たず、その経過のうちに芸術は現実から遮断され、西洋では前代未聞のこととして、バルト国の歴史の不条理とはかくなるものかと思わせた。我々には現実から逃避する術を追求する道しか残されていなかった。生き延びる「使命」を背負うとはなんということであろうか。どうしたらこの使命を遂行できるのか。使命とは、この由々しき現実から脱すること、未来を構築するためのミッションのことだ。それも極限のミッションである。よってここでは「極限の使命」と呼んでおこう。

過去から現在へ、そして未来へ向けて、とある思想に沿ってみればこの現象はどうなるだろうか。

いかにも、過去とは何世紀も遡る過去のことではない。冒頭にあるようについこの間のことだ。それなら我々にとってどこまでが過去なのか。今は現在に違いないが、その中には過去が脈々と生きている。我々の立ち位置は（他者から）理解されるのだろうか。

哲学者、カール・ヤスパースが説く「存在」［＊実在、実存］に視座を向け、彼のいわんとする「超越した暗号」を、私はバルト国のホームランドに当てはめてみた。するとそれなりの展望［＊人が行き詰まる時に出会う展望、超人的、神的なもの］が見えてきた。

＊カール・ヤスパース　１８８３-１９６９年は、20世紀のドイツの精神科医師、医学者、哲学者。実存主義のもと、人とは見えるものを超えた存在であろうと語りかける。実存主義とは、existentialism。人間の存在―実在がありそこから自身が本質を見極めていくとの思想。人間が持つ限界や不安に視点を向け、政治、社会問題に展開させる。有神論者だが、ある特定の神のことではない。超越、包括する者とは、神の意味と理解できる。

この思想を通して得られる次元の異なるパワー。これは後に述べる実話にあるように、微かな希望から生まれた活力のことである。それは次のような芸術活動にも反映されている。これらを展開することで、またもや過去の生傷に触れることは避けられず、しかし深い感動を呼び覚ますことになった。

そのひとつとして、次のような詩を紹介する。

ゲダ（S.Geda）の〝ストラズダス〟１９６７年から

＊ゲダ（１９４３-２００８年）は哲学と歴史をヴィリニュス大学で学んだ。ソヴィエト時代、リ

トアニアの独立運動の主導源になったサユディスの活動家メンバー。〝ストラズダス〟はゲダの２巻目の詩集で、18から19世紀に実在した詩人で修道僧の名前。

## エピローグ

半分は
羽を持っていた
狂気ぎみの、君主
居眠っておればよい！
ストーブに横たわり―
長い夜な夜な　―
鳥が啄む　―　音立てて、
羽毛　―　その切れっ端……
鳥はいた　―　のではなかったか……
ふん、そうでなく、
ただの夢
やつは真紅の光。
秋の大地
刃を耐え

赤い夢をみる
カシの木の根。
ああ、取るに足らぬ者
その漏れ口から　呼ぶのだ　―
歌って、授け賜え
我に永遠の名を！

### 国際的シーンで活躍したヴィジュアル・アーティストたち

キサラウカス（V. Kisarauskas）
１９３４‐１９８８　リトアニアで初めてコラージュ手法を試みた画家。グラフィック・アーティスト、ステージ・デザイナー
オルヴィーダス（V. Orvydas）
１９５２‐１９９２　彫刻家、オルヴィーダス石博物館の創設者
クミエリアウスカス（A. Kmieliauskas）
１９３２‐　画家、グラフィック・アーティスト、彫刻家。宗教的なテーマを取り上げる
ヴァリュス（V.Valius）
１９３０‐２００４　画家、グラフィック・デザイナー
スタシウレヴィチウス（A. Stasiulevicius）

1931- 画家、評論家
レプシース（A. Repsys）
1940- グラフィック・アーティスト、モニュメンタル・アーティスト、フレスコ（壁画等）・アーティスト
音楽分野、作曲家では、クタヴィチウス（B. Kutavicius）が挙げられる。
1932- 作品〝最後の異教徒の儀式〟（1978年）と〝プロイセン〟（1976年）の作者で、2曲ともゲダの詩に魅せられて書いたオラトリオ作品

## 「超越した暗号」の哲学思想は現状を転換する着想をもたらし、バルト国の仕切り直しとホームランドの再構築を示唆

活動家たちは自由を夢見て一途の情熱を傾けた。「どん底の歴史から這い上がった活動家は預言者にもミスティックな存在にもなりうる」、とは聞いたことがあるだろうか。なぜなら彼ら闘士の魂は拷問室で、監獄の一室で、迷える森の夜に、救いの主、神に遭遇したからだ。彼らこそは「超越した暗号」を経験した者たちなのである。

バルト国のホームランドの概念とヤスパースの宗教的な「存在」の思想、哲学の技はホームランドの概念を浸透させ、いかに永遠の展望（景観）が開けるか、その基本体制を（我々に）みせてくれた。

## 移民［＊諸国へ亡命したリトアニア人］の詩作品にみる血に染まったホームランドとは

ホームランドとは政治的図式の中に見いだせるものではない。それは人々の心の中で生まれた意識から出発して形造られる。地図上の問題ではないのだ。だいたい我が国では地図など意味を成さぬほど形を失ってしまった。

20世紀のバルト諸国の体験から、自由な空間とは精神的かつ政治的な意味合いを持つ特別な解釈がなされた。だからこそ、あらゆる機会に諸々の討論がなされてきた。ホームランドを築く手段の考察を繰り返したその結果、答えが徐々に顔を現す。それまでホームランドの姿といったら形どころか、見るも無残な、放置された望郷空間、命乞いする難民の蠢《うごめ》く場所、北方に位置する死の境界でしかなかった。ホームランドとは廃墟であり、血に染まった、Space of Neverland で、北の方にあるの死の地帯に等しかった。

「であれば、バルトの友よ、確たる事態を超越したまえ、そこにある『展望』とやら、受け入れてしまえ！」と。そんな言い草に誰が頷くものか。

芸術家達は、文学、映画、写真、音楽を通して人々に訴え、投げかけ、模索を続けていった。

第二次大戦が生んだ象徴的詩人、アルギマンタス・マックス（A.Mackus 1932-1964）が次の詩を残している。

**チャペルBより　（前半）**

死とは古びて枯れかかった

リトアニアの景色にかかる日没‥
春になって愛しい太陽は結ばれた
月とだ、彼女に異国語で求愛したやつだ。
死とは一物秘めた風車
一枚の金貨のためなら風に食らいつきもする‥
真夜中の隠蔽
こっそりと労苦の粒を臼で挽く。

死とは熱狂的な田舎野郎だ
血と大地の盲目のご聖体‥
傷ついた野獣のようにやってきて
夜の絆をぶち壊す。

死とは薄ら笑いで勲章まみれの軍人殿
前線に戻って　‥
飢えた少女がしてやられ、
運命を嘆き叫ぶ涙さえ奪われた。

死とは黄ばんだ写本、
古本のお題目ページ‥
ヴィリニュスの白髪頭の骨董店主が収集した
朽ちた帳面に失跡日付。

## アクション・極限の使命・政治的な珍事を鏡に　―実話―

バルト国の課題は、自由、つまり解放されたスペースを獲得する戦いだ。これが占領時代からの最優先課題だった。政治的機能を持ち、精神世界にバランスを保つ理想のホームランドは、自由で機能的な心育まれる場所であって欲しいと願ってきた。しかし、現実と理想はなんとかけ離れていただろう。自由獲得の戦いなど夢物語のごときであった。「極限の使命」をもって成るのだろうか。渇望される社会構築！

なるかな、占領者の持つ陰謀的体制はあまりにも強靭で太刀打ちするにはそれを超えるパワーが求められた。

その時が来た。ある隠されたヒント、それは海への逃避だった。

海に起きた救済の物語は古くアリオン（Arion）の神話で知られている。リトアニアの自由への概念は海の物語として舵を取り始めた。まさに「超越した展望」を実現する場としてである。

## ふたつの伝説的な実話

### その1

ソヴィエト海軍・潜水艦隊勤務、キャプテン補佐でリトアニア生まれのヨナス・プレシュキース（Jonas.Pleskys 1935-1993）という人物がいた。

漁業船の元乗組員だったが、のちサンクト・ペテルブルクで最も優れた教育レベルをもつソヴィエト海軍学校を卒業し、一等航海士から海軍大佐に昇格した。

彼はある日、ソヴィエト戦艦で任務に就く。到着目的地であったタリン［＊エストニアの首都］に向かう途中、コンパスの故障による航行の混迷を装ってスウェーデン方角へ潜水艦を誘導し、ついにゴットランド島への逃避に成功したというものだ。スウェーデン逃亡後、ソヴィエト政府はプレシュキースにメッセージを送った。「君が戻って来れば自由を保障する。君の過去は許される。こちらが君の祖国であり、生涯の自由が待っているところだ」。こんな嘘に騙されるものはいない。

彼はスウェーデンから米国に政治移民として亡命し、ＣＩＡの諜報員として勤務した。

私は改めてこの実話を想像してみることがある。船の様子、プレシュキースが準備周到に作製した詳細な航路図、故障を装った羅針盤と舵取り、目的地の灯台の灯と最後に現れるスウェーデンのゴットランド島のごつごつした岩。１９６１年4月7日の早朝に起きた、これは奇跡の物語としかいいようがない。
レジスタンスの魂で「自己の軸」を貫いた彼は［＊我々の］驚異的なシンボルとなり語り継がれてきた。占領下で、禁じられた生活を送るリトアニアの人々の現状は、混沌としか呼びようのないものであった。人間とは憐れなものである。人々は自分たちが分からなくなっていた。「自己の軸」も「超越した展望」もなく、考える力さえ失っていた。その中で起きたこの珍事は政治的スリラーと呼ばれるにふさわしい、目から鱗の大事件である。本物の自由とは言葉だけでは絵に描いた餅に等しいということ、「極限の使命」を行動する、その重大な意味に気がついた人々。

この実話を元にしたトム・クランシー（Tom.Crancy）の原作「The Hunt for Red October １９８２年出版」は映画化された。名優ショーン・コネリーが演じ「Hunt for Red October」として世界に広まった。［＊邦訳ではレッド・オクトーバーを追え。１９８２年に出版されベストセラー。レッド・オクトーバーとは戦艦の名称］

長い間、実話ではなくフィクション映画と信じられてきたのは、これも異例なことだが、プレシュキースが30年のあいだ無言を貫いてきたためだった。

分断された西と東の世界は、自由の世界と破壊された世界とにはっきり別れていた。にもかかわらず、鉄のカーテンを破る逃亡の成功は自由の獲得達成をさらに触発していくことになる。

プレシュキースの珍事が政治的スリラーとして、その後のレジスタンスに大きく影響したのは明らかである。

＊この物語について、少し詳細に触れてみたいと思います。1948年のこと。J・プレシュキースは13歳。家族もろともシベリア強制送還にあいます。人々は汽車に詰め込まれ、走り始めた汽車から子供達(兄妹の3人)を瞬時の機転で突き落としたのは父親でした。そこから始まるのはプレシュキースの命をかけた波乱の人生。その後サンクト・ペテルブルクの海軍学校で学び、一等航海士から海軍大佐に昇格したことも、彼の緻密な計画のもとに行われた行動ではなかったのかと思わせるようなストーリーです。彼には誰にも明かさぬ一途な夢がありました。それは自由になること。ソヴィエト体制から脱出すること。ソヴィエト船はクライペダを出航しました。任務目的地はエストニアのタリンです。コンパスの故障を装ってこれを方角異なるスウェーデンに導く、どうやってそんなことが可能だったのか。ついに遂げたゴットランド島への逃避、彼は26歳でした。KGB（ソ連国家保安委員会）から30年間追われる身になりますが、彼を援助したのは米国のCIA（中央情報局）でした。

プレシュキースが米国で優れた科学技術者として、その余生を送っていたある日、それは1991年の1月のことでした。テレビのニュースがヴィリニュスの街を映しだすのです。ソヴィエト軍の戦車を前に独立革命を行う人々の姿。プレシュキースの心は張り裂けんばかりだったはずです。1992年、重い病を患っていた彼はいても立っても居れずリトアニアに一生最後の訪問を決心するのでした。翌年の1993年、彼はカリフォルニアの自宅で息を引き取りました。

＊ソヴィエト政権の強制送還については、日付のないセーロフ「Serov」秘密文書、「リトアニア、ラトヴィア、エストニアの反ソヴィエトの分子の強制送還手法」というものが残されています。断

定できぬまでも、１９３９年頃のものと思われています。

## その２

９年後のこと、また新たな海への逃避事件が起きて注目を浴びた。リトアニア人、Ｓ・クディルカ（Simas. Kudirka 1943- ）がソヴィエト漁船から米国の監視船に飛び込み、政治亡命者として保護救済を求めた事件だ。このハプニングは世界の目を見張らせたが、なぜ事件発生の日が「恥の日」とか「恥の記念日」と呼ばれたのか。それは民主主義国家と信じられてきた米国が、この若者をソヴィエト政府の要求に応じ引き渡してしまったからだ。バルト諸国民はこれに強く抗議した。若者は数年間を収容所で過ごし、その後米国に留置されていたソヴィエトのスパイと交換された。こうして彼は自由の国、米国へ住み移っていくことになる。現在米国在住。

＊１９７０年11月、米国のマサチューセッツ州の一部、ケープコッド南の島（Martha's Vineiyard）の近くで起きた実話。ソヴィエトの漁業船にラジオ・オペレーターとして乗船していたクディルカは、米国の監視船が近づくやいなや、驚くべき跳躍をしてデッキから米国船へ飛び移る。双方の大混乱のなか米国オフィサーは血迷ったとしか思えない決断に及びます。ソヴィエトのオフィサーの米国船への乗船を許可したのです。暴力を受けたあとクディルカは連行。

「極限の使命」は海への逃避だけではもちろんない。これらの実話は私たちに強烈に訴えかける。

## その他の実話

トモニス（Mindaugas Tomonis 1940-1975）という人物がいた。科学者、エンジニア、哲学者で詩人でもあった。彼はモニュメントの修復などにも携わっていた。ソヴィエト政府が軍の建築物の調査を依頼した時、彼はそれを即座に拒否した。「あなた方ソヴィエト政府がリトアニアを占領したためである」とまっすぐ拒否の理由を述べた。精神病院に収容された彼は拷問と薬の投与で壊れていく。一九七五年、ソヴィエト政府は最もおぞましい方法で、彼の自殺を装って命を奪った。若い命が露と消えた。ソヴィエト政権にとっては、抹殺するに値する人物であったが、トモニスは「自己の主軸」を命かけて生きた。

トモニスは「超越した展望」に祈りを込めた詩を書いた。

沈黙の詠
沈黙の鳥
沈黙の木々
静かに静かに
北方に連行されて…
沈黙の日々

沈黙の祝宴
神よ我々に恵みを
生き延びるそのために…
このいくつもの墓
誰が彼らを覚えていてくれるのか
森の中で
ホームランドの後ろで…
沈黙の中で
もうたくさん、そうだろう
石に刻まれた言葉が
積み重なってゆく

ヴィジュアル・アートの分野では、フランシスコ会の修道士で、彫刻家、哲学者、かつ詩人であり、著名なヴィリウス・オルヴィーダス（Vilius.Orvydas 1952-1992）がいる。彼もソヴィエトに屈しなかったアーティストとして忘れてはならず、また異色な存在である。石材建築を父と祖父に教え込まれて育った彼には、建造物とは宗教的な意味をもつものだった。（前述した石博物館の創立者のこと）

最後にヴラダス・シャカリース（Vladas. Sakalys 1942-1995）のことを話そう。

彼は若い時から何年もの間、ソヴィエト 収容所と刑務所［＊強制労働収容所］で過ごした。シャカリースはもともと反ソヴィエトの活動家ではなかった。十代のころから反ソヴィエト運動に参加してはいたが、元来とても温和でおとなしい性格の人物だった。13歳のとき反ソヴィエトのビラを印刷していた現場でKGBに捕まった。一旦収容所から戻ると、ラトビア、エストニア、リトアニアの活動家メンバーになった。彼が目指したのは、モロトフ・リッベントロップの秘密条約（Molotov-Ribbentrop Pact）の内容を皆に知らしめる事だった。［＊この秘密条約は1939年の独・ソ連不可侵条約と同じくして、領土と勢力圏に関して裏取引された秘密議定書。両国の外務大臣が署名したもので、ソ連側はモロトフ、独側はリッベントロップによる］

シャカリースはこのために人生を捧げる決心をした。

1978年、「リトアニア自由連盟」に参加して地下組織の新聞「ヴィーティス（Vytys）」に執筆を始めた。社会が大きく動き始めていた。翌年にはフランシスカンの修道士、ユリウス・サスナウスカス（Julius Sasnausukas）とアンタナス・テルレッカス（Antanas Terleckas）も45名の市民らとともに行動を起こした。国連事務局長、ソヴィエト連邦、東西ドイツに宛て、不当な占領が行われている事実を〝バルト国の表明〟という声明に発表したのである。この覚書はバルト国からのみ発信されたのではなく、ソヴィエトからの11名と、ノーベル賞受賞者のアンドレイ・サカロフ（Andrej.Sakarov）とその妻イェレーナ・ボネール（Jelena Bonner）も署名した。

バルト国からのソヴィエト軍撤去を求めた覚書は、国連の事務局長クルト・ワルドハイム（Kurt Waldheim）とヘルシンキ条約に賛成を表明した国々に送られた。

その結果、シャカリースは再びKGBの手に落ちた。彼が不屈の精神に支えられていたことはいうまでもないだろう。だが自身の窮地を知っていた彼は決心する。なんとか国境を越えてフィンランドへ、森を徒歩で逃走してスウェーデンまで行こうと。当時フィンランドはソヴィエト政府に脱国者を引き渡す政治的立場を取っていたため油断のならぬ国である。「失うものなど自分には何も残されていなかった」と、シャカリースはのちにこう語っている。

第一の難関は冷たい大きな湖だった。これを泳いで渡り、ケレリアの森をフィンランドからスウェーデンへ。三百キロの距離を夜になると歩き昼間に寝た。意外なことにフィンランドでは多くの人々に助けられた。

1980年7月19日はソヴィエト連邦がオリンピックゲームを開幕した日である。［＊モスクワ・オリンピック・ゲームは7月19日から8月3日まで行われ、共産圏国としては初の開催だった］

シャカリースがスウェーデンに到達した奇跡の日にこれが重なるとは。ついに逃避に成功したのだ。ソヴィエト政権はまたもやスウェーデン政府に彼の引き渡しを求めるがスウェーデンはそれを拒否し、シャカリースに渡米を勧める。

戦後、強制労働収容所から逃亡を試みた者達は何百人もいた。しかし成功を収めたのは合計四人のみである。その一人がシャカリースだった。リトアニア独立の11年前に起きたことだ。

これら実話に見るような行動を音楽分野の「超越した展望」として見てみる。ここにも同じく命をかけて戦ってきた活動家のアーティスト達がいる。彼らの間でどんな芸術的な意見の相違が生じようとも、ホームランドの理想のイメージだけは共通したものだった。

以下に取り上げられなかった未知の作品については、今後の研究課題としたい。

### 活動家としての作曲家と詩人のリスト

ユリウス・ユゼリウーナス（Julius. Juzeliunas）
１９１６‐２００１　作曲家、音楽学者、「サユディス」の核メンバー政治活動家
ブロニウス・クタヴィチウス（Bronius. Kutavicius）
１９３２‐　作曲家
ロンギンス・アプカルニス（Longins. Apkalnis）
１９２３‐１９９９　ラトヴィア人作曲家、音楽評論家
オヌーテ・ナルブタイテ（Onute. Narbutaite）
１９５６‐　女性作曲家、２００８年日本にも紹介された
テイスーティス・マカチナス（Teisutis. Makacinas）
１９３８‐　作曲家、教育指導者
マルセリユス・マルティナイティス（Marcelijus. Martinaitis）
１９３６‐２０１３　詩人、エッセイスト、

## まとめ

バルト国の知識人はにぎにぎしいモダニズムを受け入れることはなかった。「極限の使命」「自己の軸」に支えられてバルト国の文化創造は達成された。西欧にありがちな、のほほんとした民主主義、安易な物事の方向付けは、自己崩壊への可能性を秘めている。この論文の目標は、私たちの心の奥に潜む「超越した展望」の探求とバルト国のホームランドの概念を見通すことにある。ここで取り上げた概念は、必然的に戦いをもって扱われることになった。

力の衝突は「超越した展望」によって変換され、暗澹、極限の孤独でさえもが情熱や永遠の光となり、芸術表現へと還元されていった。背景図からはかずかずの政治的スリラーが生まれ、その空気に煽られ熱を帯び、音楽が、絵画が、映像が、文学が、それぞれの芸術分野で呼応していった。

芸術の創造、私はバルト諸国に限りない可能性を見る。

次には「元型論」を基に、ユングのそれを比較しつつ、今後さらにリトアニアのバルト精神を表明できればと考えます。

## 4 カスタンタス・ルケナス　自己逃避のファンタジー・初めての証言

ヴィリニュスからカウナスには乗り合いバスでなく、今回は汽車を使いました。ちょうど美しい季節です。窓からすぎゆく秋の森や林の紅葉を愛で、しばし至福の時を過ごしました。下車した人々が、大人も子供もホームからひとまたぎで線路へ降りてどこへともなく去っていくのがいかにも牧歌的な光景でした。

初対面のカスタンタスさんはすぐに分かりました。細身で小柄、温和な印象は電話のとおり。約束したカウナス市庁舎から、さっそく裏通りの一角の仕事場にお邪魔しました。市庁舎と同じような白亜の建物の階をひとつ上がって突き当たりの部屋に招かれると、隣室には机に向かう女性がみえました。半開きドアをノックしてこの同僚に紹介くださるカスタンタスさん。

「まだ暖房が入っていません。寒くないですか、大丈夫でしょうか?」

土地の人の話を思い出しました。〝暖房は個人で設置すれば別だが、古いシステムの場合は自治体に委ねられていて本当に寒くならないといれてくれない。しかも一度入ったとなると暖かな日もそのまま。薪ストーブなども多く使われますよ〟、というものでした。

床や壁の石から冷気が伝わってきます。お世辞にも暖かいとはいえません。そこはまるで資料室のようでした。どこもここも書物や紙類が所狭しと積んである、その真ん中に備えられた仕事机の片隅に、そっとレコーダーを置いてみました。

「僕の名前はカスタンタス・ルケナス（Kastantas. Lukenas）といいます。皆が期待するようなドラマチックなものでもロマンチックなものでもないんですよ。だから聞いてがっかりするのではないかな。

中等学校では良い生徒だったと思います。ただ、将来のことは何も浮かんでこなかった。言語学を学べばよかったと今さら思いますが、クラスメートの誘いでヴィリニュスの建築・工学大学に行くことにしました。父はカウナスの農業大学アカデミーの教員でした。僕は4年間も建築を学びながら、それが自分の道でないと気付いたんです。これでは手遅れですよね。でもひとつ素晴らしいことがありました。将来の妻に出会ったことです（笑）。彼女は同じ大学の学生でした。

僕は勉学は続けながらも、だからといって具体的な将来の構想もない、おまけに悩みを心から分かち合う相手も居ませんでした。将来に疑問を抱き苦悶する若者が現代にもいますが、それと同じように空回りするばかりで、無力感に陥っていました。冗談のようですが中学生並みレベルだったんです。今もまだ少しね（笑）。もともとシャイな性格ですから、悪さしてグレるなど考えも及びませんでした。家には2歳年上の姉がいて家族の主役はどうしても彼女になってしまう。末っ子の僕は性格もありますが、皆の様子を窺い外交的になるというのでしょうかね、気を使うんです。家族は姉弟の二人と父母共の暮らしでしたが、自分の存在感のなさが腹立たしく、腑甲斐なさを感じて心は空虚になるばかりでした。学業の不調和がわかっても解決力がない、将来の仕事や生活への不安がのしかかり不幸というほかありませんでした。そこから逃げたくて、誰にも相談せず出て行こうと考えたのです。ソヴィエトから逃れるファンタジー物語を1年くらい前から心の隅に創り上げていたことも否めませんが、準備万端の行動ではありませんでした。［＊口調はスピーディーで小気味よいリズム］

国境ではソヴィエトの厳重かつ危険な体制がありました。それは心得ていました。逃亡プラン？森を通ってフィンランドへ、ええ、その通りです。フィンランド政府は当時ソヴィエト政府との合意に則って、逃亡者、あるいは疑わしい者は逮捕し引き渡す決まりになっていました。ノルウェーにはそれがありませんでした。フィンランドさえ越えればノルウェーへ逃げきれると、漠然と思っていたんです。ご存じのようにソヴィエト占領下でのバルティック諸国からの逃亡ルートはバルト海が一般的でした。

では、これを知っていますか？ソヴィエト軍は海岸の浜に毎日やってきて、農耕機具の大型トラクターで砂地をぴっちりと均衡に梳き掃くのです。足跡どころか、ちょっとでも触れようものなら一目瞭然です。実に几帳面な連中で、毎晩やってきてはトラクターで整備するんですが、皆の見る前で堂々とやっていましたよ。バルト海岸沿線、パランガのあたりではネズミ一匹逃さぬような厳しいパトロールがあり、奇跡的に痕跡残さず海へ抜けられたとして、それ以上は、まあ無理だったでしょうね。これがソヴィエト時代の日常茶飯事の光景でした。

ちょっとした旅の格好でリュックを背負って出発しました。カレリアンの森にはいってソヴィエト国境を越えようと考えました。この季節はよく仲間と旅をしたので、家族は僕がまたどこかへ行くのだとこれっぽっちも疑いませんでした。戸外のキャンプで火を使って食事を作ったり、まあその程度の知識しか持っていませんでしたが。歳、ですか？ 卒業の年だったから22、3歳でしたかね。あの、この歳っていうのは生物学的な年数で、精神年齢は別ですよ。何度も言うようですが、幼かったんです。父はもう亡くなりましたが母はいま95歳で存命です。当時両親は50代。考えてもみてください。息子の自分に何か起きたら親はどんなに悲しんだでしょう。

友人たちの中には、当時もう婚約を済ませたり今後のプランを持つ者たちもいましたが、自分にはまるで他人事でした。行動の決断ですか？ 決断するも何も、緊迫感も使命感もなく哲学にもならん考えに囚われて起こす行動ってのがあるんです。活動家のような確固たる行動からはほど遠い、逃避ファンタジーみたいなものです。ちょうど卒業前の最後の夏休みでした。

自由になりたかったか？ まあ、他者はそう解釈したがるものですがねえ。自由、フリーダムとは発言するだけで値打ちを覚えるような言葉ですが、自分のはそういうものではなかった。ソヴィエトの最悪のトータリスムの中で暮らしていても、心のうちに自由を育むことは出来ますよ。しかし自由とは、それで何かが構築されるものです。両親も含め私の周囲の人々はソヴィエトのイデオロギーは受け入れ難いと思っていました。自分も同様です。

正直にいいましょう。僕の行動は物事を掴む力に欠けた、人生への無教養から起きたものでした。孤独から逃れるだけで目標のない逃避です。ヴィリニュスでは学生同士の生活がありましたが、同時にまだ両親の家にもいました。そこからも逃げたかったんです。
このつらい経験の最後に得たものが神でした。これについては後で話します。

これから話すことは、まるで逆説的です。国境警備のソヴィエト軍に逮捕されて命拾いしたなんていう話はね。もし活動家組織の一員でもあってごらんなさい。自分は今ここにいません。
1975年は、繰り返しますが、卒業の年でした。6月のことです。冬であったら出来ないことです。寒いなんてものではありませんからね。
カウナスからチケットを買って汽車に乗りました。レニングラード（サンクト・ペテルブルグ）を経由してフィンランド国境の手前100㎞くらいのところで降りました。旅行者としてそのあたりまで行くことは支障がありませんでした。降りた駅はムルマンスクの少し手前だったはずですが駅の名前がどうしても出てきません。以前に友人たちとこの地域を旅したことがあり、少しだけ地理を知っていました。森があって、その北に行くと灌木だけになります。［＊Murmanskはムルマンスク州の首都。モスクワから北へ約2000㎞、ソ連邦最大の港湾都市の一つ。フィンランドやノルウェー国境に近い］
その季節は夜にならないんですが、白夜というのをご存じですよね。明るいのは歩くのに良好ですが敵にとっても最良のコンディションです。延々と続く森の中をコンパスでチェックしながら行きました。標識なんてものはありませんが、どうやら国境に近づいたらしかった。国境境界線から30km範囲の立ち入りには特別な許可が必要だというのは分かっていました。ふとみると遠くに何か動く影があるではないですか。おもわず足がすくみました。（テーブルのひと隅を見つめて話すカスタンタスさん、ふと黙り考えている）人がたったひとり、キノコでも採っていたのかもしれない。動きは視野がすぐさま捉えるものですね。すばやく身を縮めて木の陰に隠れました。広大な森です。リトアニアによくあるマツ科の木々の森です。ええ、それは大丈夫だったんです、食べるものは持っていましたから。水はそこいらに流れている小川があるでしょ。3日ほど経った時のことです。冒頭でトラクターが浜の砂をきれいに梳き掃くという話をしましたが、びっくりしました。同じ景色が突如目の前に開けたからです。

頑張って思い出そうとしているんですが、これが記憶の中に見えてきた景色です。こちら側（ソヴィエト側）には3mほどの高さの金属のフェンスが巡らされていました。その上の方に、ここに触ると警告が伝達されるぞという忠告のマークがありました。野生の動物がこれに触れると同じように警告が発せられます。飛んできてみたらクマだったとはよく聞く話です。

このフェンスを越えてその向こうの均された地面さえ無事に渡ってしまえばフィンランドだろう、こう思いました。梳かれた地面とは、実際にはかなりな距離の幅で、警戒地区全部で約8キロもあったとは後から知りました。フェンスから遠く向こうに見えた森。これだってどんな複雑な仕掛けがあっか分かったものじゃないんですが、知らないことだらけでした。ソヴィエトがフィンランドと戦ったのもこのあたりで、当時のシステムがまだ活きていました。フィンランドは防衛に巧妙でした。彼らが確立した特殊なシステム、それが未だに残っていたんですよ。ソヴィエトが占領域を広げたことによって、フィンランドの防衛設備の諸々までを勝ち取ったんです。

＊１９３９年11月から１９４０年3月のモスクワ講和条約まで、第二次大戦勃発直後に起きたソ連とフィンランドの戦いを冬戦争と呼び、それに加えて１９４１年6月に再び起きた１９４４年までの戦いをフィンランドは継続戦争と呼ぶ。しかしその後も平安はなく体制を取り戻すのは１９４７年、連合国21カ国による講和条約、パリ平和条約の後のこと。

少しずつ距離をおいて設置された複数の水路をワーターチャネルズと呼んでいました。これがそのひとつです。この川のようなものを渡らないと敵はやってこられないようになっています。フェンスを、危険を冒しながらもとうとう乗り越えたんですよ、信じられますか。（たったひとつの小窓から夕暮れがせまり、薄暗がりが、紡ぐように語るカスティスさんを包み込むようでした）

やったぞと思った。乗り越えたその時の気持ちはそれでした。誰も来る気配はありませんでした。しばらくといってもどれくらいかな、30分くらい。ふと耳を澄ますとはるか彼方に犬の吠える声がした。連中はいつも犬を連れているんです。これでもう状況は明らかでした。逸る気持ちを抑えてコンパスを使い、ワーターチャネルズの方向へ全力でまっしぐらに走りました。迷っている余地は残されていません。泳いでは走り、また泳いで…水幅は20ｍくらいだったかもしれない。いくつ泳ぎ渡ったのか覚えていません。ついに犬の声が遠退き、その後どのくらい走り、森の中をどのくらい歩いたのか、これも分かりません。心も体もクタクタでした。木の陰に隠れられそうな場所を見つけて、動物のように蹲《うずくま》りました。ここはフィンランドだと信じて、意識が遠のいていったのです。
朦朧とした頭では、何が起きたのかすぐには理解ができませんでした。自分を取り囲み、目の前で立ちはだかっているのがソヴィエト兵だとわかった時の衝撃たるや。ああ、でも、これが僕の命を救ったのですよ。幸運だったのです。兵隊たちが指差して教えてくれたとおりでした。見れば、その先は掃き均された地面が続き、フェンスはなく遠くの丘に向かって一本の道がついていました。登り道です。周りに森はありますがその道だけは視界を遮るものが何もないんです。丘の頂上には塔のようなものがありました。フェンスを飛び越えた時点で、アラームシステムによって彼らはとっくに情報を得ていました。逃亡者が、とは僕のことですが、頂上に現れたところを素早く処分しようと銃を構えていた。が、現れるどころか眠りこけていた、とこういうわけです。歩き続けていれば間違いなく撃たれていました。

ムルマンスクの刑務所に入った後、ＫＧＢのオフィサーによって尋問が行われました。罪人は政治犯罪者と犯罪者にわかれ、政治犯のみがＫＧＢの尋問を受けるはずでしたから、ある程度疑われていたのでしょう。丁度この頃、ソヴィエトは国際世論から政治犯への扱いを叩かれていて、できるだけその数を少なくしたかったんです。国境を無断で超える行為は政治犯罪とせずただの犯罪となったのも、そんな背景がありました。僕の周辺に共犯者や政治活動家は浮かび上がってくるわけもなく、尋問は次に家族にも広がりました。知り合いとか友人への尋問ですか？いいえ、ソヴィエトは表沙汰にしたくないので友人などは呼びません。それよりも、あわれなのは僕の両親でした。息子の根拠不明としか思えない行動に、衝撃を受けたとしか陳述できなかったはずです。裁判の結果は、精神障害が原因で逃走をした犯罪者とみなされました。政治犯にされる者たちは相変わらず多かったので自分もそんな場所に連れて行かれるだろうと考えていましたが、それはなく刑務所が別れていました。最初の約半年間、KGBの担当者は私には人間的であったといっておきましょう。裁判の判決が下るとその罪に見合った刑務所に送られていきます。また裁判の前というのは、罪が少しでも軽微になることを期待して皆おとなしくしているものです。僕は殴られたりその他身体的な暴力を振るわれることもありませんでした。ただし、当時ソヴィエトが使い始めた特別な方法というのがありましたよ。まさか自分がそこへ行くなど想像したこともありませんでした。〝君の精神的な症状が改善しているかどうか調べよう〟、とこういわれました。これはモスクワのセルブスキー・センターに行ってもらうからなという意味でした。これこそ特別な機関として知られ、恐れられていた場所です。

ちょっとその話をする前に、ソヴィエトの犯罪者輸送のシステムについては聞いたことがありますか。列車で最終目的地に行き着くまでに各地刑務所を転々としながら移動して、なかなか目的地に到着しないというものです。［＊移動に使われる列車はストリピン・カーと呼ばれ、一般的には、ワゴンごとに約75名が収容できる9個の檻が設置されて、窓はなく廊下に面した方にはオフィサーが7、8名ほど監視にあたる。このワゴンは汽車の本体の前方か後方どちらかに繋がれ他車両とは隔離され、それ以外の車両は一般乗客や農作物輸送に利用される］

ムルマンスクからまずレニングラードに行きました。ここには約1週間滞在したと記憶しています。刑務所で何週間も待たされることもあります。次の輸送が可能になるとまた汽車で別の町に行き、そこの刑務所で待機するんです。ソヴィエト・内務・安全警備隊は、モスクワにたどり着くのがいつなのか、我々がどこにいるか、次はいつどこに行くかなど何も教えてくれやしません。

モスクワにあるその特別な精神医療施設は現在もあるはずですよ。国立セルブスキー・社会・法廷精神医療・科学センターというものです。［＊セルブスキーとはロシア人の精神科医師の名前］略してセルブスキー・センターと呼ばれます。犯罪者を調査、鑑定して政府に報告し、治療を行う機関でした。政治犯を取り扱う特別な部署です。僕もとうとうそこへ連れて行かれました。診断には種類が二つ、一つは精神的に不安定であるが社会に問題を起こさないタイプ。といっても閉じ込められることに変わりはありません。それから政治犯ですが、これこそ最悪の犯罪とされているもので、危険分子とされます。ソヴィエトが行った薬物使用における精神的虐待行為、戦争犯罪については関係書物が多く出版されていますからこれ以上触れませんが、犯罪者（！）を植物人間にするなどは朝飯前のことでした。アミナジン（Aminazine）、その他、強力な薬が使われていました。

＊ソ連政権が犯罪者と呼ばわる諸々の活動家とは、人権を扱ったり民主主義を優先する弁護士、ナショナリスト、移民者、インテリ、宗教家、社会の害をなすと認められた一般庶民たち。これらのひとびとを主なターゲットにしてセルブスキー・センターは精神鑑定を行ったのち、特別な精神療養所へ送る。政府の内務省―ＭＶＤの管轄により執り行われＫＧＢと連携。精神療養所では犯罪者

（！）の人権は認められず、法において罰することができぬケースでも肉体と精神を破壊する「刑罰の薬剤投与」のメトードが使われた。

ラッキーでした。政治的な背景の皆無で助かりました。少々ナーバスで精神的に注意が必要であるとされ、スラギッシュ・スキソフレニアと診断がおりました。これはほとんどの犯罪者に使われた診断結果です。

＊スラギッシュ・スキソフレニアとは、邦訳は遅進行型・精神分裂症もしくは緩慢・精神分裂症。スキソフレニアと呼ばれる精神障害は通常、統合失調症という邦訳の名称が用いられるよう。この精神病名は当時多くの政治犯罪容疑者にも与えられた精神病名。

自分の周りにいた人々のことを話しましょうか。セルブスキー・センターでKGB部署から検査を受けた約1ヶ月間のことです。雑多な犯罪ケースがありました。

アゼルバイジャンとかウクライナとかその他色々な人種がいました。例えばひとりのウクライナ人の若者ですが、彼は素晴らしく知的な人物でした。反政府主義者で人権を訴える活動家グループ、〝サミズダット〟に所属していました。ソヴィエト・システムにとってはいうまでもなく極めて危険分子的存在です。尋問で彼がどんな答弁をしていたか知りませんが、ある日彼は僕にこう言いました。「君のは、軽く済むね」。彼のその後の話は不要ですね、想像もいらない。もうひとりはアゼルバイジャン人。残念ながら彼はあまり知的ではありませんでした。彼にはソヴィエト軍の義務労働が待っていました。それもなんと核兵器関係の施設に行かされたんです。何が起きても不思議ではない極秘の施設でしょう。信じられぬことですが、彼は軍の機密が何を意味するか理解できていなかったのです。労働から戻ってきて、問題が起きたのはその直後でした。彼が核兵器の重大機密を売ろうとしていると僕に話してきました。何と馬鹿な真似をするんだと思っているうちに行動を起こし、モスクワの米国大使館だったかは定かではありませんが、コンタクトを試みたのです。ただちにKGBに捕まりました。

自分のような小さな人間は、今のような話とは比べ物にならない、治療も簡単なもので済みました。

時間の経過が、わかりにくいですか？　最初の6ヶ月は右左と移動させられ、その間に裁判がありました。精神分裂症にされていたので裁判所には出頭させられず、僕の代わりに両親が呼ばれました。カウナスに帰されたのはその後です。帰るといってもカウナスの刑務所に入るという意味です。そこからさらに精神医療施設で治療を継続されました。

約6ヶ月間収容されていたカウナス市郊外の精神医療施設の担当主事は女医さんでした。医師たちは皆親切でした。彼らは常時KGBに監視され、患者の治療報告も怠ることはできませんでした。薬の処方も命じられます。医師は処方薬剤が何か知っていますから、使用を強要しないどころか支障にならない薬をくれることさえありました。こうしてさらに半年ほど経ったときのことでした。〝カスタンタスは精神的に健康になった〟とでも医師がKGBに報告したのでしょうか。

帰宅が許されたのです。それまでの時間がどんなに長く感じられたことか。両親の提案で、病院に移りしばらくの間療養することになりました。(寒さが増す部屋で、かがみごしのカスタンタスさんの姿勢が伸び、やっと表情に笑みが戻りました)

カウナスの精神医療施設では時間があったので主に語学の勉強をしました(笑)。フランス語もここで学びました。家族や友人の訪問が許されており、本を持ってきてくれたのは嬉しかった。あ、本といえばもう一つ話があります。ムルマンスクのMVD刑務所には図書館があって本が読めたのです。刑務所図書館のなかで最も好きだったのは、レフォルトヴォだったかルビヤンカだったか覚えていませんが、モスクワの刑務所に送られる途中のKGB刑務所の図書館でした。図書が揃っていましたよ。[*レフォルトヴォもルビヤンカもモスクワ近郊]

刑務所や精神医療施設への留置は合わせて1年以上になりました。1年と2ヶ月だったかな。半年に一度ソヴィエト政府は犯罪者(!)の調査を行います。KGBがそれぞれ地方や地域の担当医師と組んで行うものです。それ以上の治療が必要と診断されると、以前にも増して強力な薬物が使用されたりする。自分のようなのは、彼らにとっては最もおもしろくないケースだったのです。

最後に、遭遇した大きな学びについてお話しておきましょう。

1977年、リトアニアのパベルジェ[*ヴィリニュスから北西へ123km]に木造りの小さな教会がありました。[*1859年の建築で現存]入って行くと一人の司祭が唄っていました。心地よい空間に包まれて幸福感が伝わってきて身も心も幸せを覚えました。司祭の名前はスタニスロヴァス・ドブロヴォルスキス（Stanislovas.Dobrovolskis 1918-2005）、伝説的な人物です。［＊第二次大戦中はユダヤ人救済活動を行った司祭。反ソヴィエト政権活動により逮捕され、1948年以降10年ほどを強制収容所で過ごした。人道的な活動を貫いた英雄的存在］

我々はその後司祭と何度も語り合う機会を作りました。我々とは、自分と友人たちのことです。団体で集まってパベルジェへのツアー観光に行くような振りを装いました。いうまでもなくKGBの目を盗んでの行動でした。この司祭の存在を表沙汰にすることはどちらにとっても極めて危険なことでした。彼は常に監視を受けていて油断ができないのです。僕の両親も知人や友人を誘って同じようにパベルジェへ出かけていましたよ。司祭は寛容で、素朴な人柄でした。ドブロヴォルスキス司祭、この方こそが僕をクリスチャンの信仰に導いて下さった人物です。人生のターニングポイントでした。

妻と結婚をしたのはそのあとです。学生時代はその人を愛していることさえ解っていなかった。彼女と再会したその時全てが明らかになりました。彼女を司祭に紹介し、その小さな木の教会で結婚式を挙げました。

僕の神学は独学です。テキストの翻訳で使う言語は複数にわたりますが、今日このように教会に関する出版物の翻訳もこの司祭からの提案でした。

これで、僕の話はおしまいです。

＊カスタンタスさんは、長年にわたり月刊誌「カトリックの世界」を発行するほか、30年来多くの関係書の出版に携わっています。

## ── 幕間のひととき ──

私ごとで大変恐縮ですが、唐突に、パリ時代初期のことを書いてみようかとおもいます。スイスのジュネーブからパリへ出て、仕事探しにあくせくしていた時でした。クリスチャン・ラルデー（亡）という著名なフルーティストがおりました。パリ国立音楽院の室内楽の教授ラルデーから教えを受けた日本人演奏家諸氏も多いはずです。たびたび日本を訪れ、ハープ奏者で夫人のマリー＝クレール・ジャメとの共演が有名でした。

世にはこういうラッキーがあるものです。セーヌ川沿いにあるラジオ・フランス（フランス国立ラジオ放送局）に用あって、廊下を歩いていました。後ろから私の名を呼ぶものがある。振り返って驚きました。知り合いの指揮者でした。公衆電話（携帯などはなかった時代）を使っていた彼は、受話器を戻すと、挨拶もそこそこに「君がやれ」という。なんのことかわからずポカンとしていると、「メシアンの曲だ。今話していたところだ。ラルデーが出られなくなった、日程これこれ、場所はどこどこ。出来るか？」。と、多忙のラルデー氏のピンチヒッターを仰せつかったのです。若くまだまだ経験の浅い私にはそれこそ光栄な出来ごとでした。

「ヨーロッパ・オーケストラ」という名称だったと記憶しています。フランスのメッツ市・国際現代音楽祭が小編成とはいえヨーロッパ諸国のソリストたちを一堂に集めて、その時限りの演奏楽団を編成するという、贅沢な企画です。11月の数日間、メッツはどんよりとして寒く、雪までちらついていました。

市は現代音楽に意欲を燃やしており、それを教育政策に反映させていました。学校の生徒たちをリハーサルや演奏会に招待する、啓蒙的な活動です。その後私は毎年のように国際現代音楽フェスティヴァルに出演し鍛えられていきますが、それはパリにせよメッツにせよ、当時同じようにフランスの現代音楽祭ではメッカ的存在であったロワイアンや、ラ・ロッシェル、アヴィニオン、エクサンプロヴァンスであれ、現代音楽の演奏会はどうしてもスペシャリストたちの集合場になる傾向にありました。一般のクラシックファンの少ないことは一目瞭然でした。したがってヨーロッパを中心に世界から集まる現代曲の大御所、若手作曲家や演奏家、放送局、評論家に報道関係者など、いつも決まった顔ぶれになる。そんなものでした。ですからそれらに混じって客席に見る彼ら若い層は極めて新鮮だったのです。

前もって作品についての指導を受けていたのでしょうか。彼らは未熟なりにも、聴いた曲をどう評価するか、表明する力をもっていました。

一九七三年、メッツ国際現代音楽フェスティヴァルは、メシアン（Olivier Messiaen 1908-1992）のピアノと11の管楽と打楽器、小編成オーケストラのための「異国の鳥たち」を取り上げました。当日のプログラムは、作曲家、指揮者のブルーノ・マデルナが亡くなったことから、急遽オマージュとして小編成の室内楽や追悼談話が加えられました。談話を誰が行なったかは記憶がかなり曖昧ですが、メシアンのほか、K・シュトックハウゼンも登壇したような気がします。

メシアンはあえて語る必要もありませんが、作曲家、演奏家、教育者。現代の音楽を特異な領域から開拓し世に知らしめた巨匠。色彩と音を聴き分ける才で知られ、深い精神性を秘めた、宗教曲を含め、数多くの名作を残しました。亡くなってから発見された1990年以降の作品とみられる曲には、オーケストラのための「コンセール・ア・キャトル」が残されており、これをロリオ夫人が完成させています。

オルガン奏者としては、パリの聖トリニテ教会のオルガン奏者として努めること60年以上。1966年以降、パリ国立音楽院の作曲家教授として、P・ブーレーズやI・クセナキス、K・H・シュトックハウゼンほか多くのこれまた巨匠を送り出しています。

「異国の鳥たち」は鳥類学者でもあるメシアンの「鳥」がテーマです。1955、6年にピエール・ブーレーズの依頼によって書かれた、このファンタスチックな世界を自ら体感できるまたとないチャンスでした。無我夢中で練習に励みました。1回目のリハーサルはパリの音楽院のホールだったのではなかったか。

メシアンは現れました。その後わかったことですが、ご自身の作品が演奏される時は必ずといってよいほど、楽譜のスコアーを小脇に抱えてリハーサルを訪れ、演奏家や指揮者に言葉をかけられる。この時のピアノのソロは一世を風靡していたイヴォンヌ・ロリオ、メシアン夫人でした。

リハーサルでは私もご指導いただきました。「ここのところのリズムのアクセントがあと少し欲しい」というようなことだったとおもいます。メッツ市立劇場で行われたゲネプロでは、つと横に来られて「それ、その感じ」。

その晩の「異国の鳥たち」の演奏が終了しました。止まぬ拍手に応えて、メシアンは舞台に上がりました。厳粛な慈愛に満ちた風貌で、メガネ越しに観客へにこやかな笑みをたたえて挨拶。満足そうに指揮者タバシュニック氏と短い言葉を交わし、ソリストのイヴォンヌ・ロリオ夫人を讃えて優しく抱擁するとそのまま寄り添って、彼女の手を取られました。

このメッツ現代音楽祭での演奏、それがその後の私の演奏家人生を変えることになりました。

# 第３章
# 芸術と政治をめぐる さまざまな物語

戦場のヴァイオリンとアコーデオン奏者

## 1　神秘の芸術家チュルリョーニス　最後の絵

リトアニアのある指揮者（演奏家）がこう宣いました。「リトアニアはチュルリョーニスである」。いたずらっぽい表情でこう付け加えます。「リハーサル会場の入り口にチュルリョーニスの肖像画が掛かっているがね、わしは、団員達にはこう指導するんだ。諸君、心してくれ給え。リハーサル前にチュルリョーニスに出会ったら、二日酔いであったとしてもまずは丁寧にご挨拶すること。リハーサルはそれからだ、いいね！」

ヴィータウタス・ランズベルギス著「チュルリョーニスの時代［＊佐藤泰一／村田郁夫訳］」から書簡なども引用しながら綴っていきますので、しばしお付き合いください。

神秘的、幻想的とは使い古された言葉ですが、チュルリョーニスの絵については最もにつかわしい表現におもわれます。奇妙だが懐かしく、神・秘を誘う、そんな世界を描く画家、そして作曲家のチュルリョーニス（Mikalojus.Konstantinas.Ciurlionis 1875-1911）は抽象画の先駆者です。

画家カンディンスキーに強いインパクトを与え、またフランスを代表する、今は亡き作曲家オリヴィエ・メシアンにして「非凡な才能で音楽と絵画の連携を端的にした」と言わしめたチュルリョーニス。

1977年12月4日、パリのノートルダム・カテドラルでメシアンのレクチャー。そこでメシアン曰く：色彩を聴く現象を体験できるアーティストはふたりいる。それはベルギーの画家、シャルル・ブロン-ガッティ（Charles Blanc-Gatti）とリトアニアのチュルリョーニスである。

チュルリョーニスは9人兄弟（生まれたのは11人）の長男としてリトアニア南部のヴァレーナに生まれました。父親は音楽教育は受けていませんでしたが、教会のオルガン奏者や合唱の指揮をして生計を立て大家族を養っていました。［＊1906年にはリトアニア語誌―新聞―の購読を咎められ失職。貧困の生活を強いられる］その父は仕事の合間には家にあったピアノで子どもたちに音楽を教えていました。7歳の頃のチュルリョーニスは既に楽譜が読めたということです。温かい家族のなかに、ごく普通に音楽があり、戸外には森や湖の自然が広がっていた。この生活がチュルリョーニスの原点です。優しい父としっかり者の母に支えられたこの大家族。今ではチョコレートの包装やお土産物にもみられるポピュラーな芸術家チュルリョーニスですが、そこにある容姿は、なんと上手い具合に受け継いだものか。鼻筋から髭を蓄えた口元にかけては父親、顔の輪郭や視線は母親にそっくりです。

中等教育を満足に受けていなかったチュルリョーニスは独学で言語（英語、仏語等）、歴史、物理学などを習得していきます。学習意欲の旺盛さを知らしめる資料（自筆のノート）も残っています。

ではそもそも、どのような環境で彼は創作活動をしていたのでしょう。当時、プロの音楽家も画家も、芸術家たちが糧を得て生き延びる場は皆無に近いものでした。音楽家であればオルガン奏者、画家であれば教会の仕事などで、かろうじていくばくかの報酬を得るのみ。ロシア帝国からの圧迫やそれ以前から続いていたポーランド貴族体制の影響、農地の支配やポーランド社会への同化（言語なども）がなされていました。貧困もさることながら、教育を奪われ、言語を奪われ、人権をないがしろにされていた国民は、地下活動をはじめ様々な抵抗の運動を活発化させていきます。リトアニア人も、またポーランド人も、ロシア支配下ではその辛い生活から逃れて米国に移住する者が続出します。人々は厳しい課題や鬱積したものを抱えて日々を送っていました。

チュルリョーニスが、リトアニアで初めて室内楽と管弦楽の作品を書いたプロの作曲家といわれます。

「作品の中には合唱曲などに民族音楽のモチーフを取り込んだものがある、しかし特筆すべきは彼のピアノ作品群で、これらは様々な観点から価値を持つ」、このようにランズベルギス氏は述べます。

様々な観点とは、おそらく形式やスタイルのことですが、芸術家の美的感性そのもののことかもしれません。主要作品とされるものには交響詩の「森の中で」と「海」、その他「混声合唱のためのフーガ」、「混声合唱と管弦楽のためのカンタータ」、合唱曲やピアノ作品が多数あります。

チュルリョーニスはワルシャワ音楽院に5年間在籍してピアノと作曲を学び、１８９９年に卒業。さらなる習得意欲で26歳の彼はライプツィヒ音楽院の門を叩きます。Ｓ・ヤーダスゾーン（Salomon Jadassohn）に対位法を、Ｃ・ライネッケ（Carl Reinecke）に作曲を学ぶことが決まり、さて授業が始まると理想とはかけ離れ、師弟関係は円満どころか、ライネッケからの課題は自分の健康が害されるばかりで何も得ることがないと気づくのでした。その悩みを友に明かしたのが次の書簡です。１９０２年1月31日、ポーランド人の作曲家で親友のモラフスキー（Eugeniusz Morawski）に宛てた手紙です。

「……ライネッケの好みに合う序曲を書いているところだ。恐ろしく厄介なことで、きっと僕の健康にも悪いのだろう。……もはや、ライネッケには信頼がおけない、彼は僕を縛りすぎ、二人の好みは全く違うときている。……今年中に卒業証書が取れるかどうかライネッケに訊ねてみたが、彼の答えはどっちつかずで、ただ肩をすくめただけだった。僕はもうここは耐えられないので7月の学年の終わりにはライプツィヒから逃げ出そうと計画している。〝大〟先生方について学ぶことはあり得ない。彼らはとんでもない月謝を課すからね。ライネッケは1回のレッスンに20マルクかかるけども、高くはないと言われている。本物の悪党であるシュトラウス［＊リヒャルト・シュトラウス］のことは言うに及ばない。どこか他の学校へ逃げ出したいがどこがいいだろう?……、僕はもう27歳でもうすぐ一文無しだ。どうすれば良いか教えてくれないか。……どこかの管弦楽団で演奏できたらと思う」。
＊管弦楽団で演奏とはフルート？　プルンゲに住んだ17歳頃から彼はオギンスキス公爵のオーケストラでフルートを吹いていた。彼はこの公爵の資金援助によってワルシャワとライプツィッヒで学ぶことができた。
＊演奏会ではベートーヴェン、ワグナー、バッハを好んで聴いたといわれます。

恩師に訊ねたといわれる卒業証書については、一年間以上学んだおよそすべての学生にそれが発行され、チュルリョーニスにも１９０２年にライプツィヒ音楽院の証書［＊研究生として？］が発行されます。

次の時代はまたワルシャワです。ワルシャワ美術学校に入学した１９０４年、学長は彼の才能を高く評価して、優遇措置として作品制作スペースを提供します。開校したばかりの学校です。彼は個展を開き、絵画コンペティションで入賞する一方、作曲ではピアノ作品番号15（VL258）「SeFaa Esec の主題による7つの変奏曲」も手がけています。2章で記した通り、この曲は心惹かれる女性への動揺を抑えきれずそれを素直に表現したもののように聞こえます。恋心の多いチュルリョーニスだったのです。

25歳で「ブラスバンドのためのポロネーズ」やピアノ作品「ノクターン（夜想曲）」、のちのワルシャワのコンクール応募作品（1位獲得）の交響詩「森の中で」、その他のピアノ作品群が生まれていきます。

作曲家にとって最も大切なのは作品が演奏されることですが、彼には生涯それがありませんでした。

ランズベルギス氏は「彼は自分の作品を、ひとつとして［＊他者の演奏によって］聴くことがないように運命付けられていた」と述べます。

弟のボーヴィラスに宛てた手紙から、それがなぜであったか読み取れます。（1906年10月1日）

「……今年ついに〝海〟の演奏が行われることになった、でも信じられないことに、まだオーケストレーションが終わっていないんだよ。……」。チュルリョーニスがオーケストレーションを終えたのは、翌年の3月だったのです。

彼は30歳で画家の道を貫くことを固く決心しました。

1904年には日露戦争。チュルリョーニスはワルシャワにいます。リトアニア人たちもロシア兵同様戦場に送り込まれますが、日本の勝利はまさかの出来事です。東洋の島国、日本がロシアに勝つなど思いもよらぬこと。だがこの戦いの結果は人々が目を開くきっかけを作ります。機を同じくして、それまで絶対とされてきたロシアの君主制は土台から揺るぎ、ついに1905年のロシア革命勃発。

詳細は不明ながらも、チュルリョーニスは率先して（武器を持ち？）活動した様子です。リトアニアの民族復興を目指す彼の祖国への姿勢は、「自分は過去から未来に向けて、リトアニアのために仕事をしていくのだ」と弟、パウリウスに告白しているとおりです。

ここにカイリースというリトアニア人の若者がおりました。日露戦線でバルチック艦隊が日本海の対馬沖において日本から致命的な打撃を受けたというニュースに心高鳴らせた若者です。カイリースについては後述します。

１９０６年、チュルリョーニスはサンクト・ペテルブルクでは既に知られた存在でした。同市で企画された展覧会でひとからひとへと彼の稀有な個性の評判は広まっていました。前衛アートグループ「世界の芸術」から招待を受け、彼はそこで合唱の指揮を務め活動に明け暮れていますが、その反面、健康はすぐれず、絵具も買えぬほど瀕していたのです。

同年12月27日から翌年の2月15日にかけて、リトアニア［＊ヴィリニュス］で第一回リトアニア美術展が行われ、彼の出展作品「王」、「天地創造」、「嵐」が注目を浴びます。チュルリョーニスの目覚ましい働きなくしては実現しなかった美術展でした。こうして同じ目標を持つ芸術家たちが活動するための地固めが始まったのです。

また、１９０６年のことで特筆すべきは、リトアニアで初めてのオペラが誕生したことでしょう。劇作家はガブリエル・ランズベルギス－ジェムカルニス（Gabriel Landsbergis-Zemkalnis 1852-1916）、作曲はミカス・ペトラウスカス（Mikas Petrauskas 1873-1937）。この作曲家についてはのちに取り上げます。

劇作家ガブリエルは、ランズベルギス氏の祖父にあたります。彼は自作のメロドラマのオペラ脚本「ビルーテ」を、オペレッタの作曲家ミカス・ペトラウスカスに依頼して舞台に乗せました。主人公の「ビルーテ」とは14世紀のヴィータウタス・リトアニア大公の母親で、女神のような存在として扱われてきた女性。歌詞に使われた言語はもちろんリトアニア語ですが、ヴィリニュス地域の言葉が用いられたとあります。

1906年11月6日の冬の晩、ペトラウスカスの指揮の元、ヴィリニュスの国立フィルハーモニーのホールで初演。民族的なテーマと哀愁帯びた舞台芸術は、聞き慣れぬ甘美をもたらしました。やや危惧されていたような事故—異論をアピールする観客—もありませんでした。「ビルーテ」の初演は人々の間で長く語り継がれ、その後米国にも上陸しています。

ランズベルギス氏の言葉です。

「祖父［＊劇作家ガブリエル］は第一次世界大戦中、悲しいことですが、家族と切り離されて老人施設で亡くなったのです。私が生まれる前のことでした。カウナスのドネライティス通りにある家に飾ってあった写真を思い出します。祖父は当時唯一許可されていたリトアニア語紙「ヴィリニュス・ニュース」という新聞を発行していました。もう一人の祖父、私の母の父親であるヨナス（Jonas Jablonskis 1860-1930）も祖父ガブリエルと一緒に働いた同志です。もし世情が異なっていたらこんなに性格の異なるふたりがここまで近しい関係にはならなかったかもしれません。祖国の厳しい歴史背景が彼らを結びつける要因になりました。ガブリエルはすごい芝居狂いで衝動的な感情派。そこへいくとヨナスは秩序をもって理性的な科学者タイプ。きっとこの対照性が相互を引き合わせたのです。

こんなこともあったと聞きます。

ガブリエルは１８９９年にバルト海沿岸の街パランガで初めてアマチュアによるドラマ劇を公演しましたが、それを知った警察によって包囲され、逮捕されてしまうのです。それでガブリエルはリエポイヤ監獄に連行されたのちモスクワを経由してスモレンスクに送られた経験を持ちます。ヴィリニュスに戻れたのは１９０４年でした。幸いなことに元気で帰還し、銀行や保険会社、その他弁護士事務所に勤めました。勤務を終えるや否やすぐに芝居の世界に入っていく、寝ても覚めても芝居に魅いられた人でした。ガブリエルの妻はチェスラヴァという名前のポーランド人女性です。祖父は１９０５年に劇団を設立しています。ついには合唱団まで編成した挙句、リトアニア初のメロドラマのオペラ「ビルーテ」を書き上げました。作曲を依頼されたのはペトラウスカスでした。「祖父はなかなかいい声をしていて舞台では歌も芝居もうまかったんですよ。しかも男前でね。彼はリトアニアの演劇の先駆者といえるでしょう」。

リトアニアの記念切手を調べると、ランズベルギス氏の祖父ヨナスの肖像画が見つかりました。彼はリトアニアの標準語化を成し遂げた著名な言語学者でした。妻であるコンスタンシヤは１９４８年に生涯を閉じるまで、ランズベルギス氏を可愛がってくれた優しいボブーテ（おばあちゃん）でした。

１９０７年はチュルリョーニスのヴィリニュス時代。国立美術館の前身となる芸術センターの設立プランに中心的な存在のチュルリョーニスにとって極めて多忙な時期です。この間、作曲ではピアノのための「プレリュード」が「フーゲッタ」と共に10曲前後書かれているのみ。ロマンスの生まれたのはその最中でした。作家のソフィア・キマンタイテに心躍らせるチュルリョーニスがいます。初めての出会いは、ガブリエル・ランズベルギス＝ジェムカルニスのコメディー作品のドレス・リハーサルの会場であったともいわれますが？

彼は美貌で理知的なソフィアに惹かれ、ソフィアは生涯出会ったことのないほどの深淵さを彼にみる。充実した時が訪れるはずでした。

チュルリョーニスの1907年9月7日の書簡です。ソフィアに巡り会う少し前のことです。彼に援助を惜しまなかった友人B・ヴォルマンに宛てたものです。自分の行く末をみるような書きぶりです。

「ヴィリニュスに来ています。芸術振興協会の設立に参画するようにと招待を受け、ここに来て数日間を過ごしています。今回はヴィリニュスがとても好きになりました。この街はもちろん遅れていますが、ワルシャワよりも人々が親切です。……ワルシャワを去らなければなりません。どうしようもありません。ワルシャワはレッスンなどを含めて私を病気にしました。……確かにヴィリニュスだったとしても事態は全く同じだったでしょうが、しかし何事も新鮮で興味深く、そのためにそれほど退屈しなかったことも事実です。時と共にヴィリニュスも死ぬほど退屈になるのでしょうが、それまでには数年がかかり、いくつか、より多くの連作を描いており、人生の残り時間も少なくなっていることでしょう。……私はどうすべきでしょうか？　助言をお待ちしています。……天候が悪くなって寒くなりました。母は私が痩せたようだと言いますが、母の言うことを信じる必要はありません。連作「夏」の八枚の絵がここにあります。半分は火に燃やすことになるのでしょうが、あなたには全てご覧にいれましょう。……」

１９０８年、３月12日から第2回目のリトアニア美術展が開催され、チュルリョーニスの尽力によって60点ほどの絵画が選抜、展示されました。自身の作品からは「ゾディアック」、「第一ソナタ」「第二ソナタ」、「ライガルダス」、「冬」、「夏」。

チュルリョーニス33歳、１９０９年の1月にソフィアと結婚。

ふたりには次に向けての夢がありました。オペラ「ユラーテ」を完成させることです。チュルリョーニスからソフィアに宛てた次のような2通の手紙があります。結婚する前のものです。その2年前に自分が恋した弟子の少女のことも書かれています。２通目にはソフィアを慕う歓びと制作意欲が迸ります。

しかし片時も離れようとしない暗い影が、常につきまとうのです。

１９０８年4月14日、ドルスキニンカイからの手紙。

「私は赤面していますが、貴女が限りなく良い人だということは分かっています。ワルシャワではとても妙な感じでした。あそこでのことがまだこれほど影響しているとは。空虚で、理容師や給仕のように作られた街のことを言っているのではありません。でもヴォルマン夫人がどんなに素晴らしい人か、彼女の娘で私の弟子だったハルカがどれほど可愛らしかったか。もし黒い雲が私の想像力の回りに集まってきて、明るい空を覆い、私を自身の中に閉じ込めたりしなければ、彼らと一緒にいて楽しかったのですが。もし私自身に光をもたらすことができれば、何事もより明るくなりえたはず。貴女からの手紙を受け取りました。私の可愛い人、とても感謝しています。貴女には何でも沢山語れるはずだった、でも雲がまた集まってきて空が全部覆われてしまい、それで黙ってしまいました。また私の周りに泉が見えるようになりました。きらめく王女のように。……今日貴女の2通目の手紙が届きました。今では貴女に全てが言えて、告白もできる。……」。

＊私の弟子だったハルカとは、ヴォルマン夫人の末娘でチュルリョーニスのピアノの弟子ハリーナのことです。彼は1906年、彼女に熱烈な恋をしてしまいました。ところが翌年の秋には恋愛関係にヒビが入り、その周りの友人関係までも難しくなります。主要作品の一つである交響詩「海」の完成と前後した時期です。

1908年11月19日、サンクト・ペテルブルクからの手紙。

「ゾセーレ！手紙と〝ユラーテ〟［＊ソフィアが書いたオペラ台本］を受け取った。僕の頭は喜びで大変な騒ぎだ、サンクト・ペテルブルクにおける最初のマジックだ。……何て幸せで誇らしいことだろう。……〝ユラーテ〟、君、音楽、千の太陽、君の愛撫、海、合唱、すべてが合わさって一つの交響曲となる。……僕は〝ユラーテ〟をますます好きになり、今日その音楽の一片を聴いた。……この作品はワルシャワで上演してほしいし、時が来ればヴィリニュスでも。……こんなことが実現すると思うかい？　……僕に今必要なのは作品に向かうための時間と平穏だ！」

ソフィアと結婚してからは、サンクト・ペテルブルクで仕事探しが始まりました。リトアニアの合唱団指揮の依頼をこなし、作曲と絵画個展に明け暮れる日々は決して楽ではありませんでした。芸術家たちの生活はどこを見ても極貧を極め救いがたいもので、それだからこそ改革をしなくてはなりませんでした。

１９０９年の第3回リトアニア美術展では、それまでのようにポスターはチュルリョーニスが描きあげています。すぐ続いて同年の夏に行われた第4回リトアニア美術展。

１９０９年の下旬には重度の鬱の症状に襲われ、ドルスキニンスカイ［＊ヴィリニュスから南西に約１３０㎞］に戻ることを余儀なくされました。１９０７年から１９０９年までをヴィリニュスとサンクト・ペテルブルグを行ったり来たりの生活をしていた彼でしたが、この頃はもう作品を創造することができなくなっていました。

しばらく落ち着いた状態が続いたのもつかの間、ワルシャワ郊外へ移りあらたな療養生活。１９１０年の5月、長女ダヌーテの誕生。離れて生活するチュルリョーニスにその知らせが届きました。

ヴィリニュスでは第5回美術展が開かれ、チュルリョーニスの28の作品が展示されたのが１９１１年4月上旬。

その直後のことでした。体力も精神力も消耗した［＊総合失調症といわれる］チュルリョーニスは肺炎を患い、ワルシャワ郊外のプテルニクのサナトリウムの一室で4月10日、帰らぬ人となったのです。
ソフィアとの森の散策も、海で波と戯れることも、心配げなソフィアに海の様子を楽しく語ることも、長女ダヌーテを見ることも腕に抱くこともなく、去って行きました。

1918年のリトアニア独立以降、祖国でやっと理解され始めたチュルリョーニスの絵は、のちモスクワに全点移されてリトアニアに戻ってきたのは1924年でした。仮の首都カウナスのギャラリーで展示されたのち現在の美術館に搬入されました。ソヴィエトシステムにより約50年間という長い間、海外展示をことごとく禁止された彼の絵は忘れられていました。

今日、作曲も絵画もそれぞれ数百の作品が残っています。生涯最後の5年間に描かれた主要な絵画作品は特異な光を湛えて幻想的。初期の連作「葬送行進曲」や多くの「ソナタ」、その他の音楽表示タイトルに見られるようにまさに聴覚と視覚の同居があります。

「チュルリョーニス、彼の絵はメタファーに満ちていて内容がいっぱい詰まっている。想像に溢れていたので努力は不要だった。作曲も、とめどなく曲想が生まれたので五線紙に書き留めていく時間もないくらいだったのですよ。そのために繰り替えしのパターンなどは省略してそれを書かなかったんだ。演奏者がその省略部分を想定しなくてはならなかった。だから楽譜を随分と整備しなくてはならなかった。彼が最も必要としたのは、つまり時間だったのです」とはランズベルギス氏。

私にはチュルリョーニスの絵画は、入っていくのが難しい世界でした。難しいというのは困難という意味ではありません。アーティストの「言葉使い」とでもいいましょうか、共感が湧きませんでした。もっと言えばそこから離れたいとさえ思いました。その癖に、なぜかまた訪れていたのです。今度はひとつずつ立ち止まることなく、絵の前を通り過ぎるだけにしました。そんなことをするのも、あるリズムと速度のなかで見えてくるものがあるからなのです。そしてあえて3回目の訪問。ふと気がつくと、私は幾つかの絵の前にじっと我を忘れて佇んでいました。

チュルリョーニスが病に侵され最後に描いたとされる（そのうちの）一枚が脳裏を離れません。［＊展示はされていない］全てから放たれ、次元を飛び越えていました。ぼたぼたした筆使い。点描のなかにうごめく人物。黄からオレンジ、暖色のみの立体的な領域。少なからずショックを受けたのはその特異な存在感でした。

## 2　そしてジャポニスム　世界万博からオペレッタ「帝―ミカド」まで

チュルリョーニスの芸術を日本に初めて紹介し、その絵画作品におけるジャポニスム（日本様式、日本趣味）の影響について語ったのは加藤一郎（1930-2003）［＊音楽学者ともロシア語翻訳者ともいわれる］でした。氏の１９７６年の論文、「バルティック研究日誌―Journal of the Baltic Studies」はこのように始まります。

「偉大な芸術家チュルリョーニスを初めて日本に紹介してからたった五年の歳月が過ぎたところだ。バルト国出身のこの芸術家の作品を知る人々が日本で年々増えていったが、美術評論家や音楽学者たちには、初めて接するチュルリョーニスの個性的な創造性を理解することはできなかった。

過去の百年間あるいはもっと長い間、明治維新が始まって以来、日本国民は早々と西欧諸国のモダニズムを熟知していった。日本社会の教養人の趣向に寄り添っていたのは、限られてはいたが欧州の芸術的な嗜みや科学的知識、ロシア文学や音楽だった。しかしバルト海とは日本からはあまりにも遠い世界であった。地理上の距離ということだけでなく歴史や文化という観点からも。

……」。

加藤一郎はチュルリョーニスの自然観の中に日本の伝統が接点を持つと感じていました。多くの人々に知ってもらおうとチュルリョーニス・クラブを作りました。彼はこの芸術家に心から魅了された日本人のひとりだったのです。

チュルリョーニスは、ロンドンにもパリにも出向いた事はありません。したがって、彼の作品に見られるジャポニスムは、彼が学生時代にワルシャワで観た二回ほどの日本アートの展示会やポーランドの画家仲間、日本の浮世絵収集家との交流から生まれたものであろうと、これは推定に留まるものです。彼にとってはジャポニスムも、エキゾチックな〝あそび〟に過ぎなかったかもしれません。美しい浮世絵に、日露戦争で勝利した〝日本〟を重ね見るようなこともなく、ただ純粋にその目新しさに惹かれたとして何の不思議がありましょう。

ここからはチュルリョーニスを離れ、ジャポニスムについて見ようと思います。

19世紀の中頃に西欧にジャポニスムが広がった起点はロンドン（1862年）やパリ（1867年）での万国博覧会における日本の展示作品だったといわれます。世界に向けて、初めて日本が文化や伝統をアピールする拠点であった万国博覧会。しかしそこでいきなりジャポニスムが「発生」したわけではないでしょう。ジャパニズム（英）、ジャポニスム（仏）はそう命名される以前から、特に西欧人、次に米国人の心を捉えていました。他に類を見ない日本の洗練や繊細を意味する「ジャポニスム」は、印象派の芸術家たちに多大な影響を与えただけでなく、芸術的な現象として一般社会をも風靡したものです。「日本趣味」、「日本風」、「日本様式」から日本を見た目線でしょうか。

「ルネッサンス期の文芸と芸術」の論評文に初めて「ジャポニスム」の語が登場します。それは1872年、フランス人のフィリップ・ブルティー（Philippe Burty 1830-1890）が書いたものでした。芸術評論家で、膨大な数のエッチング、そして日本の版画の収集家であった彼は、絵画よりもエッチングに価値を置いていたひとです。

万博を遡ること約250年。次に挙げるような日本とオランダの歴史はご存知のとおりです。当時日本が公認していた唯一の国交国は阿蘭陀《オランダ》でした。1609年、南蛮貿易で栄えた平戸に阿蘭陀商館（1609-1641）が建てられ、そのあと長崎の出島に商館（1641-1853）は移されました。

その間、VOC（オランダ東インド会社）の商船が年に数隻出入りしていました。VOCが一七九九年に解散したのちも含めて、ペリー来航の1853年までになんと700隻ほどの阿蘭陀船が日本に入港したといわれます。これだけであとは何の説明も要らないくらいです。美術品がどのように日本からヨーロッパ（主に）にもたらされたか。他にもさまざま想像できますが、主要なルートはこのVOCの商船。アジアの貿易を目的として、インド、東南アジア・日本の三国を主軸に商売に夢を託し危険な航海に臨んだ船です。

「どんなに高価であろうとも、手に入らないよりはマシだ」、「商売は戦争」など唱えながら香辛料を独占するため、ポルトガルや英国を敵に回し戦ったのは阿蘭陀でした。しかし十八世紀に入ると香辛料はヨーロッパで価格が低下し、それに代わる品としてインド産の綿織物が注目を浴びるようになりました。交易網はバタヴィア（ジャカルタ）を根拠地に、蜘蛛の巣のように張りめぐらされ、それぞれの国から仕入れた品を次の国でさばき、その利益（物品）を次の国に持ち込むというような長期の体制で組織されたものでした。

一九八一年の地質学雑誌に、科野孝蔵という学者がこう述べています「この（ＶＯＣ）貿易において特に印象を強くするものは、当時の貿易方式は一種の物々交換ということである。会社は自ら商品を東インド各地へ運んで出来るだけ有利に販売し、それによって本国で需要の多い商品を出来るだけ多量に送ったのである」。

オランダは造船技術が発達していたこともあり、艘数においても船の排水量においてもヨーロッパ他諸国を凌ぎました。最も大型の船とされたのは１６５０年にミドルブルグ［＊オランダの南西部、ゼーランド州］で建造された、全長68ｍ、幅14ｍ、１２００トン級の「プリンス・ウィレム」です。小型でも全長40ｍ前後の約１０００トン級でした。これらは海上で遭遇する敵に備え大砲を積み込んでおり軍艦のようなものです。優先権を握って頻繁に、ほとんどの場合ヴァタビアを経由して船は日本にやってきました。日本からの輸出品は銀や銅の貴金属、漆器、陶磁器、茶、など。日本が輸入したのは生糸、絹、綿織、薬品や工芸品。これで商いが成立しました。19世紀に入ると日本では蘭学が広まって、辞典、医学書、自然科学書、化学機械、兵学書などの書籍、銃器、火薬などを輸入しています。

ＶＯＣ商船はオランダを出港してから戻るまでに長い期間を要し、なかには戻らぬ船もある。それら荷の脇にそっと人目を忍んで、あるいは堂々と、エキゾチックな陶芸品、版画、水墨画や工芸品の数々がヨーロッパへ向けて旅しました。揺れる船の倉庫に納められ、紙類であればワレモノの陶器の間に挟みこまれたなどなど。

日本の美術品の流出（！）については、ティッシング（Issac Titsingh 1745-1812）の存在があります。ＶＯＣと日本との外交的代表者、大使のティッシング、彼は学者でビジネスマンでした。十代目徳川家治将軍に謁見もしています。これは１７８０年前後のことですが、このビジネスマンはとっくに日本の美術品の価値を見抜いており、版画、漆器などを大量に買い求め、オランダに持ち帰った最初の人物です。彼はのちバタヴィアに滞在し、１８０１年に故郷アムステルダムに戻るとそのままパリに向かっています。この商売の本舞台はパリで、亡くなるまでの11年間を過ごしています。

時代が少し先へ進んで、医師、医学者、博物学者のシーボルト（Philippe F. B. von Siebold 1796-1866）のこともありますが、そのあとは多くのヨーロッパ人たち、中には米国人たちが、北斎や広重を筆頭に名手の浮世絵版画を安く買い求め持ち帰っています。ペリーの黒船でやってきた者たちの中にも大量な版画、美術、工芸品を米国に運んだ兵隊たちがいました。

このようにして、日本画の、木版画の、陶器の、日本人が描くその思いもよらぬ技術と芸術性に魅せられた人々が行き交っていたのです。将来性ある資本源としてこんな素晴らしい商品はありませんでした。そこへ国際的イヴェント、万国博覧会。数多くの浮世絵の巨匠を一堂に鑑賞する機会も作られていきました。

「ジャポニスム」は漠然とした〝東洋趣味〟とは別の地位を得て、花咲かせます。名を受けた「ジャポニスム」は体を成し「生き物」のように活動した、とは妙な物言いですが、「ジャポニスム」にはそんな風采さえ感じさせられます。すべてが有象無象に「ジャポニスム」になってしまう危険は確かにありました。しかし芸術分野にとどまらず、日本趣味は、日本人のあり方や文化、伝統、風習などにも及んでいきます。そしてジャポニスムは今日もなお活きつづけています。

## ロンドン万国博覧会

1862年の第2回・ロンドン万国博覧会［＊世界初の第1回ロンドン万国博覧会は1851年］開催期間は5月1日から11月1日まで6ヶ月間で、集客ざっと621万人。参加諸国は23カ国。日本も参加しました。［＊万博では日本、中国、イオニア諸国がひとつに合わされて数えられています。イオニア諸島とは、当時まだ英国の保護国であった国。1864年に英国はイオニア諸島をギリシャ王国に譲渡しています。例えば、小泉八雲ならぬ、ラフカディオ・ハーンは1850年、イオニア諸島のレフカダ島生まれです］

江戸幕府から派遣された文久遣欧使節団は、竹内下野守保徳を正使として構成されたメンバー

でした。［＊竹内保徳《たけうちやすなり》に官位である下野守《しもつけのかみ》を挟んだ名前です］

派遣趣旨は日本と欧州の交易の延長の確約を得ること、ロシア間で樺太の境界をさだめること、そしてヨーロッパ視察でした。使節団が帰朝したのは全行程に1年かけたあとの１８６３年です。

1月に品川を出港した彼らは4月にロンドンに到着。使節団の数36名、この中に当時27歳の福沢諭吉も通訳として同行。のちさらに2名の通訳が加わり総勢38名になります。福沢諭吉の英語は何を言っているかわからないというエピソードもありますが、時代をも鑑みなくてはいけないでしょう。Exhibition を博覧会と訳したのは福沢諭吉だったといわれます。

ロンドン万博開会式出席の前日に到着したばかりの遣欧使節団は旅の疲労も加わり、大層な緊張をもって開催式典に臨みます。報道には次のようなものもあります。

「みじめな服装、薄汚れた上着、なんとも形容し難い茶系色のホランド［＊当時オランダで男性が身につけた伝統衣装のぶかぶかズボンのこととおもわれ、ここでは袴のこと］をはき、丁髷あたまで、足元はペーパーブーツ［＊草履のこと］。だが特使が各々差していた二刀は立派なものであった」とこれは・ロンドン紙「挿絵・ニュース」の記事です。欧州人から見た彼らの異様、これもまた日本様式。

「噂されていたような野蛮人どころか、極めて礼儀正しい人々である、使節団には特派員、そして画家も含まれ、彼らは彼らで我々西欧蛮人について書き記しておる。彼らは実態を把握しているのだ。当地の情報を祖国に知らしめ、その重要さを認識し、近代の文明を持つ国民である」とも書かれている。

この万博には正式な日本の展示は組まれていませんでした。それにもかかわらず、日本で初代英国公使を務めた、R・オルコック（Sir.Rutherford Alkock 1809-1897）は、日本国政府から万博に出展したいと申し出を受けていました。

常日頃、西欧人たちにとって思いも及ばぬほど様々な用途を持つ日本の和紙の素晴らしさに感銘を受けていたオルコック公使は、是非この機会に海外に向けて日本の伝統を紹介したく思ったのです。

万博の日本の主な展示品リストは次の通り。

漆器、籠細工、陶磁器、青銅製品、和紙製品、織物、木彫り、象牙彫刻、絵画、挿絵、版画、書籍、おもちゃ、羅針盤、望遠鏡、装飾品など。

ちょっとした珍事が起きます。

「江戸幕府が展示に送った品は、恥ずべき骨董品と雑貨たぐいである」と酷評したのは、渕辺徳蔵でした。時期をずらして使節団に加わった通訳（英、蘭）者2名のうちのひとりです。この発言は物議をかもしたことでしょう。こうして今日まで残っているのがその証です。

これについては、今日から見ればこんな風にも言えそうです。万博会場で見た世界の発明品、改良機械類、大砲、今まで見たことのない別世界に目を奪われて、祖国の伝統的な品が貧しく見えてしまった。それは日常見慣れた物への過小評価と、でっかいものに対しての無駄な劣等感と、価値観の取り違え、ではなかったか。だが彼と意見を同じくした使節団メンバーが他にもいたからこその発言だったのではないか。

とも角も、日本の品々は大好評。これもオルコック公使のおかげをもって成された大成果でした。多くの展示品はオルコック自身の収集品であったともいわれます。

時代は産業革命のど真ん中。万博のテーマは「産業とアート」でした。

1760年代、英国に端を発した産業革命はベルギー、フランス、ドイツ、米国［＊1807年のフルトンの蒸気船に始まるといわれる］、ロシア、そして最後に日本に至りますが、日本のそれは19世紀後半、明治時代に入ってからでした

長期に及ぶこのロンドン博はカタログを刷っています。それも七九四ページに及ぶ膨大なもので一瞥しただけでその意気込みが伝わってくる、迫力あるものです。

## パリ万国博覧会

パリ万博、初回の1855年に次いで、2回目に行われたのが1867年。ここに日本が公式参加をします。テーマは「農業、産業とファイン・アート」。

美術、自由アートの器具（楽器など）、機械、衣類、工業品、食品、農業貯蔵関係、植物関係、体と心の健康促進製品、その他、全部で十項目、そこからさらに部類に枝分かれしています。芸術から最新の機械技術の分野にまで渡り膨大なものです。

全会場は蒸気の動力でまかなわれて、規模としてもロンドン博を大きく上回るものであったようです。参加諸国45カ国と植民地33カ所。開催期間は4月1日から11月3日までの7ヶ月間で、集客は924万人から1500万人のあいだと伝えられています。集客のおびただしい増加は、パリ万博がロンドン万博に対抗して臨み功を奏した結果でもありましょうが、見たい知りたい造りたい、そういう時代の流れでありました。

日本がこの万博に参加できたのは、歴史の紐を解くと、どうやらフランス貴族で日本を熟知していたシャルル・モンブランと言う人物のおかげです。彼が薩摩藩を援助してナポレオン3世に談判した結果、参加が叶ったようです。江戸幕府からは将軍の名代の当時まだ13歳の徳川昭武を筆頭に、そのほか公使や書記官他勢。薩摩藩は岩下方平、その他佐賀藩、合わせて約50名ほど。展示された品々は有田焼などの陶器、磁器、漆器、和紙、書籍、武具、織物、昆虫標本、などなど。

日本勢はシーメンス社の発動機やら水圧式のエレベーターに目を丸くし、対して世界諸国は日本が出展した美術、工芸品や出し物に感嘆するという場面が展開されます。大阪からの商人、清水卯三郎は日本庭園内に茶屋を出店した、これが大いに人気を博したともあります。茶屋では茶だけでなく、みりん酒というものが出されたとも記され、清水という商人がなかなか才に長けた者だったことを窺わせる、それだけではありません。この茶屋にはトイレも設置されておりました。日本人には当たり前にみえますが他国の目からは、口から尻にいたるまでの気の配りよう。これはすごい、心憎い思いつきであると映ったでしょう。どんなトイレの様式だったかわかりません。なぜならパリで水洗トイレが普及したのは１９００年の少し前のこと。万博当時、パリ市内は街の中に下水道を敷く工事中だったのではないか。歩道の溝に捨てられたすべての汚物がセーヌ川に流れていくような、悪臭漂う生活から時間が経っていない時代のこと。清水商人の茶屋のトイレは、今もパリの町に残るトルコ式便所のように、中腰で真ん中の穴めがけて用を足すものであったとして、何の不思議もなし。

話戻して、日本風おもてなし精神を発揮した商人清水には同行させた芸者が3名。美しく装わせて、優雅に、おかしく楽しく面白く、芸まで披露とくれば、これは評判を呼ばぬわけがありません。物珍しさに、とにかく大盛況でありました。美しい日本女性を目の前に、羨んだ者も憧れた者も現れる。これもよきかな「ジャポニスム」。

この万博には薩摩藩とともに、琉球王国の大使の存在までありました。パリ万博の直後には大政奉還が行われ江戸幕府が消滅していく大転換期を迎える、と記しておきます。

我が国を世界に知らしめようとの意気込みが生まれる時代です。［＊リトアニア万国博覧会、初参加は１９００年のパリ万博］

近代化の中で、人が便利に思う事や物が進歩であるとは限りません。ましてや、それには代償が伴うものです。１８６2年にロンドン万博を経験した福沢諭吉は「今後世界が大転換をする、このような社会の動き（産業革命）からは官と民の間で不毛の対立が起こりうる」と発言したという。

すでにそれ以前、イギリスでは機械を打ち壊すような暴動が始まっていました。１８１1年に起きたラッダイト・ムーブメントです。機械に置き換えられ職を失っていく民は黙っておらず、労働者と政府の争いは極めて重大な政治運動に発展し、新しいものへの渇望の裏で、摩擦の時代が始まりました。

どうもこれは今日の我々に比べられるような気がします。テクノロジーの進展（猛威ともいいます）により職種に変化が起きます。新しく開発される職種より失われる職種が多いとなれば、職は失われていく。

我々には、ラッダイト・ムーブメントのような、いや、このムーブメントの良し悪しを問うのではなく、「意思表示する気概」はまだ残されているだろうか。飼いならされ家畜化されていないか。問うてみたくなります。

では、そのジャポニスム、今日では？

取り上げるのは、「月の裏側」の著者、C・レヴィ＝ストロース（Claude Levi Strauss 1908-2009）、構造主義を確立したフランスを代表する文化人類学者です。「月の裏側―日本文化への視覚―L'Autre Face de la Lune-Ecrit sur le Japon」日本への思慕に満ちた文章が強く印象に残ります。

「月の裏側」というタイトルはヨーロッパからは逆さまの国、異なる文化を持つ日本という国を月の裏という比喩に託し、なお（丸い）月を一転させれば物事の同一論理性が成り立つというもの。それはともかく、まずはレヴィ＝ストロースの日本への思い入れです。どうやら親近感などではありません。ただならぬ、なんとも抗いがたい心酔が漂います。

「月の裏側」の紹介者（翻訳者）Junzo.Kawada（川田順造）がレヴィ＝ストロースの序文の言葉を紹介しています。現代に息づくジャポニスムは、しっかりとここに健在です。それは生命感にまで至るものです。

「日本の文明ほど私の幼年時代に英知や精神性を養ってくれたものはありません」

氏は続けて父親について語ります。父親は純粋な印象派画家（肖像画家）でしたが、沢山の日本の版画を収集していたといいます。5、6歳の頃、クロードは父からその1枚をもらいました。

「今でもそれが目に見えます。広重の版画ですが、よれよれに縁が失われていたもので、海を前に大きな松の木立のもとを散策する女性達が描かれていました。初めて触れた美に驚愕し、箱の奥に貼り付けてベッドの上に飾ってもらいました」。

父親は版画をクロードに1枚、また1枚とプレゼントしていきますが、クロードの美の探求はそれでは満たされず、青年期になって、版画の収集、挿絵の入った著書、刃物や刀などを買い集めるのです。彼の資力では限界があり、美術館に展示できるような逸品は買うことができなかったといいます。

「こんなわけで私の少年時代と青春時代の一時期は心と思考の面で、フランスにあるというより日本にあったのです」。

日本に行くことはないだろうと思っていたレヴィ＝ストロースはその理由を、現実に直面する時の恐怖心であるといいます［＊1977年に日本初訪問］。そしてこう続けます。

「もし日本の文明が、伝統と変化との間で均衡を保つ事ができるなら、世界と人との間に調和を保つ事ができるなら、またそれら相互への醜と崩壊の関与が避けられれば、もし、つまり、かくあって賢者の教えに従うなら、人類が間借りするこの大地（地球）、我々に与えられたその刹那において、それ以前も以後も存在し続けるこの宇宙に何があろうと取り返しのつかない損傷を与えることはない、とそれが出来るなら、暗い展望に行き着くこの書ではあるが、この世界の一端（一部分）だけは、次世代にとって唯一の希望ではなく、（これによって）微々たるチャンスを我々は獲得出来るかもしれない」（筆者　訳）

## オペレッタ・ミカド

息抜きの余談みたいなものになりますが、ずいぶん昔のことです。

イギリス生まれの作品「MIKADO」というオペレッタをスイスで何度も演奏したことがありました。舞台に現れる登場人物たちはみなスイス人でした。小さな劇場の小さな舞台に簡素な舞台装置。演出はといえば、衣装や化粧の賑やかさは度肝抜くほどの破廉恥で、演奏を忘れて思わず見とれてしまうほどの出来栄え（?）でした。英国政府を斜に見て辛辣、しかも陳腐で愉快。かくしてその痛烈さに観客は腹を抱えて大爆笑したものでした。

イギリス人、W・ギルバート（William Gilbert）の脚本で、1885年にA・サリヴァン（Arther Saliven）の作曲した「ミカド」は、英国の政治や政策を皮肉り、日本という遠く離れた国を舞台に置き換えた風刺ものです。この英国風ユーモア連発の2幕物コミック・オペレッタは、英国が当時日本ブームの真っただ中で上演されたものでした。初演はロンドンのサヴォーイ劇場で1885年の3月14日。そして空前の大ヒット。

日本のミカド、つまり天皇への侮辱につながるとの理由で在英日本国大使館から二度の抗議がなされようともどこ吹く風のロングラン。とうとう672公演を達成したという、輝かしいものでした。

1987年の「ニューヨーク・タイムズ」はこのように評しています。

「ミカド・オペレッタに求められるのはラブリー（愛らしく）、ジューシー（汁っ気たっぷりが直訳ですが、味わい豊かな、もしくは味わいたっぷりとでも）、かつドタバタのコミックである」。

余談のつもりが、話はまだ終わりません。

時を同じくして、ロンドンの中心街、ハイドパーク南、ナイツブリッジ地区のハンプリーズホールには「日本人村」が設置されたのです。企画者は、日本人妻（のちキリスト教に改宗し、日本の女性のあり方を見直す運動をした）をもつ、ロンドン近郊、レヴィシャム育ちの商人、アイデアマンのTannaker Buhicrosan（1839-1894）。1885年1月10日のその「日本人村」オープニングを行ったのは、前述した初代英国公使のR・オルコックでした。日本の日常生活、文化から芸術までを「日本人村」で紹介するためにはるばるやってきた日本人は、女性と子供26名を含む100名。伝統的な職人や芸を育む家族たちが住む、日本の木材、竹、紙を使って日本人によって建築された村、日本の村のレプリカといえるようなものが作られました。茶室や日本庭園、寺院も建てられ、出店もあった。一つの店では伝統楽器を扱って製作していた模様です。日本人たちは日本人村に生活し、毎日訪れる訪問者たちに語り、実践し、披露して活動を繰り広げ人々を沸かせていました。ジャポニスム流行りならではの発想とそのスケールもですが、ロマンに満ちた風景ではないですか。

ギルバートとサリヴァンは「ミカド」上演に際し、例によって例の、互いの意見の相違で起きる波乱にうつつを抜かしてはおられませんでした。解決しなくてはならぬ先決問題がありました。彼らは勇んで、援助を求めに「日本人村」へと赴きます。英国人歌手、役者の立ち居振る舞いをまがりなりにも日本人らしくするために、振り付けの援助で奮闘した日本人村の者たち。その舞台の練習風景、写真でも残っていないでしょうか、見てみたいものです。

1885年1月にオープンした「日本人村」に火災が発生したのは5月でした。日本人一名が亡くなるという痛ましい出来事が起きました。一時の閉鎖を余儀なくされた「日本人村」でしたが、再び12月にオープンすると、そこから１８８７年の６月までに約１００万人の集客があったのだそうです。

ジャポニスムといえば、浮世絵の代表作家として北斎に広重、そして歌磨呂が海外でもポピュラーです。しかし17世紀の真ん中にすっぽり入る浮世絵の元祖、菱川師宣や北斎の師とされている勝川春章などについては、ある一部の愛好家や専門家以外、一般にはまだまだ知られていません。

## 3 祖国　カイリースとペトラウスカス

### ステポナス・カイリース　日本を鏡に

第3章1節で触れた人物、カイリース（Steponas Kairys 1879-1964）です。リトアニア人技術者で、政治にも大きく関わったこの人物は飛躍した発想の持ち主でした。彼こそは日本をリトアニアに紹介した初めての人物です。

日露戦争（1904-5年）で、大帝国ロシアに対戦した日本の勝利はとても信じられない出来事でした。自分たちを押さえつけていたロシアをやっつけてしまった遠い島の民。カイリースも胸ときめかせたひとりでした。しかもふつふつと湧いてくるインスピレーションにじっとしていられず、その結晶が1906年に出版された「日本の今昔」、「日本人の暮らし」、「日本の政治構造」という3巻の著書でした。

先入観なく、幾つかの探求をしてみたいと考えます。

カウナス市のヴィータウタス・マグヌス大学の図書館を訪れ、幸いなことにカイリースの著書を見せてもらうことができました。誰もが驚きそうな、小さくかわいらしいものでした。ロシア語でもポーランド語でもなくリトアニア語で書かれたものです。禁じられていた母国語を取り戻したばかりの、それを想うとジンとくるものがあります。冊子は時代を経てすこし色褪せていましたが、なぜ、1冊にまとめず3巻に分けたのか。小さければ小さいほど、薄ければ薄いほど隠し易く、必要とあらば簡単に処分もできる？いや、それより、あることに気がつきました。カイリースの日本趣味と遊び心を明らかにしてみましょう。

まずこの3冊を、「日本の今昔」からみてみます。

表紙は、彼方に雪を抱いた、これは富士山でしょうか。手前には水辺の素朴な民家。そこからは木の橋が向こうへ伸びてその先には松の木立と、ほんの少しの大地が描かれています。文章は16ページにわたり挿絵はありませんが、おしまいに小さな装飾をひとつ見つけました。幾つか実をつけたぶどうの小枝です。

次に「日本人の暮らし」の表紙、これは明治天皇の似顔絵ではありますまい。小さな挿絵で、一目見ただけでは分かりにくいものですが、目を凝らしてみると、なんと顔面いっぱいに刺青が施されているではありませんか！おまけにヒゲだらけ。眉は濃く厚く垂れ、切れ目まなこが右方向を睨みつけ、憤怒したように膨らんだ鼻の下には口髭が、これも眉と同じ様相で垂れている。下唇のその下にも髭。耳の両脇から下がるたっぷりのあご髭は服の襟元をすっかり隠していますが、それほど長いものではありません。年の頃、50歳前後でしょうか。実在を疑われる（?）神武天皇とその刺青について、これは手に負えません、せめて、縄文か弥生時代か、日本人か中国人か、琉球人かアイヌ人か、判らぬものでしょうか。邪馬台国の黥面《げいめん》文身は、体だけでなく顔にも刺青を施したなど！この人物の頭にある冠《かんむり》、衣装は襟から肩までで、左側に向けて手にするのは笏《しゃく》です。添えてある蓮の蕾のモチーフは仏教のシンボル？

結論は、カイリースがどこからか見つけてきて、これが彼の気に入った挿絵であったということ。

「日本人の暮らし」、タイトル文字の両端の上を飛ぶのは2羽の小鳥。全48ページの中に挿絵が2枚挿入されています。ひとつは幌付きの人力車。俥夫の若い衆と乗客の女衆がふたり。写真を撮られるというのは特別なことですから、真剣勝負のように気合いが入っています。若い衆は行く手をまっすぐ見て左足に重心をかけ、そこで動作を停めています。若い衆というより未だ子どもっぽい男児です。女衆のひとりは人力車からこちらに身を乗り出して正面から強く自己主張。お隣に座る女衆は、粋な仕草で右肩に蛇の目傘をさし、はすにカメラレンズをみつめます。

あとの一枚は木立に囲まれた鎌倉の？　大仏さまでした。その隣のページ下にはツバメ。頭を下に、いっぱいに翼を広げ、腹を見せて飛んでいるのか、それともぐっと頭もたげてこちらを見ているのか。稀に見る構図は意味ありげで眼を引くものです。文の最後に小さくイタチのようなシルエットの動物の装飾も見つけました。他にも西洋風な庭で鶏に餌を撒く女性や、飾りの棒線の上に置かれた小鳥など、もうこれら一つひとつが活き活きとしています。

3巻目の「日本の政治構造［＊政体、憲法を含め国のあり方］」の表紙はシンプルなものですが、タイトルを斜に置いた斬新なデザインです。小花がバランスを補うために挿入されており、全31ページ。

挿絵はなし。しかし、最後のページの装飾に天使の頭部が使われているのはまことに不思議な組み合わせで、はっとさせられるものです。頭部から肩の辺りで両脇に広がる羽、首にも羽があるというのは、体も鳥のように羽毛に包まれている？　キリスト教において神を守る最高位の天使は六枚の羽を持ち、セラフ天使（燃え立つ天使、焼きつくす天使）と呼ばれます。では、ここへきて、最高位の天使とは、これをもって祖国に希望を託したのでしょうか。

観察することで、著書の内容はさておき、作者のカイリースが隅々に遊びと、何らかのメッセージをちりばめたことが読み取れました。著書への愛着心を見た思いです。

出版はシュヴィエサ（光）社。著者名はDede、とこれはカイリースがよく使った筆名から選ばれたものであり、デデは「おじさん」や「おじちゃん」くらいの意味です。値段も印刷されています。「日本の今昔」が5kap。残る2冊は10 kapです。kapとはロシアのカペイカ。1ルーブルが100カペイカ。コペイカとも呼ばれ、英語ではコペック。

ではカイリースの日本趣味と遊び心が何か申します。横13㎝、縦16~7㎝。冊子のサイズです。和本の横小本のサイズなのです。筆者がたまたま手元に持っている、役者、美人画、武者絵で人気者だった歌川国貞（1786-1864）の冊子と寸分違わぬ大きさであることに気がつきました。彼はあえて薄手の和本を真似たのです。

カイリースはサンクト・ペテルブルグの科学技術学校［＊現在のサンクト・ペテルブルグ工科大学の前身］に入学しました。21歳でリトアニア社会民主党に入党。夏休みにはヴィリニュスに戻り地下活動をした、そのため大学を追い出され、学業の中座を余儀なくされました。復学して十年後の１９０８年に卒業しています。同年、結婚した相手は１８７６年ベラルーシ生まれのアロイザ（Alaiza）といって、ポーランドの大学を卒業した記者、詩人です。社会主義党委員として祖国の民主化に大きく寄与したメンバーのひとりでした。

カイリースはエンジニアとしてロシアのサマラやクルスクで何年も鉄道建築に従事したのち、１９１２年にリトアニアに帰郷してヴィリニュス市役所に勤め下水道供給システムに従事。彼は有能な技術者でした。

８年後、妻アロイザを病気で亡くします。

カイリースの功績として歴史に残るのは１９１８年のリトアニア独立宣言の際、20名から成る評議員メンバーのひとりとして宣言書にサイン（2月16日）をしたことです。ドイツ占領下の独立宣言とは極めて特異なもので、政治的かつ外交的な気転が求められたといわれるものです。

独立後、ポーランドによる首都ヴィリニュスの占領によって、カウナスに逃れることを余儀なくされたたカイリースはカウナス大学工学部で教鞭をとります。１９２２年、リトアニアのセイマ（議会）委員に選出された次の年、オナ（Ona）と再婚。しかし悲しい運命が待っています。

オナは一八九八年生まれでカウナス大学を卒業したリトアニア人弁護士、社会民主党員でした。カイリースは1940年にエンジニアとして名誉博士号獲得。リトアニア解放最高委員会の初の委員長に選出されたのが1943年。

その翌年のこと、委員会メンバーにゲシュタポの手が及ぶ。そのさなかを下水道路から逃れたカイリースは、スウェーデンへ脱出する途中で逮捕され一時期を刑務所で過ごします。取り残されたオナを待っていたのはシベリア強制送還でした。カイリースは重い心を引きずって米国へ亡命（1951年）、生き延びるためにはそれ以外に手だてがなかったのです。8年も経ってシベリアからカウナスへ戻ってきたオナは、すでに健康が害されて、1958年に死去。ブルックリンでカイリースが永眠したのは1964年でした。

カイリースは生涯日本を訪れたことがありませんでした。それにもかかわらず著書が完成したのはサンクト・ペテルブルグに充分な資料が保存されていたためです。何故ならば、この街はピョートル大帝時代から日本語習得と研究に熱心だったからです。

その発端は、皇帝ピョートル1世（1672-1725）が欧州へ研修に出かけ、オランダを訪れたことから始まるのではないかと思われます。皇帝即位は既に済ませたあとのことでした。ロシア地図に日本が載せられたのは1655年以降のことです。オランダ人地理学者のメルカトールが作成した1569年の地図を手本にしたものだったといわれます。

皇帝は本名を偽り（表向きには！）、東インド会社のアムステルダムの造船所で職人たちに混じって五ヶ月以上も船大工として技術の修得に励みます（楽しんでいた⁉）。その間祖国は誰が守っていたのでしょう？　その体格は当時のオランダの男どもをなんなく凌いだはず、２ｍもある大男の皇帝はどれほど目立ったか！あまり好きでもない芝居や音楽の鑑賞をするため、皇帝は（お付き合いで）アムステルダム市のカイザー運河通りのカンペン劇場（現在はホテル）に通ったともいわれています。アムステルダム市長からの献上品の日本地図だけでなく、ＶＯＣの船が運んできた日本の品々を購入するなり、大切に持ち帰っていることでしょう。皇帝らしからぬ性分で、側近に任せ委ねるのを嫌い、何から何まで自身が動き回らぬと気が済まぬ、それが過ぎて周囲に辟易《へきえき》されたという、型破りの皇帝。オランダ人たちから日本のことを耳にし、またその話を求めたのは、なによりロシア国政の未来構想のためでした。日本語教育の皇帝の思い入れについても後に触れます。

時代は戻って、「日露戦争とは、有色人種が白色人種に初めて勝利を収めた戦いであった」といわれます。

朝鮮と旧満州の領土争いがもとで帝国ロシアと帝国日本が戦を交え、バルチック艦隊に致命的な痛手を負わせて日本が圧勝し、時を同じくしてロシアでは革命が勃発。緊急な対応が求められるなか、日本は米国の仲介を求め、日露講和が結ばれることになりました。これが米国のポーツマスで行われた「ポーツマス条約」です。異例な講和だったのは、戦勝国日本がロシアの要望を受け入れて戦争賠償金を求めない、としたこと。それやあれやを発端に、事態は混沌として啀《いが》み合いが生じる。このあたりが興味深いところですが、立ち止まらず先に進みます。

カイリースが白人として優勢意識を持っていたとは思われません。そうであれば著書は生まれていない。それどころか純粋な感激があったようです。日本という国から何か学ぶことはないだろうか、とそう考えた。これを確証するためにはカイリースの著書の内容を解明しなくてはなりませんが。

日本の研究を始めたカイリースは、日本がどの国にも占領されたことのない国であることを知り、彼なりの分析がなされたでしょう。［＊植民地化されたことのない日本も第二次大戦後は連合国軍によって間接的に統治され政府が存続できた、とはいえ主権の一部を制限された。ただし沖縄と小笠原諸島は米国・米軍により施政権下に置かれた経験を持ちます］

当時、有色人種で主権国家を有していたのは、日本以外アバウトにいえば、タイ、トルコ、エチオピアだけだったのです。これは実はすごいことなのです。

カイリースが資料を閲覧したと思われる、サンクト・ペテルブルグ（市の大学や研究機関）には多くの日本に関する資料が保存され、情報も揃っていた。

その、ちょっと変わった皇帝がいたおかげです。

１７００年初頭にピョートル皇帝は、この街に日本語の学べる場所を設けようと決めます。それまではロシアから近距離にある日本との交易に具体策を講じてきませんでした。ご覧下さい、のち登場する大黒屋光太夫の話にあるとおりです。日露が初めて公式な接点を持ったのは、日本の鎖国時代の一七九二年です。

ロシア人に日本語を教えたのが日本人漂流者たちだったというのは大変興味深いことですが、ひとこと付け加えるなら、皇帝は日本からの漂流民が稀にあることを以前から知っていました、そのためにこのような発想が浮かんだ、そう考えれば皇帝の行動は自然なものになります。記録に残っていない知られざる日本人漂流民たちが以前から存在したのではないでしょうか。記録に残された初めての日本人漂流民は、うさか国（大阪）のデンベイ（伝兵衛―商人、もしくは水夫）とありますが質屋商人ではなかったか。「谷町通りの立半町（とそう読める）に住んでいた」との記録があるようです。そういえば今日も大阪の地下鉄線には谷町線があります。

デンベイの乗っていたのは、１６９５年に大阪から荷を積んで江戸に出航した12隻の船のうちの1隻でした。乗組員12名。大嵐に巻き込まれ6ヶ月漂流。カムチャッカ島に流れつき乗組員3名が土地の農民に捕えられ、行方のわからぬ者も出て、死んだ者もいた。生き延びたのはデンベイだけで、イチャ湖畔に滞在していた時のことでした。コサックの隊長ウラジミール・アトラーソフがデンベイの存在を知り、調べるために訪れたのが１６９８年です［＊資料の年号はまちまちでこれ以前も以降もある］それ以降、デンベイはアトラーソフと生活を共にしロシア語を学びました。アトラーソフは、１７００年、１７０１年に日本の様子をデンベイから聞き出し、こと細かく報告書にまとめたものを政府に提出しています。デンベイのロシア語能力レベルは、かなりを把握できたが書くことは難しかった、というものです。

１７０２年の冬、思わぬ命が下り、モスクワ（近郊の皇帝の Preobrannjenskoje のレジデンス）に上り皇帝に謁見。その後なんとサンクト・ペテルブルグで日本語を教える事になるのです。皇帝が日本語学校を建設した年号は1705年。［＊他の年号を上げるものもある］1706年に洗礼［＊1710年の可能性あり］を受けウリエル［＊またはカウリール］と改名したデンベイは、初めてのギリシャ正教徒に改宗した日本人といわれます。デンベイの教えたのはたった数名の兵士出身者でしたが、数年間、日本語教員はデンベイだけでした。

皇帝は、そのあとも日本人が流れ着く度に、軍人らに日本語を指導する教員として従事するよう申しつけます。次に現れたのが紀州人のサニマ［＊左右衛門？］でした。1710年、アリューシャン、もしくはクリル諸島に漂流。土地のロシア人に浜辺で命を救われた人物です。彼は1714年にデンベイと共に日本語を教えることになります。のちロシア人となり、ロシア人の妻を娶り1734年に亡くなるまで日本語を教えていたということですが、残されたはずの資料がまだ見つかっていません。

さて、カイリースの日本研究の資料の多くの資料は、このような歴史を経て積み重ねられてきたものでした。そのためここではこれら日本人漂流者の話は大切なものです。最も有名な大黒屋の光太夫の漂流記については最後に回しましょう。

日露戦争の前にはすでにロシアで初めての日本語辞典が出版されていました。1890年の事です。著者はD・スミルーノフ。日露戦争の後、ロシアでの日本の研究はさらにエスカレートしていきます。こうしてみていくと、カイリースの著書もそれほど唐突ではなかったかもしれません。カイリースがリトアニア人であった事は天の巡り合わせのようなものです。日露戦争に触発されて、今まで温めてきた日本への興味や憧れが、一気に形になったのがこの著書だったかもしれません。彼はサンクト・ペテルブルクの学生時代から、この町で起きていた静かな日本ブームの流れに共感を覚えていたのではないか？

時を同じくして、数名の重要な日本研究家たちがサンクト・ペテルブルグ大学を卒業しています。

言語学社のE・D・ポリワーノフ（1891-1938）や、日本の言語、地理学、歴史学の研究者のD.ボズドネエフ（1865-1937）。日本に在住した東洋学者のN・A・ネフスキー（1892-1937）については、日本留学中にロシア革命が起きて、その後も日本滞在を決めた方です。革命以降においては、外国留学経験者などはスパイ容疑で逮捕され、命を落とすインテリが後を絶ちませんでした。［＊サンクト・ペテルブルグ国立総合大学は１７２４四年、ピョートル皇帝により創立されたロシアでは最も歴史の旧い大学］

ではカイリースがその著書でリトアニア国民に何を伝えたかったのか。緊迫した時世です。おそらくは国民にメッセージを伝える手段、啓蒙的な趣旨を持ったものだったのは間違いない。では彼が期待したような、リトアニアを自由に導くヒントは引き出せたのでしょうか。人々の反響は、などいくつかの問いは残ります。

チュルリョーニス、彼もまた、この３冊を手にしたのではないか。ただチェルリョーニスがどれほどリトアニア語を理解したか？彼の絵画にあったジャポニスム、その一端にカイリースの著書（の存在）が関わっていたとしたら、と想像するのは楽しいものです。

発行部数は３００冊（もしくはそれ以上で数百冊）。到底、国民に行きわたる数ではありませんが、主に知識層に読まれ、回し読みもありました。

＊カイリースについて、平野久美子氏の著書「坂の上のヤポーニア」（産経新聞出版）が出版されていたのを知りました。手にしたのは、筆者のカイリースについての原稿作業が済んだ後でした。リトアニア語を瀬戸はるか氏が翻訳されているものです。

このカイリースの著書がやはり啓蒙的な目的のあったことをそこで確認させていただき、素人の憶測がそう外れてはいなかったことに安堵している次第です。

カイリースは今、カウナス市のペトラシウネイの墓に永眠しています。

先ほどの日本漂流民の話を続けます。

時代を追っていくと、サニマのあとの漂流物語はソーザとゴンザの２名の物語になります。

１７２９年の夏、カムチャッカのロパッカ岬近辺で薩摩の船（ワカシワ丸？）が難破漂流。乗組員17名。コサックのシュティーンニコフ隊長が蛮行を働き、日本人15名を殺害してしまったという大事件がありました。［＊隊長はのち死刑］生き残ったのは11歳のゴンザと中年配のソーザのみでした。救助された彼らは優遇され、１７３３年サンクト・ペテルブルグで女帝アンナ・ヨヴァノヴナに謁見します。若いゴンザの語学の修得力は目覚ましく、謁見ではすでにロシア語を話せるほどでした。彼らも今までの日本人たちと同じくギリシャ正教の洗礼を受け、ソーザがコジマ・

シュリツ、ゴンザがダミアン・ポモルツェヴとしてロシア人に帰化することになりました。１７３６年、科学アカデミー付属の日本語学校が新開設されて、彼らは初新任教員になったのです。しかし間もなくソーザが43歳で他界。ソーザを父のように慕っていたゴンザの悲嘆がおもわれます。日本語との断絶も辛いものでした。しかし沈んでいるばかりではいられない。ここがゴンザの強みでした。ソーザから学んだ日本語への熱意に駆られるように「新スラヴ・日本語辞典」の翻訳を始め、無我夢中の時間を過ごすのです。ソーザを心に抱いて行われた作業だったのでしょう。

ゴンザの功績はその後の３年間で六冊もの辞典や教育書を著したことですが、その背景には指導者の存在がありました。ロシア科学アカデミー図書館の次長、ロシアの偉大な教育学者であるアンドレイ・ボグダーノフ（1692-1766）です。６冊の著書はゴンザと共同して生まれたものです。漢字は数字くらいしか書くことができなかったといわれますが、ゴンザは才能に満ちていました。

そのゴンザが１７３９年12月に22歳で他界。ボグダーノフは彼の育ての親、無から知識を引き出しゴンザの才能を成就させた指導者です。ゴンザは彼にとって我が子のような存在でした。

短い話ですが、１７４４年の話も残っています。台風に遭い千島のオンネコタン島に漂流し、生き延びた10名の日本人漂流者。彼らはロシア人に助けられました。その中から五名がサンクト・ペテルブルグに送られ、東北人のサノスケ（左之助？）が東北弁の言葉で資料を残しているそうです。サノスケはイワンと改名しロシア女性と結婚。

おしまいに、その伊勢国の亀山藩領の南若松村出身（現在、鈴鹿市南若松町）の大黒屋光太夫の話をしましょう。

１７５1年、船宿をしていた亀屋に次男、兵蔵（光太夫）が生まれました。ところが兵蔵が子どもの頃（8歳?）父親、亀屋四郎次の死によって江戸に奉公に出ることになる。江戸で活発に商売を展開していた伊勢商人の世界でもまれ、江戸文化にも接し帰郷した兵蔵は、商家大黒屋の養子に入って大黒屋光太夫となる。謡曲を好んだというのは、奉公時代の遊びから目覚めた趣向とみられます。漂流の10年間、失わずずっと謡曲の本を持ち続けたとは、余程の愛着を示すものです。同じく筆記道具と墨、これも彼の必需品でした。何かとメモを取る習慣を持っていた光太夫は、粋で多彩な人物だったに違いありません。

時は１７８２年のこと。季節は冬の12月９日。紀州藩に収める年貢米や特産品の木綿布、瓦、大豆に菜種油、美濃の和紙、陶器、他雑貨類、そして実はそれに加え、ざっくりと小判を積んでいました。17名を乗せた「神冒丸」は光太夫を船頭とした、千石積み（約１５０ｔ積み）の和船です。

伊勢洲白子浦を出帆したこの日、これが運命の船出。

４日目、遠州灘に差し掛かった晩のことでした。今までの穏やかな海は一転。暴風で大荒れの海に豹変。その昔から遠州灘は知られた海難所のひとつでした。あろうことか冬は最も海難が発生するとされていたのです。大西風に飛ばされ黒潮にでも流されれば、避難どころか、逃げられずにそのままどこまでも流されてしまう。

思わぬ嵐に遭遇した「神冒丸」は不幸にも船の舵を破損され、積荷の大半投棄だけでなく、船の安定を保つため帆柱まで切り倒して転覆を逃れ、とうとうそのまま七ヶ月間漂流をするのです。1783年の7月、当時ロシア領のアミッシャッカ島（現在、米国アラスカ州のアリューシャン列島のアムチトカ島）に息も絶えだえで漂着したのは、幾八という者を水葬に附した後のことでした。見渡せど人家もなく草木さえ生えていないような岩ばかりの裸の島。いたのはおそらくわずかな役人と、毛皮商人のロシア人（＊原住民が少人数）。飢えや寒さの悲惨な環境に耐えられなかった者たちが亡くなっていきました。そこで出会ったのが彼らと同じように流されてきたロシアの商人たちでした。力を合わせれば島からの脱出ができるのではないか。新しく船を造るのに使われた木材は、恐らくですが、自分たちが乗ってきた壊れた船体、そして島に流されてくる漂流物などだったと思われます。完成するには時間がかかり、カムチャッカに向かって彼らが船出したのは4年後です。カムチャッカ半島に行き着いた彼らは誠に幸運でした。そこからオホーツク海を航行しロシア本土に到着。シベリアの都市、イルクーツクにたどり着くまでの行程は、数1000㎞の距離を気候と食料そして気力との戦いで幾多の至難を乗り越えなくてはならなかったのです。

1789年2月7日（1月26日?）、寒さと飢餓を生き延びた光太夫、庄蔵、小市、磯吉、九右衛門、新蔵の6名が到着したイルクーツクの真冬の町。なんとかして帰国の許可を得ようとやってきた、その彼らに対してイルクーツク駐在移民管理責任者ピーリは祈願書を受け取るだけであとは知らぬ顔。待てど返事がもらえず。それどころかピーリは彼らに日本語教員の仕事を命ずるのでした。こんなところに日本語学校があることに驚いてメモに書き記したのは光太夫でした。帰国のことしか念頭にない彼らがこれを拒否すると、政府からの僅かな金銭援助を断たれ窮地に陥る彼ら。そこに九右衛門の死がありました。凍傷に苦しむ者、重病を抱える者もでました。

藁にもすがりたい、何から何までひもじかった彼らに生きる光をもたらしたのが、ラックスマン親子との出会いでした。父、キリルは自然科学者、息子アダムは帝国軍人です。彼らは漂流者たちに心からつくし、多くの援助を行い、のちに日本にとっても意味深い人物となりました。

帰国の希望を語ると、ラックスマン中尉は女帝エカテリーナ2世に謁見を勧めました。最後のチャンスに賭けるべく光太夫は命がけの旅に臨む決心をします。シベリアの真冬旅です。イルクーツクから首都のペテルブルグまでの距離は約5700㎞。他の者達をイルクーツクに残し、光太夫は5週間程の行程をラックスマンに伴われて進みます。極限の寒さに耐えしのぶ術を備えている者にさえ厳しい旅、未経験の者にはとうてい出来ぬことです。そうしてペテルブルグに到着したのは1791年の1月28日。

女帝エカテリーナ2世にどのような作法で臨めば良いか、光太夫はラックスマンから指導を受けたと考えられます。話し方まで教え込まれた可能性さえさえ否めません。いよいよ宮廷に赴き、女帝への挨拶に臨む光太夫は、差し出された女帝の手をそっと受けて、尊厳を表すために低頭しその手に唇を近づけました。［＊唇をつけず］光太夫の話を聞いた女帝は、「かわいそうに」と言ったとか。光太夫は女帝に良い印象を与えたのだと思います。ラックスマン中尉も女帝から信頼の厚い人物であったようです。ロシアで最高の地位にある女帝エカテリーナ2世は漂流民の帰国願いを認めたのです。これはまたとない、日露外交絶好のチャンスでもありました。

光太夫は滞在中に大層なもてなしを受けます。この首都の優雅に触れ文明のありように感嘆し、満喫の時間を過ごした。光太夫は、お礼に詳細な日本地図を描き、女帝エカテリーナに献呈する他、女帝の文化的事業にも参画したようすです。

光太夫がペテルスブルグに滞在していた半年以上の間、他の4名はイルクーツクで日本語教師などを務めて彼の帰りを待っておりました。この間彼らの方にも大きな人生の転換期が訪れていました。庄蔵は凍傷で片足を失い、帰国を断念してキリスト教徒として改宗し、新蔵はロシア女性と恋に落ちていました。庄蔵の帰国断念の理由が身体的な不具にあったかは不明です。いずれにしてもふたりの者が帰国を断念しました。

オホーツクには帆船「エカテリーナ2世号」が準備されました。女帝の命を受けて、アダム・ラックスマン遣日使節大使一行が、日本人漂流民とともに北海道の根室目指して出発します。出港する日本人3名と同胞を見送る2名。双方にとってとても辛い別れになりました。根室到着は1792年の9月5日早朝、奇跡の生還です。体を患っていた小市が息を引き取ってしまいます。[＊小市の死を船の中とするものもあれば、その死を1793年の4月2日とする資料もある]

1792年の10月19日、松前藩の役人を通じてアダム・ラックスマン一行の渡来の一報が幕府に届くと、大名、老中松平定信、別称、たそがれの将軍は、ラックスマン使節団を弁天島に滞在をさせ、これを丁重に扱うよう指示する一方、目付として抜擢された将鑑、石川忠房（通称、六右衛門）と、幕府では初の外交官、村上義礼こと村上大学のふたりに事に当たるよう派遣を申し付けるのでした。石川はこれを縁に、このあとも光太夫と交流を続けることになります。

ロシア船は箱館（現在の函館）に移動を許され、ラックスマンたちは陸路を松前へ向かいます。松前到着は1793年の6月20日です。

そこで漂流民、光太夫と磯吉は松前の藩に引き渡されることになりました。

光太夫と磯吉の両名は江戸で、度重なる長時間の取り調べを受けます。光太夫は非常に聡明な人物で、的を得た巧みな語りは聴く者を惹きつけ、その場で記録を取った医師、蘭学者の桂川甫周が「漂民御覧記」にまとめたほどです。両人の証言は、余りにも強烈な経験談でした。「漂民御覧記」によれば：将軍家斉が吹上御苑で行った謁見には、両漂流者たちはまるで外国人のような格好で現れ、長髪を後ろで編み、胸元にはエカテリーナ女帝から授かった金のメダルを付けていた。

桂川甫周は、謁見の後もさらに多くの情報を光太夫から聞き出し、それを11巻からなる「北槎聞略」に記して将軍に献上します。この書は幕府の機密文書とされたまま外部には公開されることがなかったものです。

一方、ラックスマン遣日使節大使に対しての幕府ですが、ロシアのエカテリーナ女帝から直々の公文書を松前藩は受け取ることはありませんでした。しかし長崎入港許可証「信牌」［＊証の写しは大黒屋光太夫の資料館が保管］を発行し、通商交渉を許可します。

長崎は貿易を独占して、御老中でさえ手の出せない場所。国書の受理は長崎のみ行われるとの旨を、石川忠房はラックスマンに伝えます。漂流民の引き渡しが切っ掛けとはあれ、鎖国体制のご時世です。

ラックスマンは何を思ったか長崎には赴かず、１７９３年の7月16日には函館からオホーツクへ向けて出港してしまいます。

少し説明を加えます。

日本において、四角四面な鎖国の意識とは１８００年に入ってからのものでした。それ以前の江戸幕府、国を統治しやすくするため１６３９年以降、外来宗教のキリスト教など危険な思想とされたものを排除し、日本人の海外渡航も禁止するに及んだのは確かです。そうありながらも、海外との交易窓口は複数開かれておりました。対馬では朝鮮と、アジア諸国は琉球を介して、北海道ではアイヌ民族を通して中国北方民族ツングースと、そして長崎にはオランダ人、中国人が出入りしていたのです。

では、日本との通商を求めにやってきたラックスマンは、どんな理由で長崎入港許可をご破算にして出港してしまったのか。考えられるのは、長崎の状況を前もって聞き及んでいたこと。というのも、そこでは貿易活動は以前の華やかさを失っていました。英蘭戦争が始まり、オランダ商船が入港することさえ稀で、世界経済のトップにあったオランダの衰退の噂はすでに広まっており、その衰退はオランダのみか広範囲に影響を与えていた。そのような港まで長い航路を旅しても仕方がない、色あせた場所に未練なしと判断した可能性はあります。案の定、オランダ東インド会社は、ラックスマン一行が去った六年後には解散に追い込まれています。

あるいは、長崎に入港した後、キリスト教布教の疑いでもかけられればとんでもないことになると考えたのか？　または、ラックスマンは、上記したように日本の北、つまり北海道を介しての通商を想定して、その土地の必要な情報をすでに手にしていたことも考えられます。

ラックスマン中尉から日本土産を受け取った女帝エカテリーナ2世は大層喜ばれたのみならず、お咎めどころか労をねぎらい、ラックスマンを大尉に昇進させます。何はともあれ一段落です。

ラックスマンは「ラックスマン・日本渡航記」を１８０６年に完成させています。[＊女帝エカテリーナ2世は１７９６年没]

このようにして、寛政４年、１７９２年、日露が初めて公式国交をもちました。

その後の日露通商は、１８０４年にレザノフが長崎に赴くことによって交渉が行われますが、日本の拒否にあっています。

それでは幕府がとった漂流者ふたりの処置については？

10年間もの、想像を絶する体験を乗り越えて帰国したふたりに、幕府は褒賞を授けました。しかし全く自由の身にはさせてもらえず、江戸の薬草園での生活を命じられたのでした。ロシアに通ずる、極めて重要人物とされ、幕府はふたりをそこへ留めおくことを最良の策としたのです。

彼らは毎月3両の手当を上手に使い、多くの蘭学者たちと交流し、知識的、文化的な暮らしをしました。たった一度だけふたりは別々に、30日から40日ほどの故郷への一時帰郷が許され、磯吉の方は南若松の心海寺にも赴いて、そこの住職、実静に経験談を語ってきかせ、それが「極珍書」という記録になって残っているそうです。

ふたりで江戸の番長、薬草園で余生を送り、光太夫は1799年に妻帯して男女の2児を設け、78歳まで（1828年の4月15日）、磯吉は73歳まで（1838年の11月15日）、聞きしにまさる波瀾万丈な人生に終止符を打ちました。

## ミカス・ペトラウスカス　祖国への愛を音楽で

前述した、オペラ「ビルーテ」の作曲者です。

ミカス（Mikas Petrauskas 1873-1937）はリトアニア東部の美しい村、パルージェ（イグナリア近郊）生まれ。

父親ヨナスはここの教会のオルガン奏者を務め、楽器（何の楽器か不明）を製作し、大工技術にも創造的な才能をもちました。

ミカスは作曲家、テノール歌手、コーラスの指揮者、オルガン奏者、教育者、文筆家、と多くの顔を持ち、リトアニアを想い、活動した芸術家でした。オペラは二曲・オペレッタを十七曲書いた他、歌曲の作品をソロ曲からコーラスまで多数残しています。彼の多面性は父親のそれに似ています。ミカスは父からオルガンを習いました。弟のキプルスも父から同じようにオルガンを習い、これもまたミカスのようにテノール歌手でコーラスの指揮者でした。母親の名前はヨーザポタ。その土地では知られた美声の持ち主です。リトアニア民謡を歌わせれば右に出る者がいないと評判高く、音楽を中心に暮らしていたペトラウスカス家族がありました。

ミカスは1898年にロキシュキス・オルガン専門学校で1年間学んだのち1901年から5年間、サンクト・ペテルブルク音楽院で学びます。リムスキー・コルサコフに作曲（オーケストレーション）を、歌唱法をS・ガベルに学び卒業しました。その傍ら中等学校にも通っています。彼はこの町ではすでにコーラスの指揮者の活動で知られ、夜になると、その唯一の自由時間を踊りの練習にあてていたと言い伝えられるほどの熱心さ。リムスキー・コルサコフといえば、当時の彼の弟子にはストラヴィンスキーやプロコフィエフが学んでいます。リムスキー・コルサコフは1905年のロシア革命では、彼が生涯そうであったように、リベラルの立場を貫き、サンクト・ペテルブルグ音楽院の学生達がロシア帝国に政治改革を求め運動する行動をみて「学生の運動の権利を誰かが守らなければならない」と述べています。そしてこうした学生運動の支持によって職を失い、学生らも約百名ほどが追放される事態が起こっています。

1905年リトアニアに戻ったミカスはオペラ「ビルーテ」に取り掛かります。劇作家、G・ランズベルギス－ジェムカルニスとの打ち合わせのもとで、たった数週間で作曲されたオペラといわれます。筋書きはよく知られた、19世紀のリトアニアの歴史物語。威厳と愛の誇り、ロマンチックで英雄的なテーマを扱ったリトアニアの民族オペラだったことに歴史的な意義を持って迎えられ、今日もそのように評価されています。

出演者の配役は：
主役のビルーテを本屋の女主人、P・シュラペリエネ。
ケーステュス役は物書きのK・プイダ。
老年の俳優の役を劇作家、G・ランズベルギス－ジェムカルニス。
子ども役を絵描きのジュムイジナヴィチュース。
将来の歌の専門家を、ミカスの弟K・ペトラウスカス。
以上、皆芝居好きのアマチュアばかりです。

ミカスは初演の直前、緊張を隠しきれぬ様子でそわそわしていました。ヴィリニュス在住のスラブ系の聴衆の批判的言動を気にしていたのです。政府関係者（?）も来場することが知らされ、気持ちを宥めるのにいつもにないほどの努力を要するのでした。無事終幕を迎えることができて胸をなでおろすミカス。拍手が鳴りやまなかったかどうか記載はありませんが、作品の神髄を感じ取ってもらえたことに満足したミカスでした。

初演を済ませたミカスは婚約者スターゼと結婚。その後素早く国を離れなくてはなりませんでした。ロシア革命の運動の関与でロシア帝国警察から追跡を受け、スイスに亡命する運命にありました。［＊頻繁な移動は挙動不振を疑われた］ジュネーブに滞在中、彼はロシア難民のために音楽スタジオを設立する努力も惜しまなかったと言及する資料もありますが詳細は不明です。

１９０７年、ミカスは米国に移っていきます。

同年のシカゴのプレスの掲載記事からミカスの公演の様子をみてみましょう。

「１９０７年11月7日。我々の誇りとする歌手、作曲家のミカス・ペトラウスカスの演奏が行われた。著名な音楽ホールはリトアニア人の聴衆で溢れるようだった。プログラムの初めはヴァイオリンとピアノの演奏だったが次にミカス・ペトラウスカスが現れると聴衆はどよめき、それがしばし収まらず、彼らの興奮を静めるのに時間がかかった。舞台に現れたペトラウスカスはこれを見て感激してしまい、最初の曲、モーツアルトの〝哀れみを〟を上手く歌うことができぬほどだった。幸いなことに次の作品は自作のリトアニア語の歌。それを聴衆は釘付けになって聴いた。ペトラウスカスはチャイコフスキーの作品もとりあげた。終わると、もっと歌って欲しいとアンコールがかかり、立ち上がった聴衆の拍手が鳴り止まなかったのだ」。

米国で将来に向けての下準備を整えると、ミカスは１９０８年にパリに現れ、作曲をプライヴェートにCh・ヴィドールに師事し、ソルボンヌ大学では聴講生。１９２０年、スターゼが病気で世を去ります。しかしそこでくじけてしまうミカスではありませんでした。いったん米国に戻ると、次に１９１１年から1年間、今度は歌の勉強のためイタリアに渡航。どこの劇場か、オペラ出演も行っています。１９２０年と、24年から26年まで、リトアニアで演劇のステージ、講習会、演奏会、止まることを知らず憑かれたように活動するミカスがいます。その後も１９３０年までの長い間に何度となく米国とリトアニアを往復しています。今日の旅の事情とは比べ物にならない当時のこと。飛び抜けたバイタリティーとしかいいようがありません。

米国では、自身の演奏活動の他はリトアニアの若者達の啓蒙活動が主なものでした。亡命者社会で、同胞に教育の重要さを説き、彼らの意識を高める芸術的かつ教育的な活動をどんどん進めます。ミカスは繊細で忍耐強く、許容量の大きな、大変人に好かれる人物でした。ボストン、シカゴ、ニューヨーク、ブルックリン、デトロイトと巡り歩き、各都市に百人スケールのリトアニア人のコーラスを結成して指揮し、オペレッタをはじめ様々な演奏会を企画し公演に励みました。

ミカスの人となりが顕著に表れるそのひとつです。語学の重要性を説き、母国語以外のロシア語、ポーランド語、フランス語、イタリア語、英語、ウクライナ語、ヘブライ語を使って国語別の舞台作りに専念。語学を個々の民族性と触れ合える必要不可欠な要素と捉えていたのだと理解できます。

シカゴではリトアニア音楽学校を立ち上げ「リトアニア音楽院」と命名。

１９１５年、ボストンにガビヤ（芸術）協会を設立し、九年間の極めて多忙な時期を過ごします。音楽院では舞台芸術を多角的に指導。全てはミカスの人望の厚さと自然な才能ゆえ、他の人には絶対真似のできぬ技だったに違いありません。１９１６年に小音楽辞典を出版。

祖国への愛は彼にこんなにもエネルギーを与え、桁外れな貢献を生みました。

しかし１９３０年、体調の低下を感じたミカスは親友にこう言います。「年老いていくとは、なんと寂しいことだろう。それに僕はもう必要な存在ではなくなってしまったよ」。友人達の援助でリトアニアに帰郷。カウナスに落ち着きました。

ミカスが他界したのは１９３７年３月23日。あとほんの少しで、春が訪れようとしていました。

## 4 レーニンとテルミンの電子音楽楽器、盗聴器

### レーニンの言葉から

ボリシェヴィキ勢力を率いてロシアの十月革命（クーデター）に挑み、世界初の社会主義政権を誕生させたレーニン（Vladimir Ilych Ulyanov, 1870-1924. Lenin は筆名）の、音楽にまつわる言葉を幾つか取り上げてみましょう。人物のその一欠片《ひとかけら》が覗けるかもしれません。

とかく偉人、哲人、傑人、佳人、怪人の言葉は、発言された時の背景が分からず注意が必要ですが、この場ではその次に来るテルミンの物語の前奏の役目を果たしてもらえそうです。

レーニンは幼少の頃、教養高く音楽（ピアノと歌）が大好きだった母、マリアからピアノを習いました。なかなか耳の良い子どもで学ぶのも素早かったといわれます。八歳の頃は兄や姉と一緒に演奏したり歌を歌ったりして過ごしました。特に仲の良かった妹のオルガとはピアノの連弾演奏をし、年頃になると連れ立ってオペラにも出かけます。［＊オルガは19歳で死去］幼少時代からプッチーニやモーツアルトなどのオペラを聴き、また自分でオペラのアリアを歌うことはまぎ

れもない楽しみでした。ビゼーの「カルメン」は闘牛士の歌を好み、チャイコフスキーの「スペードの女王」では、エレツキー公爵のバリトンのアリアを心込めて歌った。チャイコフスキーの交響曲6番「悲愴」やリムスキー・コルサコフやボロディン、ベートーヴェンの作品も好みでした。

ある日レーニンは作家のM・ゴーリキー宅に招待されました。それがいつかは明確ではありません。招待客の一人、ピアニストのイザイ・ドブロウェンが求められて演奏をすることになります。ロシア民謡から始まり、グリーク、ショパン、スクリアビン、リムスキー・コルサコフを弾いたのち、最後にベートーヴェンのアパッショナータ・ソナタを演奏。［＊彼の演奏は情熱的なもので知られる。指揮者、作曲家でもある］この時のこととされるのが次のレーニンの言葉です。

「（私は）アパッショナータのほかは何も知らぬが、毎日でもそれを聴きたい。いかにも天上の音楽だ。こんな考えはナイーヴかもしれぬが、このような奇跡の創造を誇りに思う」。

「私がもしもこれをずっと聴いていたら革命を終わらせることはできん」とは、また別の機会に発せられたものでしょう。

レーニン、お好みの演奏家は、このピアニストのドブロウェン（Issay Dobrowen）、それにドラマチック・テノール歌手のザクルゼフスキ（Yu. F. Zakrzewski）だったといわれます。ドブロウェンは1920年4月23日、共産党の夕べでレーニン50歳の誕生祝いにアパッショナータ・ソナタを弾きました。「彼は最高だ、素晴らしい、チャーミングだ、素敵だ」、興奮して賛辞のコメントを述べています。

「私たちがまだ子どもだった頃、サッシャ（兄アレクサンドル）がボートで遠くまで漕ぎだした。川の途中でどこからともなく歌が聞こえた。なんて素敵な歌だろう、ロシアの歌というのは」とは、ポポヴと言う人物が時間が経って１９６０年に書き残したレーニンの言葉です。１８８７年にロシア皇帝暗殺計画への関与で逮捕され命を落とした兄の思い出だったのかもしれません。

レーニンの次の言葉は特に有名です。多くの訳文があり選ぶのに困るほどなので、混沌に乗じて筆者も手を加えてみました。同じように、ベートーヴェンのアパッショナータを絶賛した後のものです。

「しかし音楽を度々は聴くことはできぬ。それは私（我々）をイラつかせるし、くだらん甘い言葉を使ってみたくなるものだ。人がこんなおぞましい生活をしている最中だというのにこれほどの美を創造できるとは！」。レーニンは繊細な印象派の音楽は興味の対象とはしませんでした。

［＊レーニンがクレムリンの自宅のアパートに持っていたピアノはベシュタイン。セリーナンバーは、Nr. 49152］

「芸術は民衆のもの」という言葉もあります。少々曲者です。その響きと見てくれに騙されます。意味をなさない言葉に思われますが、大衆はこの言葉に生活の支えを覚えたり、大きな勇気をもらい情熱を感じたようです。その熱は冷めず、１９７７年（11月）になって、レニングラードで「芸術は民衆のもの―ロシア・十月革命60周年記念」で、７００～８００人ものアーティストを一堂に集めて、大々的な展示会が行われるとは。

「芸術は民衆のもの」とはプロパガンダのスローガン。民衆のあり方を研究していたレーニンは、言葉を選りすぐり、彼らを統制する力に長けていました。

そもそも芸術は「誰かのため」にはない、と承知していたらしき発言もあります。「作品が本物かどうかなど、芸術は、認識しろと、要求してはこない」という言葉です。

「全ての芸術の中で、我らにとって最も大切なのは映画である」。これこそ切り身になるとちんぷんかんぷんな言葉です。が、1919年の4月にルナチャルスキー（A.Lunacharsky）との会話で発言されたものですが、言葉の前後がわかりません。大衆を相手に具体的なメッセージを伝えるのに最良の方法が視覚と聴覚で訴えることである。それをレーニンは知っていた、わかるのはこのことだけです。大衆が、安易に「してやられる」生き物であることを熟知していたのは、レーニンだけではありませんでした。我ら、今日の大衆も同じような生き物です。

それより、別の話をしましょう。

## レフ・セルゲイヴィッチ・テルミンの音楽楽器と盗聴器

レーニンが非常に興味を示したとされるテルミンヴォクスという電子楽器をご存知でしたか。

レフ・セルゲイヴィチ・テルミン（Lev. Sergeyvich Termen. 1896-1993）はサンクト・ペテルブ

ルグ生まれの、フランス系のロシア人。父は弁護士で母は音楽や絵画好き。L・テルミンは中等学校時代から音楽と物理学に熱中。中等学校に通う傍、音楽院でチェロを学び卒業しました。自宅には実験用のラボラトリーを持っていたということです。テレミン［＊L・テルミンは彼の名で、楽器はテレミン］という電子音楽楽器は彼が１９２０年に発明したもの。ヒッチコックの１９４５年の映画「白い恐怖」やロバート・ワイズの１９５１年のＳＦ映画「地球の静止する日」に使われた楽器です。

人の声や弦楽器の音にも近く、とはいえ電子の合成音は倍音の構成が自然音とは異なり、音楽楽器としてはある一線を引くことになります。

楽器テレミンはそれ以前に発明されたサディウス・ケイヒルのテルハーモニウム［＊１８９７年の特許取得した電気オルガンで１９０９年初公開］に次ぐ世界第二番目の電子音楽楽器ともいえます。

彼は、まるで指揮者がオーケストラを前にジェスチャーで音楽を奏でるような、そんな楽器ができないものかと考えたのだそうです。１９１６年、彼は徴兵任務を終え、その後の６ヶ月を軍の技術学校で学びディプロマを獲得、ついでオフィサー専用の電気専門学校でラジオ技術のディプロマを獲得しています。宇宙物理学を専門にサンクト・ペテルブルグ大学へ進学しますが、著名な物理学者Ａ・Ｆ・ヨッフェ［＊ 1880-1960、１９４２年スターリン賞、１９６０年にレーニン賞］との巡り合いは彼の人生を大きく変えることになりました。この物理学者がＬ・テルミンの将来を左右するほどの援助を与えたからです。

彼は大学を卒業すると、軍のモスクワ・ラジオ技術研究所の副リーダー。そしてとうとうテルミンヴォックス［＊最初の名前はエーテルフォーン］を開発。これをヨェッフェ博士に見せると博士は早速教員や学生を集めて、1920年、サンクト・ペテルブルグ大学で試奏公開が行われることになりました。ソヴィエトではテルメンヴォックス、ドイツではテルミンヴォックスと呼ばれ、のち米国でテレミンと短縮して呼ばれるようになったものです。

1921年10月5日、モスクワ第8回全ロシア電気技術会議でこの楽器が展示されるや、新開発を目指していた電気技術界から真っ先に注目を浴び、評判はさらに評判を呼び、ついにレーニンの耳にまで届くことになったものです。ソヴィエトのリーダーは思惑あって、この製作者をオフィスに呼びます。ここでの経緯はのちのインタヴューでL・テルミン自身が語ります。テレミン楽器をレーニンが膨大に発注したおかげでこの楽器は広く知られるようになりました。

その後のL・テルミンの人生には政府への技術提供の時代が待っています。

1924年、20歳のエカテリーナ・パヴォヴナ（カチア）との結婚。

時期を同じくして、L・テルミンはワイヤーレスのテレビに挑戦し1927年にデモンストレーションも行っています。同年にヨーロッパ・米国ツアーに出発。彼の発明は人気を独り占めにするような勢いを持って、1928年にニューヨーク・フィルハーモニー管弦楽団との共演や、

１９３０年にはテレミン奏者たちとカーネギーホールでの公演に、と充実した華やかな日々があり、彼が妻と共にニューヨークにしばらく腰を落ち着かせた時期です。

この楽器の特別なことは、２本のアンテナの間で生じさせた電磁波の空間域で手を動かすことによって音を操作でき、楽器に触らず演奏ができることでした。前代未聞の楽器はその音も声に似て魅力的でした。Ｌ・テルミンは自分の発明品を普及させることに全力を傾け、演奏方法や楽器についての講義、技術的な指導も根気よく行い、楽器の大衆化を狙います。また、タープシトーンは、ダンサーの動きによって様々な音と光のパターンが組み込まれた、ダンスパーフォーマンス用の音楽器具で、舞台用に作製され人気を博したものです。

１９３１年彼が出会ったのはＣ・ライゼンベルグ（Clara.Reisenberg 1911-1998）という女流演奏家。幼い頃からヴァイオリン奏者としてずば抜けた才能を発揮してきた彼女は骨障害でそれを断念せざるをえない運命にありましたが、Ｌ・テルミンとの出会いは彼女をテレミン奏者としてトップ奏者のキャリアを確立することになります。彼女はこの楽器の改良に大きな役目を担ったアーティストです。彼女はＬ・テルミンの重ねての愛の告白を受け入れることはなく、弁護士のロックモーアと結婚。

Ｌ・テルミンがアメリカン黒人バレエ団としばらく仕事をした時のこと、プリマダンサーのＬ・ウイリアムスと恋に落ち結婚。［＊政府の圧力により？　妻カチアとはすでに離婚］肌の色の異なる結婚は祝福どころか轟々たる非難の渦が巻き起こったのだとか。

そうこうする１９３８年のとある日、どこへともなく姿をかき消してしまったＬ・テルミンは死んだのであろうと囁かれ、皆はそう信じて疑いませんでした。

不可解な経緯ですが、彼は生まれ故郷に戻っていました。ソヴィエト政府の仕業だともいわれます。「数人のロシア人らしい者たちが　L・テルミンをスタジをから連れ出したのを見た。それを僕は彼の妻に知らせた」とは、テレミンのダンサーで、友人のB・カンベルの証言。のちL・テルミン自身はその理由をB・ガレイーエフと言う人物に語っています。「戦争が近づいているのが心配で米国を去った」。

L・テルミンにはまたなぜか政府の手が伸びて、逮捕の憂き目にあいます。表向きな疑惑は「おまえはプルコボ天文物理学研究所を訪れた時、そこに従事する科学者らとグルになってS・キロフ（S.Kirov）の暗殺を企てたであろう」というものでした。常に異様な空気が漂って真実がつかめません。

モスクワ近郊の刑務所に入れられた彼は、コリマ（Kolyma）金鉱で強制労働を強いられますが短期間でオムスクの強制収容ラボラトリーへ連行。彼の技術をスパイ工作に使うための、ここが最終目的地でした。

A・トゥポレフやS・コロレフ他の著名な科学技術者たちが　L・テルミンと同じ境遇にありました。１９５６年まで研究に勤しみ、捕らえられた他の科学者とともにソヴィエト政府のために従事します。

L・テルミンの盗聴システムの発明は１９４５年、モスクワのハリマン米国大使（A.Harriman. 1891-1986）に献上されたプレゼントの品に巧妙に仕掛けられたことで知られています。

盗聴器は「ザ・シング」と呼ばれました。「其奴」とでも訳しましょう。「其奴」は、遣使《つかわしめ》であったソヴィエトの学童たちが知らぬところで木彫りの米国国章に巧妙に仕掛けられると、両国の友情を示す象徴の贈り物としてハリマン米国大使に手渡され、まんまと大使公邸に侵入したという話。公邸オフィスのドアに7年間掛けられて、内密な会話を全てソヴィエトに提供していたという。発覚したのが1952年。偶然に英国軍のオペレーターが暴いてしまうのです。

L・テルミンの次の盗聴器具のレーザーマイクロフォーンはブーランと命名されて、NKVD［＊KGBの前身機関］のトップ、L・ベリアが、モスクワにある英、仏、米の大使館の情報収集に用いるのです。

「いいや、それだけではないぞ、ベリアはスターリンの盗聴にまでブーランを使っていた」という者もあります。

スパイ工作に満遍なく寄与したL・テルミンは、1947年にスターリン賞を受賞。この年には3度目の結婚。

1964年に退職しますがその後も協力は続行し、1956年までの約17年間、ソヴィエト政府の、あえて言って仕舞えば、腰巾着を務めました。KGBと彼とは1966年まで協力関係にありました。

L・テルミンとはどんな思想を持っていたのか。思想など持つ方が命取りの時代に、そんなものはとっくに水に流し、掃き捨ててしまったのか。洗脳されたのか。これらを掘り下げないまま先に話を進めることをお許しいただきたい。

モスクワ音楽院で教鞭とること10年。電子チェロも開発。ある日ニューヨークタイムズの音楽評論部署のチーフ、H・ションベルグからインタヴューを受けたのだそうです。掲載された記事が大きな影響を及ぼすなど想像もしていなかったL・テルミンですが、その記事は音楽院の学長の逆鱗に触れることになりました。「電気は音楽に使うものではなかろうが！」。雇われの身ではどんな著名人であれ手も足も出ません。ここまでの成り行きは分かります。しかし、音楽院に備えてあった電子楽器は全て退去を命ぜられ、予定されたプロジェクトが全て破綻をきたした、この部分が腑に落ちません。音楽院の学長氏、L・テルミンを指導者として迎えたとき、彼がどんな音楽家か充分理解していたはずで、どうも辻褄が合いません。追い出せる機会を狙っていたのかもしれないなどと詮索したくなるような話です。

1970年、彼は新たに国立モスクワ大学の物理の教授として任務に就きます。専門は音響学。娘ナタリアと共に1989年フランスを経由して、1991年に米国を再訪問した時、彼は95歳になっていました。C・ロックモーア（旧姓ライゼンベルグ）との再会もありました。すれ違いのような短いものだったということですが、確かではありません。

1993年、彼は没する前にオランダで一番歴史の旧い、ハーグ王立音楽院を訪れ公開演奏会を行っています。そして同年の1993年11月3日にモスクワで亡くなりました。97歳でした。

L・テルミンがインタヴューに応えて次のような言葉を残しています。1989年、O・マッティスとの対談です。

「ソヴィエト連邦時代は皆が一様に発明を好んだ時期でした。私は中学生の頃に同期現象［＊別々の振り子を近づけておくと、リズムがいつの間にかシンクロナイズする現象］などにはまっていましたが、何か新しいものが作りたかったのです。モスクワの電気技術会議に展示してヒットしました。レーニンはこれを聞いて、是非見てみたいと、それで彼のオフィスに出向いたのです。クレムリンのその広いオフィスでは、楽器を設定し終わった後も随分と待たされました。会議だからということでした。僕はフォティヴァという名前のレーニンの秘書と一緒に待っていたのです。この秘書は音楽院を卒業したピアニストでしたが、彼女からこんな（好意的な）提案をもらいました。小さなピアノ（アップライト・ピアノ？）をここに持ってきて彼女が僕のテレミン演奏の伴奏をするというのです。待ち時間が1時間半もありましたから全ての準備が整いました。

そしてレーニンが現れて。彼はとても上品な様子で、会議に同席した人々と出てきたのです。レーニンを見て嬉しかった。早速楽器を見せました。この時はまだテレミンヴォックスと呼ばれていた楽器を僕が演奏を始めると、レーニンは空中で手を動かすだけの演奏をじっと注意深く観察していましたよ。終わると皆が拍手をくれました。レーニンもです。グリンカのスカイラークを弾いたのですがとっても気に入ってくれた。そしてこう言ったのです。「キミ、どうやって演奏するのかね、教えてくれたら自分も試してみたい」。椅子からすっと立ち上がると楽器のところにやってきて自分の両手を前に出して、右、左とストレッチしました。右手は音程、左手は音量であると説明をしながら僕は彼の後ろに回って彼の両手を支えて助けたのです。彼がスカイラークを弾き始めました。彼は優れた耳を持っていました。感覚が鋭敏で、正しい音を取るために上下のどこに手を持っていけばよいかすぐ気がついたのです。曲の真ん中あたりで僕は判断しました。レーニンは援助なしに弾ける、こう思って手を離したんです。なんと彼は残りの曲をひとりで全部演奏し終えたのですよ。周りから大きな拍手が湧き上がり、僕はそれにとても幸せを感じたものです。

この楽器を作るにあたっては、現存する音楽楽器に満足していなかったからということが言えます。現在我々の持つ楽器はすべて基礎的な概念の元で作られているものですが、身体的観点では満足できるものではないのです。ピアノ、チェロ、ヴァイオリン、どれを見てもメカニックから脱却できていない。ヴァイオリンやチェロや、それら弦楽器の弓の動きはノコギリ（運動）と比べられるでしょう。これらとは別の楽器を作りたかったのです。メカニックなエネルギーを必要としないものをです。オーケストラはメカニックな方法を使って演奏しますが指揮者は違います。彼は手を動かすだけです。彼の動作によって音楽の芸術性に効果をもたらすのです。そんなわけで自分の専門分野の技術を使って空間の領域で、しかもあまりエネルギーを使わずに済むものを開発しました」。

以上のL・テルミンの言葉には物申したくウズウズしますが、この話はここまでにしましょう。3章最後の節に行く前に改めてにリトアニアに話を戻します。

ソ連の最高指導者は、1922年にレーニンからスターリンに引き継がれ、ソヴィエト連邦社会主義共和国の国家体制誕生。社会主義共和国から構成され、合わせて15カ国：ロシア、アルメニア、アゼルバイジャン、ベラルーシ、ジョージア、ウクライナ、トルクメニスタン、ウズベキスタン、タジキスタン、カザフスタン、キルギス、モルドバ、リトアニア、ラトヴィア、エストニア。［＊1922年以降赤軍が侵攻をした中には1936年のキルギスやカザフスタンなど日本の約7倍ある国土の国もありました。］

1926年、リトアニアはソ連と不可侵条約締結。リトアニアでは軍事クーデターにより権威的政策を進めるA・スメトナ大統領が誕生。1929年には世界経済恐慌が数年に及び、第二次大戦の要因ともなりますが、経済の立て直しの最中であったリトアニアにも痛手を与えます。

1939年の第二次世界大戦。1939年8月23日のモロトフ・リッベントロップ協定についてはすでに述べました。表向きは独ソ不可侵条約ですがそれに付随して、9月28日に独・ソ境界友好条約が秘密に取りまとめられたもの。この秘密の定義書によって1940年、ソ連によるバルト諸国の占領が新たに始まります。［＊10月10日、リトアニアはソ連相互援助協定を結びソ連の赤軍を受け入れた］

危機に瀕したリトアニアのスメトナ大統領はA・メルキース首相に大統領を引き継ぎ亡命。その３日後、Ａ・メルキース大統領はＪ・パレッキスに大統領引き継ぎを行いますがこれらの動きは非合法なものでした。パレッキス大統領はリトアニアのセイマを即解散させ、ソ連共産党員として、ソ連の圧力の元で形式的なリーダーとなります。リトアニア外交ではパレッキスは公に大統領と認められていません。一方メルキースは亡命の際、国境でソ連軍に逮捕され、十五年間の監獄生活を送り収容所で亡くなります。

６月15日、ソ連はリトアニアを占領開始。スターリン政権は多くの知識人の投獄、子どもから老人まで民衆のシベリア送りがなされます。１９４０年からスターリン没する１９５３年までに強制送還され殺戮されたリトアニア人の数は膨大なものですが、様々な資料で数字が異なるため省略します。

リトアニアのゲリラ活動についてはあまり語られません。最も多い時には国民の約１％の10万人が積極的に活動し、そのうち半分ほどが命を奪われたとか。

## 5 命のビザ

### トップランナー　ヤン・ツワルテンダイク

数千人のポーランド系、リトアニア系ユダヤ人に命のビザを発給し、象徴的なシンボルとして語られる杉原千畝（1900-1986年）の偉業は1940年の夏のわずかな期間に集中していました。杉原千畝ストーリーは、やっと元駐リトアニア・オランダ名誉領事（オランダ企業フィリップス社のビジネス・パーソン）ヤン・ツワルテンダイク（1896-1976）と共に語られ始めました。このような歴史は、心ある人々の連携と奇跡的なタイミング、そしてチャンスから作られるものだと改めて感じます。

杉原千畝についてはいうまでもありません。

「命のビザ」の一端について綴ろうとおもいます。というのも、新しいソースが開示されたからです。[＊これを書いているのは2019年1月です]

2018年の秋、ヤン・ツワルテンダイクについて新しい著書がオランダで出版されました。

オランダ人のヤン・ブロッケン著「正論―ひとりのオランダ領事が数千のユダヤ人をどのように救ったのか」［＊邦訳がなく筆者の直訳したタイトルです］。

ここでは主に2つのことを取り上げます。話題になってこなかった杉原物語の出発点について、それと模造ビザに関連する、物語最後の部分です。

フィリップス社とは1891年、ヘラルド・フィリップスによって設立されたオランダの象徴的な電気機器関連の大企業です。ヤン・ツワルテンダイクはリトアニアのカウナスでフィリップス・リトアニア社の気鋭のトップとして就任し、主にラジオ製品の販売をしていました。すらりと長身でスポーツマンタイプの彼は43歳。妻と子ども3人の家族で3年目のリトアニア生活をしていたところです。

カウナスの街は嵐の前の静けさで、張り詰めた空気に覆われていました。ネリス川やネムーナス川の畔りにはいまや戦車が配置され、ライスヴェス通りには威嚇的なソヴィエト兵の姿がありました。今日はじまるのか、明日か。

リトアニアのフィリップス社、大戦がはじまってからというもの収益はゼロ。組み立て行員たちはもうとっくに職場を離れており、この5月といったらラジオは1台も売れていませんでした。そこへ電話のベルが鳴り響きます。1940年5月29日のことでした。

注文の電話ならよいのだがと、ツワルテンダイクは電話が鳴り続けるオフィス部屋のドアを開け、受話器を取り上げました。それは意外にもリガ在住のドゥ・デッカー・オランダ大使でした。

［＊L.P.J de Decker. バルト国のオランダ大使］面識はというとたった一度きりの相手です。まだ50代の大使はリガに赴任して間もなく妻を亡くして子どももいませんでした。

初めての電話です。この時ドイツは中立の立場を宣言するオランダに［＊1940年5月10日］侵攻し、すでに3週間近くが経過していました。

しばしの会話の後大使はこう切り出します。「こんな状況でも、リトアニアのフィリップス社をこのまま閉鎖せずにおくことはオランダの本社との間で了解済みです。ところで、あなたがカウナスのオランダ領事として必要です」。唐突な依頼です。「領事のH・ティルマンス氏（リトアニアのオランダ領事）という方がおられますが？」と驚きを隠しきれぬツワルテンダイク。「ティルマンス、彼はドイツ人だよ。オランダがドイツに侵略されたあと、オランダの代表として（ドイツに）降伏するなどは気違い沙汰でしょうが。彼自身にとってもおかしなことになる。お分かりでしょう。実はこれは彼の奥さんの方ですよ。この人ときたら、できれば明日にでも花束を持ってヒットラーに挨拶に行きかねないんだ。ティルマンスはもう長いことリトアニアに住んでいて、彼の方はまあまあなのだがね。リトアニアでドイツ語を話す者たちは皆プロ・ナチス（親ナチス）。このことは私などより、そちらの方がよくご存知のはずです、ツワルテンダイクさん。オランダにドイツが侵略したその当日の5月10日にH・ティルマンスは辞任したんです。が、この免職についてまだ判が降りておらん。しかしそんなものを待っているわけにはいかないのですよ。今緊急にグッドスピーカーが要る。それで、私はこのような即決をしたというわけです」。「大使、光栄なことです」。

「それに、ツワルテンダイクさん、こうすればオフィスも揃っている（領事館として）！」「ああ、なるほど」。

＊H・ティルマンスはベルリン生まれで、父親はリシャール・ティルマンス。彼は複数の企業を持つ大資産家で教会団体やドイツ中等学校への寄付を行ってきたことでも有名な人物でしたが、チュルリョーニス美術館にも大きく貢献し、チュルリョーニスの絵画の収集家としても知られた人でした。

リトアニアはとうとうソヴィエトに占領されます。［＊1940年の6月から始まり、8月3日にソヴィエトに編入］カウナスの米国領事、O・ノルマンが日記にこう記します。「1940年7月25日。人々が音もなく連行されていく、それは多くの場合夜だ、まるで葬式のセレモニーのようにこの国に浸透していった」。

ツワルテンダイクがオランダ領事として初めて対処を迫られたのは、ソヴィエト政権に抗議をした若いオランダ人牧師の姿が消えた時。翌月には七八歳のオランダ人牧師が殺害されました。カウナスのオランダ領事としてツワルテンダイクが避難民として扱った第一号は、ペッピー・ステルンハイム・レーヴィン（とその家族）、そしてナータン・グットウィルスでした。これがキュラソービザと呼ばれるものです。ドゥ・デッカー大使とツワルテンダイク領事が二人三脚を行っています。ペッピーはリガのオランダ大使に交渉し、彼女のオランダ国籍パスポートにビザを書き込んでもらうことができました。これと同じものを彼女の家族他4名にも依頼するため、カウナスの領事館に現れたのは１９４０年7月22日です。これを受けてツワルテンダイクは、大使の仏語（公的な言語）の文面に沿って仕上げると、スタンプを押しサインしました。［＊ビザ発行地をリガからカウナスへ変更し、大使が記した目的地の北と南アメリカを、アメリカと記す。旅券査証は一枚の上に家族の長として父親、そして妻と子どもが載せられた］

ツワルテンダイクは彼女にこう提言します。最終目的地までの経由ルートは、現状ではたった一つしか残されていない。その唯一の可能性とは、シベリア経由の鉄道でウラジオストックへ抜け、船で日本に向けて渡ることである。逃れられる道はそれだけであろうと。

「とにかくヨーロッパから逃れられれば生き延びられる可能性はある」、彼も大使と同じ意見でした。

しかし、とツワルテンダイク。果たして日本の領事、杉原千畝が日本経由のビザを発行してくれるだろうか。自宅からそう遠くないところに日本領事館があるからと親切に車で送っていったツワルテンダイクは、ペッピーが杉原の領事館の前で車を降りる時、キュラソービザのそのあとの経過を是非電話か手紙で知らせてくるよう要請します。

杉原千畝は、そのオランダ領事によって発行され仏語のビザに何回か目を通し、そして頷きました。ペッピーの記録とみられるものがあります。杉原の服装は黒い（黒っぽい？）背広に白のワイシャツ。ネクタイは紺色のものを結んでいた。

この場面により、ツワルテンダイクと杉原の、事の発端が明らかになりました。

7月26日、杉原は、数名のユダヤ避難民がツワルテンダイクのキュラソービザを持って訪れると、旅券の上にペンで何分も時間をかけて書き込み、避難民のイサックがそれを自分で取ろうとすると、「字が乾くまで待たないといけない」と注意した、ともあります。ツワルテンダイクもビザをペンで書き、それも一息で書いた。のちテキストはスタンプを作成し、所持者の名前や日時を書き入れてサインをすることで時間を稼ぐことができました。避難民は後を絶たず、夕方になっても人が途切れなかったという場面は、杉原千畝物語と同じです。

ある晩のことでした。ツワルテンダイク家のドアの前に1台の車が止まりました。4、5人の部下を従えて現れたロシア人のオフィサー。危険を察知したツワルテンダイクがドイツ語で手短な対応をすると、オフィサーは高飛車な態度で、領事館をすぐさま閉めるよう命じます。オフィサーの強硬な態度にツワルテンダイクがとった機転とは。

1939年に開発されたばかりのフィリップス社の電気剃刀、プロモーション用に4月に自身が購入したばかりの品物でしたがこの世情。使い道がありませんでした。そこで一案を講じたのです。

初めて目にした電気剃刀にロシア人オフィサーは有頂天。ツワルテンダイクの懇切丁寧な説明やハウツー・デモンストレーションに心奪われ、お役目そっちのけ。思わぬプレゼントに痛く感動して帰って行ったのだとか。

ユダヤ系の人々にキュラソー行きのビザを発行したのは、デゥ・デッカー大使の認可を得たツワルテンダイクの措置でした。大きな危険を冒していました。多くの人々がオランダ領事ツワルテンダイクにビザを求めて殺到します。キュラソービザを手に入れた人々は、ポーランド人1943名、リトアニア人109名、ドイツ人51名、カナダ人3名、米国人1名、英国人10名、チェコ・スロバキア人14名、ルクセンブルグ人3名、オランダ人3名、リトアニアとURSS二重国籍者2名、とあります。手に入れたキュラソー・ビザを持ってこんどは日本領事館に向かうユダヤ系避難民の数は増えるばかり。こうして杉原千畝と命のリレーが始まったのです。ご覧のようにヤン・ツワルテンダイクを発端に、さらに突き詰めれば、デゥ・デッカー大使を起点にした杉原千畝の美談は、次から次へと受け継がれることになりました。

リトアニアから出発した難民たちはシベリアを鉄道で横断してウラジオストクに到着しました。ところが、そこウラジオストクには、外務省が前に回って策を講じ「リトアニアからウラジオストクに着く難民を受け入れないよう」と訓令を通達していたのです。終止符が打たれようとしていました。

これも奇跡的なことです。

訓令を退けた日本総領事代表がいたのです。避難民の渡航証明を発行した根井三郎でした。「リトアニアの領事館で杉原千畝によって、日本大帝国の名の下に彼らが受けたビザである。それを所持している人々にリトアニアに戻れという理由はさらさら見つからず、もしそんなことをすればそれこそ法に背くことになるではないか。この人々を日本行きのハルピン丸に乗船させる」こ

れが彼の言い分でした。［＊外交官、根井三郎（1902-1992）は宮崎生まれ。ウラジオストク駐在日本総領事代表］

人道的な救済リレーはその都度、奇跡の連続です。

根井三郎の働きによって、ユダヤ系避難民たちを乗せた船は福井県の敦賀へ向けて出発しました。

敦賀に到着した時の様子、下船した彼らの日本の印象、敦賀の人々が避難民に対して行った温かい援助については資料や著書で確認することができるでしょう。これも命のリレーに欠かせない大切な場面です。

小辻節三（1899-1973）は京都の加茂神社の神官を父に持ち神道を学んだひとでした。明治学院大学では神学部を卒業。日本キリスト教会旭川教会の主任牧師でしたが結婚後に家族で渡米。ユダヤ教に惹かれカリフォルニアのパシフィック大学でヘブライ語を習得。当時これだけでも大層珍しい人でした。

留学を終えて帰国していた小辻に満州鉄道総裁、松岡洋右から仕事の依頼が舞い込みます。ヨーロッパからソ連を渡って満州に逃れてきているユダヤ人たちが多勢おり、満鉄と彼らの関係を構築して欲しいとの要望でした。小辻としても、日本でじっとしていたのでは叶わない、ヘブライ語を活かせる、こんな貴重な機会を逃す手はありません。満州で2年を過ごして、小辻は帰国しました。そんなある日、神戸のユダヤ・コミュニティーの代表者から緊急の依頼が飛び込みます。ウラジオストクから敦賀に入港した避難民たちの対処についてビザを持たぬ者が72名おり、敦賀で船に残されたまま入国を許されず立ち往生しているというのです。

ユダヤ・コミュニティー代表は小辻を信頼していました。といってもビザを所持しない者たちへの対処願いは、難題としか言いようがありません。しかしここは小辻の人柄です。助けたい、この一心が伝わったのでしょう。根気強い小辻の労で外務省が折れ許可がおりました。全ての避難民が下船し入国を完了させることができました。小辻の避難民への最初の功績がこれで、その先にあるのは、我が一身投じた、掛けのようなもの。

上陸した難民たちの次の旅は、神戸もしくは横浜から最終目的地のアメリカ（ほとんどの難民の目的地）へ渡ることでした。神戸にはユダヤ人コミュニティーがあったため、それを聞きつけたユダヤ人の波が街に押し寄せたといわれます。そこへ新たな課題です。

滞在許可の日数が短くて、10日間では対処が間に合わないことは、もう誰の目にも明らかでした。延長願いが不可欠でした。叶えられなければ事態はもとの木阿弥です。

小辻が、まるでインスピレーションのように、ふと思い出したのは満州鉄道時代の上司、松岡洋右外務大臣のことでした。小辻の質問に松岡は答えます。多くは語らずも、ひとこと「ビザの延長権限は神戸の自治体にある」こう告げたのです。

そうであれば、と小辻は考えました。どうにかして自治体の重要人物たちを動かす必要がありました。彼の結論は、彼らと近しくなること。これしか方法がありませんでした。

願いを叶えてもらうためには、大判振る舞いも辞さない戦略に賭けること。ただし、小辻の財力では到底叶わないことです。

そこに、なんと多額の資金を提供する人物が現れます。飯井という人物は、小辻の姉の夫で大阪に住む大資産家でした。彼は小辻の話にじっくり耳傾けます。互いの信頼関係あってのことです。考えさせてくれと別れたその翌日、飯井は、驚きを隠せない小辻の前に「これは人の命のために私が使う金だから」といって当時の30万円、今の金額にして約４８００万円ほどの大金を差し出したというのです。

小辻の自伝から：

神戸に着くと警察本部へ行き幹部を訪ねた。彼らと友になるため。

ユダヤ人問題に関心があり、是非警察幹部ととことん話したいと申し込んだ。

その晩、警察の人間5～6名が私のもとにやってきた。私はかれらを神戸一の料亭に連れて行き、アサリの酒蒸し、伊勢海老の刺身、キクラゲ入りの酢の物など懐石料理に加え、酒も十分に振る舞った。芸者も呼んで三味線を弾いてもらい、私たちはそれに合わせて歌った。

3度目の宴席のあと。頃合いを見計らった小辻は彼らに丁寧に願いを出しました。

ここで晴れて、避難民ユダヤ人たちの10日間のビザは、申請ごとに15日間の延長が可能になり、必要とあれば長期間滞在もできるという異例な措置が受けられることになりました。自治体の重要人物たちの立場？

その後も小辻は彼らと長い付き合いをしたそうです。

根井三郎という名前が登場したため小辻節三や松岡洋右、飯井などの名を置き去りにはできず、少し紙面を割きました。我々の知らぬところで、この命のリレーに関わってきた人々がほかにもまだまだいるはずです。

小辻節三の著書として「From Tokyo to Jerusalem（1964）」や「ユダヤ民族の姿（1943年）」があります。小辻は60歳でユダヤ教に改宗。日本人では初めてでした。アブラハム・コツジのお墓はエルサレムにあります。

2018年9月2日、東京新聞一面のスクープ記事を紹介します。（以下抜粋）

〝模造「命のビザ」救いの証　リトアニア公文書館が保存〟［＊写真も掲載］

「第二次世界大戦中、駐リトアニアの領事代理としてナチス・ドイツの迫害を受けた多くのユダヤ系難民に『命のビザ』（査証）』を発給した杉原千畝（1900～86年）が領事館を退去して以降も、他の人物が模造する形でビザが発給され続けたことはあまり知られていない。その『模造ビザ』が、リトアニアで保管されていることが分かり、記者が現地で確認した。ユダヤ人らの手による精巧な模造ビザは、杉原の知らないところで計五百通近く作成されたとみられ、数百人が出国を果たした可能性があるという。

模造ビザは、旧ソ連国家保安委員会（ＫＧＢ）の前身組織が１９４１年にビザ作成グループを摘発した際の事件報告書とともに、首都ヴィリニュスの国立特別公文書館が保管。ロシア国立人文大のイリア・アルトマン教授（63）らの共同研究の一環で、現地の研究員が数年前に見つけた」。（栗田晃）

現地の研究員が数年前に見つけて、それがすぐ報道されなかったのはなぜだったか興味が湧きます。

アルトマン教授についてはご存知の方もあるでしょう。何回か訪日され講演を重ね、ロシア・ホロコースト研究センターの共同議長を務め、「憎しみの犠牲者たち」をはじめ著書が出版されています。ロシア史専門で旧体制のソ連で行われたユダヤ人迫害についての研究者です。２０１５年11月の訪日では国士館大学で講演を行い、ユダヤ人たちが上陸した敦賀市も訪れています。２０１７年12月には東京研究センターで「ロシアから見たホロコースト」の講演、国士館大学で「第２次大戦中、ユダヤ系ポーランド難民を救済したもう一人の日本人外交官、根井三郎」の講演を行っています。

記事続きです。

「公文書館のビリマ・エクチテＫＧＢ資料部長によれば、ソ連によるリトアニア併合に伴い、杉原がカウナスの日本領事館を退去した１９４０年9月以降、41年2月までに計４９２通の模造ビザが作成され、計94人が拘束された。公文書館にはソ連当局が差し押さえた未使用品や、出国に失敗した難民から取り上げられた模造ビザ40点が残っている。

ビザは英国が発行した身分証明書の裏に印刷。本物から透写してスタンプ絵を作成し、行き先と発行日が手書きされ、領事館の公印も押されている。作成グループの一つはユダヤ人、ポーランド人ら10人で構成。プロの印刷職人も含まれていたという。

希望渡航先に関するアンケート用紙も添付されている。子供４人を連れてメキシコを目指す夫婦や、婚約者が住む米国行きを望む男性、オーストラリアにいる兄弟を頼る男性など、ビザを求めた人たちの切実さが伝わる。

報告書は、模造は売買目的だったとしているが、アルトマン氏は『人命を救う目的があったと思う。売買目的と供述した方が政治的意図を疑われず、罪が軽くなるからだ』と分析。『模造ビザによる出国者は、杉原が間接的に救った人たちともいえる』と話した。

模造ビザの発見は、諸説ある杉原が『命のビザ』で救った人数の推定にも役立つと指摘。『杉原が作成したビザのリストにある計２１４０人に加え、模造ビザによる出国分を数百人と推計すれば、約２５００人と見るのが妥当だ』と指摘している。」（同）

では、以上の模造ビザに関して、次のような杉原千畝のインタヴュー・シーンがあります。杉原千畝の1977年の、Michinosuke Kayaba（カヤバ　ミチノスケ）という人物が行ったテレビ局のインタヴューに、彼はこう答えています。

「難民のピークは領事館が閉鎖されて、出発の準備に追われていた2週間くらいの間でした。引っ越し屋が来たのは我々の出発の1週間前で事務所のものを片付けていましたが、私はまだ仕事を続けていました。……

出発の3日ほど前にメトロポリス（ホテル）に引っ越しました。領事としての任務はたくさん残っていましたし避難民たちは切れ目なく訪れ対処が必要でした。彼らは出発の日にも駅にやってきてビザを求めるのです。駅のホームにまでやってきました。私は彼らに乞われるままビザを発給し続けました。断ることはできなかった」。

［＊メトロポリス・ホテルとJ・ツワルテンダイクのオフィスは100メートルと離れていないところにあったにもかかわらず杉原とは最後までとうとう会えなかった］

杉原のカバンの中には沢山の白い紙があり、それには領事館のスタンプが押してありました。それを求めるものたちにはそれを与えました。この紙にはすでにサインしたものとそうでないものが両方があったのかどうかがわかりません。杉原はひとりでも多くの命を救いたい一心でした。彼の去ったその後、それら紙の上にコピーができるように（スタンプが押せるように）危険を承知で、それが暗黙のうちに杉原から許らわれたものであったのではないでしょうか。東京新聞の栗原氏の記事にある模造ビザ、まさに杉原の祈りのこもった「行い」と切り離して考えられないものです。

9月5日、杉原は妻、3人の子どもと義理の妹を連れてカウナスの駅から出発しますが、プラットホームに押しかけた避難民にビザを書き続けます。プラットホームにしゃがみ込み、駅員が機転を利かせて設けた囲いの中で、背をまるくして必死にビザを書く杉原の姿が目に浮かびます。

出発の時間です。国際列車はコーニングスベルゲン、ダンツィヒ、ベルリンに向け出発するところです。

乗り込む前に、杉原は難民に向けてこういったとあります。「これ以上書くことができないことを、許してください。（皆さんに）最良の恵みがありますよう」。彼は避難民の人々に深くお辞儀をしました。

ひとりの若者が「すぎはら、私たちはあなたのことを絶対忘れない。かならずどこかで再会するでしょう」。杉原がこれに感動して思わず手を口に当てたそうです。

家族はすでに列車の中にありました。やっと乗り込んだ車中のあまりの暑さに杉原が窓を開けます。その窓に一人の若者が紙を入れる、それにサインをする杉原。また別の紙が。走り始めている列車の窓からそれを放り返す、次の若者は列車のスピードに、とうとう追いつけず、もうここまででした。

杉原千畝はコーニングスベルゲンに7ヶ月滞在。1941年3月から1942年末までをドイツが占領していたプラハで領事を務めています。この時期にもビザを発給していたとあります。

１９７７年のインタヴューで杉原自身が難民の数を４５００人位だろうと発言していることも記しておきます。

オランダ領事、ヤン・ツワルテンダイク家族も、杉原家族の出発の前日の9月4日、ベルリン経由でオランダに向けて旅立ちました。ツワルテンダイクはこのことを長い間、家族にさえ一切口にしなかったと言われています。

＊２０１８年6月、オランダとリトアニアの外務省はツワルテンダイクが２０００人以上のユダヤ系の人々に命のキュラソービザを発給した功績を讃えるためメモリアルの式典が行われました。リトアニア、カウナス市のライスヴェス通り、当時フィリップス社、ツワルテンダイクのオフィスがあった建物の前に記念のスピラル・ライトが設置されました。

# 第４章
# 「歌の革命」は
# どのようにして起きたのか

ランズベルギスのピアノ演奏

## 1 歌の革命へ向けて

1940年、バルト諸国は再びソ連邦に組み込まれ占拠されました。〔＊リトアニアは8月3日、ラトヴィアは8月5日、エストニアが8月6日〕

大量な強制連行が開始されます。〔＊シベリア送還の第一波は1941年六月、第二波は1948年-1949年〕

そこへもって1941年には独ソ不可侵条約を無視したナチス・ドイツがソ連にバルバロッサの（奇襲）作戦をかける。リトアニア（バルト諸国）はドイツに占領される前に、すでにソ連によって膨大な数の強制送還が政治関係者、知識人や聖職者などを対象に行われ、加わるナチス・ドイツの所業は、語らずもです。

1944年、第二次世界大戦終結前の年、リトアニア（バルト諸国）はソ連から4回目（最後）の占拠を受けるのです。スターリン政権（1924-1953年）の傍若無人な恐怖の時代を経て占領は1990年まで続きました。亡命者は後を絶たず、米国、オーストラリア、南米その他に人々が移住していきます。

独裁者スターリンの死後（1953年）から徐々に変化が訪れます。ソ連邦ではフルシチョフがブレジネフへと引き継がれ、１９８５年にゴルバチョフが登場。２年後にゴルバチョフの立ち上げたペレストロイカ（再構築）の提案とは、体制を弱めていた共産主義の改革政策であり、けっして開放的な社会建設が目標とされたものではありませんでした。それにもかかわらず社会生活の改善に意義あるものとして多くの支持を集めます。

サユディス［＊運動という意味の改革運動組織］もこの流れを最初のうちは受け入れていますが、リトアニアでは祖国を取り戻す動きが高まってゆく。

「歌の革命」。これはリトアニアだけでなくバルトの国にそれぞれ起きた独立運動を指して呼ばれる言葉です。国民は武器を持たず、素手で平和の祈りを捧げ、歌ったことからくる名称です。バルト国民が「歌」を国民同士を結びつける象徴と捉え、実際に歌によって、歌と微笑《ほほえみ》によって、成し遂げたものだからです。稀な現象であり貴重な遺産の一つといえましょう。

もともとバルト諸国と歌や詩の朗読の関係は切っても切れぬ関係にあるようです。「歌」は昔から常に彼らと共にありました。特に19世紀から歌うことの意義は大きく、１９１８年のリトアニア独立以降、公立の教育機関において国民の歌、伝統的な歌を授業のカリキュラムに組み、音楽院ではそのための教員、作曲家、演奏家の育成を始めました。苦境は人々に力を授けるヒントを与えたのでしょう。１８６０年代に入ると、エストニアやラトヴィアでも初めての「歌のフェスティヴァル」が行われるようになりました。スターリンが没すると、その数年後にはジャズ音楽の禁止が緩み、ついでロック音楽が演奏されるようになり、雪解けのような時代が訪れます。

リトアニアに民族音楽アンサンブルが公に結成され認められたのは1968年です。歌（民族歌、賛美歌、国歌、新曲のポピュラーソングなど）は自由を求め、愛国精神を伝えるために、彼らにとって最も自然な活動でした。

1987年7月6日、「ロックのマーチ（March of Rock）」というフェスティヴァルがヴィリニュスのディナモの競技場でロックバンドの「アンティス（Antis）」によってスタートします。

このバンドのリーダーが、建築家で、ロックミュージシャンでもあるカウシュペーダス、サユーディスの重要な評議メンバーのひとりでした。「ロック・マーチ」はリトアニアの主要都市を巡回。ここには様々なロックグループがエストニア、ラトヴィアから参加しました。バルト諸国が一体となって独立を勝ち取ろうと意思表明するための行動でした。演奏会では、強いメッセージを駆使した新曲がどんどん生まれていきました。

＊ロックミュージックバンド「アンティス」、これを率いたカウシュペーダスは、独立宣言が行われると、バンドの役目終了で解散を申し出ます。周囲はその継続を望み、のち断続的に1996年、2003年、2005年、2007年と活動。アイドルグループが終止符を打ったのは2016年でした。

1987年の8月23日、「黒いリボンの日」と呼ばれる独・ソ間の忌まわしい秘密条約の日に合わせ、ヴィリニュスの広場をKGBに取り囲まれながらも、初めて大々的、かつ公式な反ソヴィエト集会が開催されました。

50年間にも及ぶソヴィエトの重い罪を問う人々は、集会による身の危険を充分承知していました。

スピーチが終了すると彼らは歌い始めました。マリアという歌です。神聖なる守護神に、恐ろしい敵から守ってくださいと祈るのです。

〝こんなに長い間、頭を垂れて私たちは苦しんで、
こんなに長い間、暗がりで生きて、でも、それは晴れやかに、
まるで初めての歌が、風で運ばれていくように……〟

これは聖母マリアの歌ですが、似たような歌があります。

〝マリア、マリア、最も美しい百合の花、天にあられ輝いて、
ああ、従属から解放したまえ、人を救いたまえ、
敵から（われら）を救いたまえ。
我らは彷徨える者たち、神の恵みを祈ります、
どうか祈る者に神の御心を！〟

このような背景を持って「歌の革命」が始まりました。

革命に歌や詩がどんなに大きな役目を果たしていたかはいうまでもありませんが、元国歌元首はこんな風にも述べています。「チュルリョーニスの妹のヤドヴィーガは私に、〝音楽は多くのことを達成させる力がある〟と繰り返し言っていました。初めてそれを聞いた時はただ当たり前のように思っていましたが、今になってその真理に触れることができました。私が世界に対する時、確たる真実（音楽）は具体化し、それによって度々導かれてきました」。

サユディスは1988年6月に発足し6月24日の初の大集会では10万人。その数はのち膨れあがっていきます。サユディス新聞「新しい誕生」も発行されました。同年10月にランズベルギスを議長にして設立の大会が行われ、サユディスはリトアニア共産党がモスクワと決別することを提案。共産党の指導部との摩擦のため翌年の1月まで多難な道を歩みます。しかし大会選挙で40選挙区の内の36選挙区で圧勝。

その間、ソヴィエトの第1回人民代議員大会（1989年3月26日）では、当時共産党書記長ゴルバチョフがペレストロイカ、政治と経済機構の改革を打ち上げて、初代最高会議議長に選出される。翌年、ゴルバチョフは大統領制を取り入れた第三回人民代議員大会で初の大統領に就任。

一方リトアニアでは1990年2月の選挙でサユディスが141議席のうち101議席を獲得。リトアニア・ソヴィエト共和国最高議会議長としてヴィータウタス・ランズベルギスが選ばれました。ここにリトアニアの国家元首の誕生です。この時点でその後のリトアニアの運命、ひいてはバルト国の運命が決まったといえます。

サユディスはランズベルギスを筆頭に当初36名のメンバー。

多くの資料にサユディスは35名の芸術家のメンバーから成るとありますが、次の事情があったと思われます。オペラ歌手として名声高いダウノーラス（V. Daunoras）は一旦メンバーになりますが、のち署名取り消しを行っています。［＊１９９３年に米国に渡り、ニューヨーク・メトロポリタン・オペラで専属（？）歌手］

メンバーの職種とは：政治家、建築家、詩人、新聞記者、映画俳優、軍人、出版社、歴史家、劇作家、哲学者など、様々な芸術分野、政治家が集まった文化人の一団ということがわかります。

１９９０年3月11日、リトアニアの独立宣言。［＊ソヴィエト共和国から脱却し、新憲法の考察を後に譲り、急遽戦前の憲法を一時的に復活。バルト諸国の他の国はリトアニアのような措置を取らなかった］。これにちなんでコラル・ソング・フェスティヴァルなども催されました。バルト諸国の街の道には数え切れないほどの人々（歌い手）が溢れ、街を歌で満たしたともいわれます。バルト三国会議の設置（１９９０年5月）が叶ったのはサユディスとラトヴィアの人民戦線バルト諸国が力合わせた賜物であるといわれます。

元国家元首の自叙伝にはこの期間に起きたエピソードがユーモアを込めて語られていました。「モスクワは（我々への）中傷をやめようとはしなかった。（ソヴィエトの）新聞、プラウダとイズヴェスチアは、私が聖教会広場でユニフォーム姿のボーイスカウトのグループと一緒に立っている写真を掲載した。バルト風なデモンストレーションが終わった直後に撮られたものだった。

その写真を指して、『これはファシスト・ユースである』とし、モスクワのテレビ局はボーイスカウトの活動をファシスト運動であると非難の報道をした。気分の悪くなるような事件であったが、いや考えてみれば、子ども達にとってテレビに出演できる絶好のチャンスであったろうが！」どう苦かろうと動ぜず、そんな元国家元首ならではの、これも例の渋みあるユーモアのひとつです。

1991年1月10日、ソヴィエト軍が電話局、新聞の印刷所、ラジオ、テレビ局など報道関連機関に戦車を進めます。人々の武器は歌と結束の信念のみ。1月12日の夜、ヴィリニュスで、ソ連軍が群衆の真っただ中に戦車を突撃、人々を殺戮。

ソヴィエトのプロパガンダに踊らされてしまったモスクワ崇拝者がリトアニア人にもいたということがのち判明します。ソヴィエト軍は13名の市民を殺害し、ソヴィエトのシャックキッチ中尉が同胞の誤認で撃たれる事故も発生。モスクワはこれにつき、リトアニアの極右がソヴィエト兵に向け発砲したため軍事行動を発令したと誇示。

国民は民主主義のシンボルとなる最後の砦、国会議事堂の周辺を取り囲み堅守。建物の中には命さえ投げ打つ覚悟をもってランズベルギス元国家元首と共にボランティア志願の人々が立ち働きます。部屋には砂袋が積み上げられ、野戦病院が設けられ、仮眠する場所も確保された。しばらくすると議会メンバーから、ウクライナ、ポーランド、ハンガリー人までボランティア志願にやってくる。彼らは世にも稀な経験をシェアーした同志でした。日夜を問わず食料や医療品が届けられたといいます。モスクワから（ボランティアを装って？）ＫＧＢの隠密も現れたようで、政治家、Ｖ・ズィリノフスキー（V.Zhirinovsky 1946-）などがそのひとりだったとか。

ランズベルギス国家元首は、「怖がらないよう、あなたの敵を攻撃してはいけない」と国民に説き、「あなたの近くにいる敵の目をまっすぐ見て、そして歌おう。歌は何世紀も昔から我々を支えてきたものです。悪魔どもに自身の罪を知らしめること。（敵の）銃を撃つ行為に注意を向けてはいけません、さあ歌いましょう！」

リトアニアの独立革命は、戦われたのではなく、歌われた（演奏された）のであるとの言葉もあるくらいです。

独立のスローガンを掲げ歌う群衆を前に、ソヴィエト軍にとってできることはふたつだけしかなかった。

殺戮するか、立ち去るか。

１９９１年１月から８月にはバルト国国境地帯で護衛兵たちが撃たれる事件が発生。

１月13日、Ｂ・エリツィンはロシア連邦とバルト三国の関係を築きます［＊１月20日には、ソヴィエト特殊部隊がラトヴィア、リガの内務省を攻撃、５名が亡くなりました］。９月６日、ソ連がバルト三国の独立を承認。９月17日、リトアニアは国際連合と欧州安全保障協力組織に加盟します。そのさなか12月21日、ソヴィエト崩壊の前兆です。政権に対抗する共産党保守派のクーデターが起き、ゴルバチョフ大統領は軟禁される。この事態の中でロシア、ウクライナ、ベラルーシは共同体から抜け出て体制構築を図ろうと（秘密）会議をおこない「独立共同体」の発足を宣言しました。

ここに加盟したのはバルト三国を除いた12カ国（社会主義共和国）でした。

１９９１年12月25日、ソヴィエト連邦第８代最高指導者ゴルバチョフ大統領の辞任。ソヴィエトは崩壊。

社会連邦社会主義共和国連邦が解体しました。１９９３年の秋、ロシア軍リトアニアから完全に撤退。

１９９７年、ロシアと国境条約を締結。２００４年、リトアニアのＮＡＴＯとＥＵ加盟。

「歌うことは、バルト諸国の国民にとって、川の流れがひとつになるようなこと。国民的伝統であり、それぞれの異なる声が合わさった時、それはハーモニーを生み、稀なる美に包まれる」（グンティス・シュミッドシェンス（Guntis Smidchens）著「歌の力」（２０１４年）より）

## 2　リトアニア元国家元首——妻・両親の想い出

### ヴィータウタス・ランズベルギス（Vytautas Landsbergis 1932-）

カウナス市生まれ。建築家の父と眼科医の母をもつ三人兄姉の末っ子です。20歳でリトアニアのチェス選手権の３位を獲得したときの最優勝者はグランド・マスターの称号を持ち、国際シーンで知られたプレーヤー、R・コールノフでした。

１９５０年、ヴィリニュスの国立音楽院に入学し、55年に入学する数年前から、チュルリョーニス芸術学校でピアノ教員として教育に携わってきました。のちにヴィリニュスの教育専門学校やクライペダ市にあるその姉妹音楽院で１９５７年から17年間、ヴィリニュスの国立音楽院で１９５６年から１９６３年までと１９７４年以降に継続。１９７８には、リトアニア国立アカデミーの教授に就任し、音楽史、音楽理論、作曲を指導すること１９９０まで。若者の指導に専念してきたランズベルギス氏です。

１９５４年にはリタ・サカリエネと結婚。グラジーナ・ルチーテと再婚したのはその４年後の１９６０年でした。

1969年、博士学位論文〝作曲家　M・K・チュルリョーニスの作品〟が発表され、1975年、研究論文「M・K・チュルリョーニスの生涯と作品」でリトアニア国家賞を受賞しました。1992年には国立音楽アカデミーに博士論文「M・K・チュルリョーニス Time and Content」を提出。

政治界に入るのは1988年、6月3日で、独立運動グループ組織サユディスの主要メンバーに選出され、11月25日、サユディス・セイマス議会議長（首相）に就任。（1991年12月15日サユディス・名誉議会長）

1989年、3月26日、ソ連邦・評議員議会でリトアニア代表に選出され、その翌年の2月24日、最高会議選挙で当選し、3月11日には最高会議議長（国家元首）に選出されます。（任期は1990年3月11日から1992年11月15日まで）同日の3月11日、ソ連政権にリトアニアの独立宣言を行い、リトアニアはバルト三国で最も早く独立宣言した国となりました。

1992年、国会議会議員に就任するとその翌年の5月にはリトアニア改革を目標に、中道右派の祖国同盟党を結成し党首に選出されます。（1995年に再選）（氏はこう記す：我々は祖国同盟党と命名したが西欧からみればリトアニアの保守党になるだろう）1996年、祖国同盟党党首として議会議長に就任し、民主キリスト教党と連立し2000年まで。

2004年の欧州議会議員選挙で祖国同盟党公認候補としてブリュッセル欧州議会議員に選出（2009年に再選される）。

２００５年1月の有名な余話をご存知でしょうか。

ランズベルギス欧州議会議員はハンガリーのＪ・スジェイヤー欧州議会議員の後ろ盾を得て、「欧州連合会議でナチスのシンボル・マークの廃止について討論されるのならば、ソヴィエトの共産党のシンボル・マークも同時に廃止すべきである」と欧州委員、司法内務担当のＦ・フラッティーニに書面要請しました。フラッティーニは、イタリアのベルルスコーニ政権で2度ほど外務大臣を努めた政治家です。

当初これに対して、フラッティーニは、共産党のシンボルマークを〝ボルシェヴィキ〟のと言い換えた方が良いのではないかと言い含めながらも、その議論を進めることはやぶさかではない、共産党の独裁とナチスは膨大な犠牲者をだした、とリトアニアのランズベルギス欧州議会議員に応じました。

２００５年の2月に状況は想定外の大展開。人種差別法案に取り入れるのは適切ではないと、Ｆ・フラッティーニは案件を却下。その背景にはイタリアでの反響の凄まじさがあったといわれ、イタリア共産党（旧）などの左派勢力が大々的な抗議運動を繰り広げるほか、極めて大きな騒ぎに拡大したからです。

イタリアの新聞「ラ・レプッブリカ」は、リトアニア元国家元首・ランズベルギス欧州議会議員を大々的に取り上げることでオピニオンを煽り、リトアニアの政治家がメディアをここまで騒がせるなど、イタリアでは前例のないことであると書きたてます。

反対するものほとんどの中、イタリアの政治家たちの間にも賛同する者がでます。

かつてのファシスト政権、独裁者ムッソリーニの孫娘で政治家のアレッサンドラ・ムッソリーニはこうコメント「欧州議会議員から提案された共産主義のシンボルの廃止法案に、我々も道徳的な義務を果たすべきである」。

リュクサンブルグの会議は欧州加盟国がどのシンボルを廃止するのか意見がまとまらぬと判断し、ついに提言された議題を撤回するに及びました。

ロシア・ドゥーマ（ロシア下院）の国家第一副議長は、ランズベルギス議会議員の提言を狂っていると言及。他のロシアの共産党員は、ヨーロッパのどなたかは横柄になって、誰が彼ら（リトアニア）をファシストどもから救い上げたか、もう忘れてしまったのですね、と中傷。

ＢＢＣニュース（２００５年2月８日）は、欧州委員会はナチスのシンボルに対する欧州全体の禁止案が、共産党のシンボルも含めて行われる声明を拒否したと報じます。

フランコ・フラッティーニ委員はＥＵの人種差別法案に赤星と鉤十字を含めるのは適切ではないなど述べ、この提案に賛同する欧州議員と反対派で論争がさらに白熱。ランズベルギス議員は、ロシアがバルト諸国に対するどのような介入についても抗議の立場をとる、なぜならロシアは依然としてリトアニアや他のバルト諸国の経済的かつ政治的なコントロールを旧ＫＧＢや他の秘密機関を通じて行う可能性がある、と強い姿勢で臨むことを表明。将来に懸念と問題提示がなされたひとコマでした。

話を戻します。

２００５年、ランズベルギス氏はヘンリー・ジャクソン協会を設立。２０１５年以降、コーカジアン室内管弦楽団の顧問委員会役員。チュルリョーニス協会会長、のち名誉会長を務め、チュルリョーニス・ピアノとオルガン・コンペティションの委員長を務めてきました。

30冊ほど出版された著書は、音楽書、チュルリョーニス関連の美術史、政治、詩集、自叙伝の多分野から成り、邦訳されたものは「チュルリョーニスの時代―Time and Content」（佐藤泰一訳　２００８年）があります。

国家栄誉賞のほか、栄誉勲章をヨーロッパ諸国から受賞。

１９９１年のノルウェー・人民平和賞、１９９２年のヘルマン・エーラーズ賞、１９９４年に第９回、国際カタルーニャ文化議会協会からラモン・リウル賞、その他。

名誉博士称号授与を、１９９１年のシカゴのロヨーラ大学（法学博士号）、１９９２年のカウナスのＶ・マグヌス大学（哲学博士号）を始め、２００１年パリ、ソルボンヌ大学、２００３年の芸術アカデミーに至るまで数多取得。

１９５５年に音楽院を卒業した年、長女ユラーテが誕生しました。

若いカップルは結婚でもしない限り二人だけのプライベートなスペースは獲得できないという社会事情もあってリトアニアでは年若い既婚者は多かったようです。

ランズベルギス氏夫人にはこの結婚生活は幸せなものに思えず、破綻を迎えてしまいます。「自分たちは義理の母宅のフラットに住んでいたが私はそこを出ました」と自叙伝「リトアニア・独立を再び」に淡々と述べられています。苦境は重なりました。結婚生活の破綻の翌年に母を亡くします。

ひとり、母親の亡きあと放置されていた自宅（国営の共同住宅になってしまった）の2部屋に戻ってゆく寂しい場面があります。結婚生活は1年ほどしか続かず、夫人には他の男性の存在もありました。

夫人の新しい家庭設計を受け入れて協議離婚が成立したのは1959年でしたが、時を同じくして15年も会っていなかった父がオーストラリアから戻ってきたことは、氏にとってどれほど大きな出来事だったでしょう。どうやら息子をおもいやった父の行動でした。氏は早速政府に交渉し、国営化によって見知らぬ人々が住む自宅を全部父に返してくれるよう願い出ます。嘆願が功を奏し承諾の返事を受けたもののなんら変化は訪れませんでした。それでも父親は我が家の2部屋に落ち着くことになり、氏はヴィリニュスへ。

ヴィリニュスの音楽院でピアノ演奏をマスターしていたグラジーナとの出会いがちょうどこの頃のことです。彼女はシベリア強制送還から戻ってきたばかり。1960年に彼らは結婚し、12月には女児が、その18ヶ月後には男児が誕生します。

二児を持つ家族とはいえ、住居環境はどこもここも似たようなものでした。壊れかかった半地下の共同住宅（フラット）を、他の家族と台所もシャワーもすべて共有するのです。ランズベルギス家族の使うそのたったひと部屋には、寒々とした景観の窓がひとつあるのみ。18㎡のひと部屋に最低限の寝具を運び込み、家族4人、それに夫人の弟が滞在することもあり、身動きすらできないような暮らしです。

氏は初めて手がけるチュルリョーニスの論文の執筆を、この環境の中で始めたということです。壁にでも寄りかかりながら、皆が寝静まったあと夜更けまで、時間を惜しんで筆を進めること、それは仕方のないことだった、というのはじぶんだけでなく、周りの皆が置かれていた境遇だったからです。

「多くの国民が同じような生活をしていたので、とくに悲劇は感じなかった」。その後、幸いなことに新しい環境が訪れました。「数年後に3部屋のアパートに引っ越した時の気分たるや、この世で最高に幸せ者になったように思えた」。

生活のリズムは時間と共に変化していきます。帰郷した父のことは後述しますが、父の活動を共有、援助し、リトアニアのレジスタンスの運動にかかわり多忙を極めると、家族から遠退くことが増え、妻と過ごす時間は徐々に失われていきました。「独りぼっちで起きざれにされたように感じたグラジーナは時々涙を浮かべていた」とも記されています。

彼女は育児と仕事の傍ら、氏の文章をタイプし、コメントもし、意見の交換からも得るものが大きかったこと、彼女の全てに感謝する氏があります。

## 妻、グラジーナ・ルチーテ（Grazina Rucyte-Landsbergiene,1930-）

彼女もまたシベリアに強制送還されたひとりでした。カウナスの音楽院に入学したばかりの1949年の春、ソヴィエトの手が家族全員に及びます。家族は故意にバラバラにされるのです。どんな家族も捕まった時からこの悲劇を味わわされるのです。それが彼らのいやらしいやり方でした。彼女を待っていたのは、想像していた通りの劣悪な強制労働でした。母も父も各々9年間のシベリア生活を余儀なくされ、それは兄妹達も同様でした。

グラジーナの労働とは、バイカル湖にある島の魚工場で働くこと、といっても漁業船を漕ぐことや、延々と長い釣り網を引き上げることでした。普通であれば男性の仕事と思われるような過酷な肉体労働です。冬の気温はマイナス20度以下にもなり、湖が凍結すればそれも出来なくなりますが、気丈夫な彼女はめげることなく強制労働をこなし、残された時間を地域の文化館（公民館）へ出向いたといいます。こうしてほっと息がつけるひと時があったからこそ頑張り通せたのでしょう。土地の人々は祭りがとても好きでした。なにかといえば集まって歌い踊りを楽しむのです。彼女はアコーデオンで彼らの踊りの伴奏をして過ごすことがありました。厳しい毎日のなかでオアシスに等しかったかもしれません。

音楽家であるという素性が知れ、幸いにもロシアの学校で音楽を教えるようになります。ついでバイカル湖から少し離れたイルクーツクで音楽の勉強ができるようになったそうです。最後にはウラル連邦管区（地域）にあるスヴェルドロフスク（Sverdlovsk）音楽院［＊１９３４年設立のウラルス・国立ムソルグスキー音楽院のこと］に通うことになりました。もちろんリトアニアへの帰郷は禁止されたままのこと。

スターリンが没すると、様子はあちらこちらで変化し始めました。強制送還されていた人々が僅かながらも許可を得て、国へ戻り始めたのです。帰郷に思いを募らせていた彼女は許可のないまま、一か八かの賭けに出ます。どのようにヴィリニュスに辿り着いたのか、想像さえ及ばぬところです。リトアニアの状況は当初決して楽ではありませんでした。というのも、強制送還は汚点と見なされたのです。不条理極まりない話ですが、待遇の差別どころか彼女は職に就けぬ経験までしました。

幾多の困難を乗り越え、ピアニストとしてキャリアを積み、国立オペラ歌劇場やバレエの伴奏ピアニストを務め、ソリスト歌手やコーラスを支え、援助惜しまず歩んできた30年以上の歳月になります。

**父、ヴィータウタス・ランズベルギス‐ジェムカルニス（Vytautas Landsbergis-Zemkalnis, 1893-1993）**

リトアニア、20世紀を代表する建築家として著名な人物です。指導者で技術者、評論家としても知られています。ロシアから１９０４年にリトアニアに帰郷。１９１９年から3年間軍のオフィサーとして独立戦線に臨み、きりっとした物腰は老齢になってもその面影を保ち続けたといわれます。リトアニア大学の工学部を卒業すると、１９２５年、ローマの王立・建築高等専門学校へ1年間留学。オナ・ヤブロンスキーテと結婚。

１９４1年にはリトアニア臨時政府（民族主義・地下政府の）地方産業大臣に就任。１９４４年、ドイツ、アイヒシュタッドの中等学校（リトアニア人のための学校）の建築学科の教員を、１９４６年‐１９４９年にはドイツ、ミュンヘンの大学で助教授を務めました。１９４９年にオーストラリアのメルボルンへ移住してメルボルンのリトアニア文化協会理事長に就任。１９５９年にオーストラリアからリトアニアに帰郷します。１９８４年までの活動で手がけた建築物の数は膨大なものです。１９２０年代のいくつもの教会から始まり、カウナス国立劇場修復やカウナス工科大学（１９３８年）、カウナス商工会館（１９３８年）その他にも中等学校や病院、刑務所、公民館、総合ビル、などなど。海外では、インド・ニューデリーのオーストラリア大使館やオーストラリア・メルボルンの中華街のビル建築にも寄与。建築家、芸術家、として人並み外れた功績を残しています。

受賞歴で最も知られたものが１９３７年のパリの国際博覧会、リトアニアのモダニズムを代表する建築家として受賞した名誉勲章でした。そして１９７３年のソヴィエト連邦・建築家名誉賞です。

父ヴィータウタス（氏と同名）はローマの王立・建築高等専門学校を卒業して、待ちわびていた妻（オナ）の元に戻り、しばらくすると彼女を伴って再びイタリアの旅に発ちました。貧乏旅で最も安い宿に泊まったふたりでしたが、そんなことはどうでも良いことでした。こうして父母がイタリアで過ごしたほんのわずかな間に撮られた写真［＊イタリアのカプリ島でのスナップ写真］が家のサロンに飾ってあったそうです。遠くイタリアに旅する両親の写真を末っ子の氏は、どこか甘酸っぱい眼差しで捉えていたようです。

「こうして美しい国を観ることができた。母にとってせめてもの輝かしい思い出でした。イタリア旅行が、どんなに晴れやかで喜ばしい出来事であったか理解できるまでにこんなに時間がかかってしまいました。〝遅まきのハネムーン〟は、彼らの形見ともいえるほどに重大事だった、それをやっといまになって気がつくのです」。

とても社交的な性格で、「女性に人気が高かった」父ヴィータウタスは、明るく開放的な性格で人を引きつける魅力的な人物でした。

１９４０年、再びソヴィエトに占領されると、主導的な立場で社会活動を始めます。

１９４４年5月にゲシュタポが15歳の長男のガブレリウスを逮捕する事件が起きます。若くして、すでに活動家だった兄には捕まれば命の保証はありませんでした。両親が話し合いました。それは、なんと重い決断だったでしょう。母親の強い意見で、長男を探しに出かけたのは父親のヴィータウタスでした。１９４４年の７月、思ってもみないことでしたが、いや、危険を冒していることは百も承知でした。オナにとってこれが夫を見た最後になるのです。さらなる不幸は長女アレーナの行方不明でした（アレーナはのちオーストラリアへ亡命）。

幸いなことに、長男はバイロイトで米国（軍）に救助され、リトアニア難民の行くドイツの学校で中等教育を受けることができました。ヴィータウタスも難を免れ長男と再会します。経緯は分かりませんが、父親は息子が学ぶ同じ学校で、歴史の教員を務めることになりました。ミュンヘンの難民や避難民のための国際大学（UNRRA）の教授として招待されたのは、しばらく経ってからのことでした。そうこうするうち長男は結婚。長女アレーナ（民族舞踏グループ結成。ジャーナリスト）のいるオーストラリアへ移住する決心をします。長女は結婚してオーストラリア（メルボルン）で生活を築き上げており、リトアニアへ帰郷の許されない父は長男と共に新しい国へと発って行く選択肢しか残されていませんでした。

リトアニアに残ったのは幼い氏と母オナ。オーストラリアとリトアニア。はるばる海を越えて家族と手紙のやり取りが始まりますが、危険を伴う危なっかしいことだった。

オーストラリアに知らせが届きます。オナが病気でした。父ヴィータウタスは慌てて帰郷を試みますが叶いませんでした。無念は払いきれず、しかしとうとう１９５７年に旅立ってしまった妻。大きな悔恨が彼を苛み、取り返しのつかない罪を犯したように苦しむ父ヴィータウタス。「父は悔やみ悩んで自身を責めました」。

リトアニアへ帰郷が叶ったのは、妻の死から2年あとのことです。結婚も破綻し母を亡くした末の息子のことが念頭を離れず悶々とするうちに、とうとう実現したリトアニア帰還でした。

１９５９年、父ヴィータウタス66歳、氏は27歳。再会の場所は汽車の中です。父から知らせを受けて氏はじっとしていられませんでしたし、ヴィリニュスに到着する汽車も待ちきれませんでした。父ヴィータウタスを乗せたベラルーシ（ミンスク）からの汽車はベニアカイニエイを通ってヴィリニュスに到着するのです。氏は出迎えるプランを練ったといいます。ヴィリニュスから自分も汽車に乗り、ベニアカイニエイの小さな村の駅に降り立ち、父を乗せてやってくる汽車を待てばよい。再会に心を膨らませ、田舎駅にたたずむ氏の姿。春だったとありますから厳しい冬から開放されたばかりの北国には特別な季節です。自然の息吹きや鳥たちのさえずりなどで命が蘇るような季節です。［＊Beniakainiai が Beniakainiu と同駅であればヴィリニュスから13㎞ほど。今は汽車で20分前後（?）当時はさらに時間がかかったかもしれません。ミンスクとヴィリニュスは約２３０㎞］

父ヴィータウタスは汽車の窓から身を乗り出すようにして息子に合図を送ったのではないでしょうか。息子を認めて熱いものがこみ上げたでしょう。再会のシーンを彷彿とさせるドラマチックな場面です。ところが氏の文面は、「一緒に帰路の汽車旅をしました」とたった一言。ではどんな印象だったたか？　これは書かれていました。

「15年も会っていなかった父は少し老けて髪の毛はグレーになっていましたが、そのエネルギーは元のままの、あの父でした」。父を迎える氏の喜びが溢れています。「やっと再会した父の容姿に惚れ惚れしました」と憧れも隠しません。叡智を分かち合い、尊敬の念を抱き、子どもの頃からそうしていたように父を「テテ」と呼びました、ともあります。

真っ直ぐな性格、決然として活動的、恨みを抱えてくよくよしたり逃げごまかすことのない人間性を父にみたのです。再認識させられることばかりでした。義務感や節義など、ソヴィエト時代において稀で、学ぶべき貴重なものでした。

父親の豊富な経験を分かち合う内に、氏が社会の問題と戦う姿勢に活かされていきます。論議の荒波に無心に立ち向かっていく父親を熱く見守っていたランズベルギス氏。「日に日に父のあり方に惹きつけられていく自分がそこにいました」。氏は父のアドヴァイザー役を担い少しずつ社会の課題に関わっていきます。父親の影響は音楽や教育面を越えたところにまで及んでいったということです。氏にとって父ヴィータウタスは非常に大きな存在だったのです。

「父は自分とよく似ていたのです。同じような性格で、コンフォルミスム［＊体制への順応主義］への拒否体質までもよく似ていました」。

父ヴィータウタスのところへＫＧＢが２度ほどやってきたことがあったそうです。海外にいるリトアニアの活動家たちの情報を探ろうとの魂胆をみて、即退去を求めた父ヴィータウタス。大事が起きなかったのは、彼が特別なオーラを持っていたからなのでしょう。それからしばらくして、父親の再婚がありました。夫を亡くした未亡人の女性［＊医師、エレナ・クルクリエチエネ］でした。不思議なことがあるものです。未亡人クルクリエチエネの亡くなった夫というのは、ナチスに拘束され落命しますが、その前にはヴィータウタスの長男ガブレリウスと同じ刑務所に入っていた、とあります。

リトアニアに帰郷してからの父ヴィータウタスは残された人生を思い、充実した時間を活動的に過ごします。リトアニアに帰郷してから32年後でした。彼は祖国の独立を目の当たりにしました。それも自分の末息子によって成し遂げられた偉業でした。

「父ヴィータウタスの１００歳の誕生日が近づきました。父は最も貴重な記念日を迎えるように、みるからに厳粛な様子になってゆきました。足も弱り、目もだんだん衰えて新聞を読むのを諦めましたが、テレビは見ていました。政治や人生についてまだまだ活発に論じ、持ち前のスタイリッシュな達筆は変わることなく、友人たちに手紙を書いて過ごしていました。１９９３年でした。誕生日を、それが慣例であったように、旧暦―ロシア皇帝時代の暦［＊ユリウス暦］の2月26日に1回目を、改めて2回目の3月10日に祝うのです。子ども達が三人揃っているのがいかにも嬉しそうな父でした。義理の娘もいました［＊再婚相手、クルクリエチエネの娘のエレナのことと思われる。エレナはライター］。孫たち、ひ孫たち、それに多くの友が集合した盛大な会になりました。父は生涯の成果を振り返り、興味ぶかい考察のスピーチを行ったものです」。

「間もなく容態に急変が起きました。父は最後の1週間を病院で過ごしました。ますます弱り、自身に距離を置くように、小さく、疲れた老人のようになって。悲しい別れでした。忘れられないのは、最後の見送りに彼を迎えにいった時のことでした。黒いスーツに身を整え、永遠への道を歩むため、深淵で気高く崇高に、白髪の頭を擡《もた》げて横たわった姿。父は最後までリトアニアに尽くしました」。

「Requiescat in pace.（安らかな眠りを）」。

## 母、オナ・ヤブロンスキーテ（Ona.Jablonskyte 1894-1957）

ラトヴィア生まれで、言語学者の家庭に生まれました。

1920年、サンクト・ペテルブルクの医学専門大学を卒業し、コレラの伝染病対策に専念。1921年、リトアニアのカウナスの赤十字大学病院で眼科の主任助手を努め、のちリトアニア大学の眼科専任助手を経て、1934年、眼科の専門医としてカウナスのポリクリニックに就任します。

眼科医の職業に専念していたオナはサンクト・ペテルブルクでロシア革命直後に医学を学んだあとリトアニアのカウナス大学病院で主任助手を務め、その傍ら医院を開業していました。その頃リトアニアの田舎で人々が悩んでいた一番の病気はトラホームだったのです。彼女はこの病気を専門に患者の治療にあたるだけでなく総合的な眼の疾患の研究を進めていました。「論証＝リトアニアにおける失明の要因について」が学会で発表され、１９３４年に刊行されました。これをもとに専門家たちにアプローチを行います。

〝これまでに失明と診断されてきた患者は、早めに適切な治療を受けていたらこれを避けることができたに違いない〟彼女はこう述べ、正しい治療が提供されていれば失明は避けられたであろうと強調するのでした。［＊トラホームはハエなどから運ばれ、微生物クラジミア・トラコマチスが媒介、感染して起こり、失明する場合もある。病原体は人の接触で行われる］

ランズベルギス氏は母親オナをマムーテと呼んでいました。

オナは、眼科手術はクリニックで、外科治療は家で行っていました。氏は治療室で母親の立ち働く姿を見て過ごしています。

ひとりの男の子が救急患者として運び込まれたことがありました。拾ってきた弾薬で遊び、破裂による火傷どころか目に破片まで突き刺さる惨事が起きたのです。オナは息子に治療の手順を詳細に教えるのです。これはわざとです。アナタにはこういうことが絶対あってはいけない、自分でよく考えて行動しなさい、とあえて無言の忠告のつもりです。子に自分で気づかせる、これがオナ流の教育方法だったようです。

度重なる世界大戦が、至る所に様々な戦闘の置き土産を散在させていました。

子どもの興味は旺盛です。やってはいけないと言われればなおさら興味が募りやってみたくなるもの。

氏も例外ではありませんでした。「私はある日、銃の火薬を見つけました。それはまるで小麦粉のようでした。とっても注意をすれば大丈夫、試してみようと」。これがとんでもない大間違いでした。触れるか触れぬ、その僅かな瞬間に暴発したと。顔面は赤い斑点に焼けただれ、指にもやけどを負い、経験したことのないような痛みを味わうのです。

両手で顔を覆い家に駆け込むとオナはちょうど接客中でした。飛び込んできた子どもの様相に客は上へ下へのパニックに陥ります。びくとも動じなかったのは母親のオナだけだったとの記述があります。それはプロの医者としての彼女ですが、我が子の惨事に、本心は飛び上がらんばかりだったはず。彼女の人となりをよく表した一場面です。

「早速治療室に連れて行かれ、僕を診た母は〝でも目は助かったわね!〟といいました」。

氏が大人になってから、思い出すたびに改めて母のありがたさを感じさせてくれる、人生のひとコマでした。

この自叙伝で語られる戦争の置き土産で目を引いた物はスリング、投石紐です。Y字型のものではなく、紐の真ん中に石を挟み投げるもので、両端を持って回し遠心力のタイミングで紐の片方を離すと、石はかなりの遠距離へ飛んでいくというもの。こんな物が使われていたのです。古代の戦場で使われ威力を発揮したもののようですが、今も使われていたとは。

「路上で使われていた馬鹿げた物」とマムーテがそう呼んでいたとあるとおり、それは四方で見つかった武器（！）のようです。
ある日、そのスリングで遊んでいるところを母オナに見つけられてしまいます。「ひもを取り上げられなかったのはとても意外でした。母はわざとそれを没収しなかったのです。ただ強い口調でひと言、〝その汚らわしい物を自分でちゃんと処分するのよ！〟これも母親から受けたレッスンで、ずっと後悔の念を持ち続けた一件でした」。

１９４４年の春。ドイツの占領下のこと。オナの元にカウナス市のユダヤ人のゲットーからドクター・フルマ・グルヴィチエネという女医がやってきます。ほとんど見知らぬ人だったそうです。リトアニア人であろうとユダヤ系の者とのコンタクトは己の身の危険を招く時勢です。

なんとか娘を保護してくれないだろうか。せめてこの子の命だけは救いたい。オナはこれを承諾します。それがどんな危険な行為かを百も承知の上です。12歳だった氏よりほんの少し年上の女の子の名前はベラ。少女はバルブーテと呼ばれました。黒っぽい髪の毛をユダヤ人と暴かれないようにスカーフで隠す必要もありました。ベラのその後のことは、自叙伝からはフォローすることができません。オナは臆することなくユダヤ系の人々を援助し続けました。［＊オナ・ヤブロスキーテ・ランズベルギエネ女史の、これら勇気ある行動に、イスラエル国家は、正義の人―Righteous Among the Nations のタイトルを授与］

ランズベルギス氏が記します。「ユダヤ民族の宿命への認識は、巡り巡って転じ続ける悲劇と膨大なスケールの犯罪というテーマです。ユダヤ系の国民を救おうとする人々の横には、占領者の権力へ追従する人たちもいた。狂気的暴走をした非人間性と、情熱的な人への愛とが肩を並べていた。これはボルシェヴィキとナチスが腕組んで作り上げた、リトアニアにおける非人間的犯行であった」。

「マムーテの悲しみは極限に達し張り裂けんばかりでした」。長男がゲシュタポに連行され(1944年5月)、それを追って夫が去り、長女のアレーナの行方もわからなかった時のことです。ベラが家にやってきたのと同じ頃でした。ベラの家族のその後についても語られていません。

寝ずの番をして我が子や夫を待ちわびるオナの痛々しい姿は、「今になってその時の母のことがよく理解できる」とありますが、幼い子にさえ、目にあまるような姿だったのでしょう。「何の役にも立たない、ちっちゃな僕でも、母はやっぱり求めているんだろうなあ」。子が母を慕う愛や憐憫に相まって、寂しさ、悲しみが深く伝わってくる一文です。母と二人だけになってしまった、大戦最後の頃のことでした。

「母親はよくひとりぽっちで座って編み物をしていることがありました。彼女が平和を維持できる唯一の方法だったのです」。「母の編み物の腕が鍛錬によって磨かれて、稀に見るモダンなモチーフの毛のブランケットが出来上がり、知人たちに譲られていきました」。

ランズベルギス視点がここにもあります。「編み物の腕が鍛錬によって磨かれる」とは、辛い時間をうっちゃる母の編み物の技術は上達して、という氏独特のユーモア、この場合のそれは悲しみを湛えたものです。どんな苦境にあっても見る目を失わないようにと教えてくれるようです。

「母のような女性こそは、リトアニアの最も暗い時代に我々の国を支えた人だと思います」。第一次世界大戦では自分から進んで前線に赴き、負傷戦士の世話をする看護婦を務めたオナは、ロシアの戦いに協力するのではなく、ただ人が苦しんでいるのを見ていられなかったからでした。オナが、ジョージアン十字帝国勲位［＊Imperial Order of the Georgian Cross］を受賞したのは、その英雄的な行いを認められたため。ランズベルギス家の家宝ではありましたが、オナはこのことをあまり話したがりませんでした。

「母からのレッスン」という言葉が繰り返し使われますが、次のようなこともありました。氏の叔父がシベリアの強制収容所にいました。オナは彼に食料を届けるためにパンを焼き、それを指の長さに切り刻んで乾燥させラードに浸しました。戦争体験のない者にはこれだけでも壮絶なイメージがあります。「生き延びるための食料ではあっても、けっして美味しいものではありませんでした」。

1949年に同じようなことが起きます。氏はすでに17歳。中等学校の卒業も間近な時にクラスメートが逮捕され強制収容されます。学校で仲間が集まって話し合い何か贈ろうということになるのですが、何をどうやって送るのか、それ以上ひとつとして先に進みません。ふと気がつくと、マムーテがいつの間にかこの生徒の住所を見つけ出し、しかもヴィータウタス・ランズビルギスと自分の名前を差出人にして、荷物はとっくに発送されたあと。これらはすべて母オナから受けたレッスン、その後の人生に役に立ったプレゼントでした。

氏が心臓の筋肉に炎症を起こしたのは16歳のときでした。治癒に大層時間のかかる病気です。「マムーテが歩行のリハビリに付き合って、腕の下から体を持ち上げて支えてくれました。その時初めて、いつも活動的で強靭な精神力を持つマムーテは、本当はこんなに小さくて、こんなにか弱い体をしていたのだと気がついたのです」。

マイホームが共産党政権のお達しで国有化されると、家族が使う2部屋のほかは全部の部屋に見知らぬ人々が沢山入ってきてしまいました。これにはオナのどんな嘆願も功をなさず、スターリンが死んだ後も状況はそのままで変わることはありませんでした。重なる苦労であらゆることに虚脱感を感じたオナは、ヴィリニュスに移り住みたいと考えます。1952年あたりのことでした。氏はヴィリニュスで修業中。彼女が旅立つ5年ほど前のことです。オナはもう疲れ切ってしまっていたのです。心臓が弱っていました。住まいを変えれば気分が一転できると考えたのかもしれません。が、即座に思い止まるオナ。カウナスは住み慣れた自分の街でした。そういえば、周囲の人々が海外諸国へ亡命をするのを目の辺りにした時も、何が起ころうともリトアニアに残ることを誓ったのでした。

「母の何物にも屈しない心は、その強い意志と、忍耐、慈愛を意味します。これが彼女のあり方でしたし生きざまでした」。

「私が大人になる過程で遭遇した、次のようなシンプルな数行があります。ヨーナス・メカスのものです。淡々と静かなことばで母親の切望を訴えます。これらを前にすると思い出の宝が蘇るのです」。

私の子ども達よ　遠くの　遠くの
私の麻布は白くて、白いままで……

希望をたぐり
流浪の人々を待つ
その日々から戻ってくるのを

ヨーナス・メカス

［＊麻布—リネンはリトアニアで育まれてきた伝統的なもの、象徴的な意味を持ちます］

## 3　ランズベルギス氏が語る　好きな言葉

連日異例の好天気。5月30日でした。ヴィリニュスの街。ゲディミノ大通りは東に大聖堂、西に国会議事堂、その距離にして約1・8㎞。国会議事堂の隣には国立図書館、その傍を流れているのはネリス川です。橋を足早に進み、流れる川などは見ずにまっすぐ通り過ぎてしまったのは少々緊張していたためです。ジュヴェリーナ地域は緑の多い静かな佇まいで、この辺りは初めて訪れる住宅街でした。しばらく行くと似たような形の家が並んだ一角が現れます。「この建物は海外から来る作曲家などの宿泊に使われていたアパートです」。同行を引き受けてくれたオシュキニス君が指し示す建物は人影もなくガランとして、窓にはカーテンも掛かっていなかったように覚えています。

＊それは僕が毎年宿にして使ったアパートだ！　そういえば元国家元首宅のすぐ脇にあった」。作曲家、ピアニストのナスフェルド（Robert Nasveld）はオランダ国立・ＮＴＲラジオ局のプログラミング・ディレクター（NTR National Radio 4 Classical / Programing Director）。私の古い友が次のように話してくれました。

「1989年、ポーランドの音楽事務所からの招待でモスクワ、サンクト・ペテルブルク、タリン、ヴィリニュスを訪れたのが切っ掛けで、2009年までの間、実質15年間、リトアニアの現代音楽をオランダに紹介してきたのは後にも先にも僕だけだ。2回目の訪問では独立運動に遭遇した。1991年1月、ソヴィエト政府の戦車が街の主要な建物に移動を始めた。ホテルの窓からもそれが見え、町中に暗雲が垂れ込めていた。急遽予定変更せざるをえず、サンクト・ペテルブルグへ飛んだ。その後も毎年一度はヴィリニュスを訪れ、作曲家ウルバイティスとは懐かしい想い出がいくつもある。

2009年には、オランダで『リトアニアの民族音楽が与える影響』を企画した。クルグリンダ（Kulgrinda）、アタルヤ（Atalya）、ダプケヴィチウス（G.Dapkevicius）、ヴィリニュス・ジャズ・カルテット（Vilnius Jazz Quartet）を紹介し、それが20年目の節目になった。リトアニアには特別な感慨が残る」。

はす向かいが元国家元首ヴィタ―ウタス・ランズベルギス氏の御宅でした。ベルを押すとドアが内側へそっと開きました。老齢の女性が無言で私とオシュキニス君を引き入れ、握手を求めると無言の握手が返ってくる。言葉を交わさぬ握手、これはなかなか良いものでした。

彼女はオシュキニス君と低い声で一言二言交わすと、つと片腕を広げ玄関ホールに繋がったサロンを示しました。ここに入ってくださいという無言のサインです。その日彼女の姿を見たこれが最後でした。

決して大きな部屋ではありませんが多くの物に占められていました。家具や書籍だったか、それとも山のようなランズベルギス氏の魂の容量だったのでしょうか。

壁側に蓋の閉じた年代物のグランドピアノが一台。その上の壁にかかった絵にふと目を止め、サロンのドアに背を向けた時、ランズベルギス氏が入ってこられました。少し前に屈みゆっくりと歩き、握手を交わして短い挨拶を済ますと、窓の傍のソファーを指して、どうぞお座りください、近くに座りましょうと暖かいお言葉を頂きました。肘掛け椅子（カウチ）に手を置かれ体を支えるように注意深く腰を下ろされる。晩の８時。室内は昼と見紛うような明るさで夏を思わせました。

「ふんふん、」と、筆者の質問にランズベルギス氏しばしの沈黙！
子どもの頃については、あまり話したことないですねえ。著書が出ていますが、小さな話を集めて新しい著書がまた出版されます。でもそれはみんなリトアニア語ですけれどもね。（笑）［＊舌の奥を鳴らすようなけけに近い音。愉快で思わず親近感］
初めて私が音楽に接したのは、父が音楽好きだったから。音楽は父にとって大切なものでした。プロの建築家で音楽家ではありませんでしたが、でも音楽家になりたくってね、学ぼうとしました。父は戦時中は軍のオフィサーです。１９２５年にイタリアのローマ、王立・建築アカデミーに留学して卒業し、リトアニアに戻って結婚するとすぐに私の姉がうまれました。建築家として仕事をしながらカウナスに住んでいましたよ。若いカップルの当初の生活は楽ではありませんでした。そんな暮らしをしていながら、父ときたらそのなけなしのお金で、母に相談もせずピアノを買ってしまったんですよ。その奇想天外（！）に母は大ショックをうけたといっていました」。（笑）［＊語り継がれるファミリーのエピソードです。愉快そうでした］

父は、「このピアノは生まれてくる子ども達のために買ったんだ」など言い訳をして、実は自分の勉強のためだったんです！　何としてもそれで勉強したかったんでしょうが、結局のところピアノはあまり役に立ちませんでした。兄が生まれて、3年後に僕が生まれて。両親の思惑どおり兄も姉もピアノのレッスンに行かされました。ところが揃いも揃って興味を示さなかったものだから、残るのはわたし。もうティーンエイジャーになっていましたよ。

そうです、そのピアノです。［＊サロンのピアノを片手で示す］私は自分の道と職業をこの楽器で見出した、とこういう話です。父の奇抜なアイデアはやっと意味をなしたといいましょうかね。（笑）

ピアノの先生は父の友人の夫人で、カウナスのアドルナ（Adolna）先生といいました。彼女の夫はピアノ教師で、その後作曲家として知られたバリース・ドゥヴァリオナス（Balys Dvarionas）です。戦後リトアニアが再びソヴィエトの掟に晒《さら》されたその頃、アドルナ先生は自分の教えているカウナスの音楽学校に私を連れて行ってくれました。私はギムナジウム（中等教育学校）に通いながら音楽を学ぶことになりました。1949年に音楽学校を卒業し、ギムナジウムはその翌年の1950年に卒業。ええと、勘定があっているかな？、そうです、その年数で間違いない。

そしてヴィリニュスの音楽院に進学。ピアノの先生はまたアドルナ先生だった。なぜなら彼女はそこでも指導していましたんでね。

音楽院を1955年に卒業すると、そのままヴィリニュスで小さな仕事を見つけて働きました。どんなというと、伴奏したり子どもに教えたり。まあ、音楽学校時代から子どもに教えていたので慣れていました。その学校は今では「チュルリョーニス芸術学校」と呼ばれていますよ。

チュルリョーニスの音楽との初めての出会いですか？　そうねえ、主に音楽院時代ですね。周りの教員や学生たちが彼の作品を演奏したので、私も同じように。ただですね、出版された楽譜はとても少なかった。写譜された貴重な楽曲は資料室で厳重に保管され目にすることはほとんどありませんでした。

学生の頃、わたしはチュルリョーニスの（末の）妹、ヤドヴィーガ・チュルリョニーテ（Jadvyga Čiurlionytė）の伝統音楽の講義を都度聴講したものです。この女性は私の父と、アドルナ先生やその夫君とも仲の良い友でした。おかげで、私はヤドヴィーガ先生にとってちょっぴり（笑）特別な学生になりました。彼女の家を訪問するたびに興味深い話を聞きましたが、もちろん兄のチュルリョーニスの音楽作品については格別でした。

彼女からある時チュルリョーニスの未出版の作品を受け取るとは、思いもよらぬことでした。初演できる光栄な機会を得るのですから。（笑）

音楽院の卒業試験のリサイタルには、その中から6、7曲の作品を初演しました。その翌年のことを話しましょう。チュルリョーニス生誕90周年にあたり、記念の演奏会が行われたのです。若い演奏家にもチャンスが与えられることになりました。会場は国立フィルハーモニーのホールです。ご存知のようにソヴィエト政権が全てをコントロールしていた時代で、この記念演奏会の実現は異例なことでした。チュルリョーニスの作品は演奏が全て許されていたわけではなかったんです。彼の絵は「よくないもの」とされ、労働者のためのものではないといって許されませんでした。この記念コンサートが、スターリンの死後にもまだ残っていた厳しい壁を破った画期的なものでした。明らかに、時代の変化が訪れようとしていたのです。

プログラムには、チュルリョーニスの交響楽詩「海」、それに加えてピアニストがソリストとしてチュルリョーニスを披露することになっていました。

ドヴァリオーナス家族の働きかけでドヴァリオーナス自身がソリストに予定されていました。が、思いがけぬことが起きるものです。その彼が病気になったと知らされたのです。チュルリョーニスを演奏することで少し知られていた私に依頼がきました。予想もしなかった光栄に授かったのです。私のキャリア、画期的チャンス、大到来！（笑）それ以来、ほとんどチュルリョーニスばかりを演奏してきました。その後ピアニストとしてのキャリアの代わりに、チュルリョーニス作品の編集・出版をすることになりました。〝編集者〟になったのです。［＊冗談半分、エレガントに、エディトールと発音して音遊び］

こんな話もありますよ。だいたい、ロンドンのレコード会社エミーで録音するなんて、ヨーロッパの、それこそ隅っこの、こんなちょびっとした国で学校の先生をしている私なんかに、こんなチャンスが訪れるとは、想像できます？［＊１９８８年と思われるが］。あのロストロポーヴィッチがレコード会社エミーに推薦状を書いてくれたからできたことです。今思い返すと、私はあまりスマートではなかったかもしれない。といいますのも、自分で全部録音してロンドンにテープを持参したからなんです（確かに異例！）。新しく録音し直すより時間とエネルギーの倹約にもなると、こう考えたのです。録音に使用したピアノがすごいおんぼろだった以外は、全てが揃ってパーフェクト（笑）。心の中では、まだどうしようか迷っていたのですがね。

会社エミーは、スタジオでのリハーサルと録音セッションを提案してくれました。この話はつまるところ、レコード会社が私の案を聞き入れてくれて丸く収まったのです。だからですよ、レコードが発売されると、こんな評論がありました：作品も演奏家もなかなか興味あるものである、が、なぜ、このピアノはこんなにもひどいんだろう？　とね。（大爆笑）おお、それがなぜかって⁉　とても簡単なことです。リトアニアの作曲家連合（組合）のスタジオにはこのピアノが一台しかなかったから。彼らが所有する唯一のものでした。（笑）ベシュタイン、なんて楽器はなかったし、日本の何という名前でしたっけね、そんな楽器もなかったんです。

チュルリョーニスの作品の編集に関わってからというもの、彼のテキストやスコアーを山ほど研究してきました。それでいえることは、彼の作品は極めて特殊だということです。スケッチ（構想）だけ残しそのまま未完成にするのです。これは自分が作品を完結させる他に方法はないとの結論に至りました。そうです、多くの作品はスケッチだけなのです。彼はアイデアと構成の作曲家で、全てを書かずに記述で残すのです。時間がないからなのですが、作品は彼の抒情性や熟練性を持ってしてもまだ不完全なままでした。独特なフォームを創造し、例えばセリー（12音列技法）を使うんですが、特殊な構造主義をもって臨みます。9つの音、6つの音、4つの音だけを使ってその基本線から表現を試みる。それでありながらも、音高（ピッチ）は変化するが、音色の連鎖順序（セカンス）は不動だとかね。彼のまた別の独創には、旋法（モード）、複数リズム（ポリリトミック）、仕上げ（エラボレーション）の扱い方もありました。対位法に良いアイデアが湧けば、それを展開部に繋げて結末にまで至らせ、繰り返しのところまで導いていく。では、そこからあとは？　というと先にはなにもない。つまり演奏家の、もしくは出版者（！）の意思次第で随意に任せるという姿勢です！

チュルリョーニスは人生の最後の方で「ユラーテ」というオペラ作品を書いていました。小さなノートブックをポケットに持ち歩いていました。森の中を散歩しながら作曲し、ピアノの前に座るのではなかったのですよ。しかも記憶を書面（五線紙）に書き留める時には間違うことがありませんでした。何か創造する必要はなく、創造がどんどん彼の方にやってくるので、彼が欲しかったのはそれを写し取る時間だけでした。作品が最後まで書かれていなかった理由というのがそれです。

作品を一つずつ、展開部まで見届け最後の部分を考える、これは私の重要な課題でした。創造的な作業そのものでした。喜びをもって励み、今もその幸福感で仕事しています。自画自賛するわけではありませんがね、私の仕事の結果は、まんざらではないと思いますよ。（笑）

ええ、そうですとも。日本には何回か訪問しました。1992年の初訪問では、リトアニア共和国のリーダーとして東京へ公式訪問しました。妻と共にご招待を受けました。チュルリョーニスの絵画展も企画され、カウナスの美術館から何点かのチュルリョーニスの絵画が送られて展示されました。喜ばしい企画でした。

たったひとつだけ、不思議に思えたことがあってね。それは会場なのですが、大きなデパートの上階にあって、［＊池袋のセゾン美術館のこと］ヨーロッパ人には習慣的なことではなく大変驚かされました。

企画者の説明によれば、訪問者にとって便利な立地条件であると、こう納得しました。

特別な企画で、私のお誘いを特別に受けてくださった天皇皇后両陛下がご出席下さいました。またこの特権的な日本訪問では天皇に、研究論文の英訳版、チュルリョーニスについての『Time and Content』を献上することができました。展示会では企画者がチュルリョーニスを紹介し、わたしは数曲の作品をピアノ演奏しました。

皇室ファミリーを訪問するチャンスにも恵まれ、首相や大臣各位にもお目にかかれました。その席ではリトアニアについて語り、経済的及び政治的な援助が授かれるよう希望を述べさせていただきました。

日本が素晴らしい国であるという印象を受けました。何度か訪れるうちに地方を見て旅する幸運に恵まれ楽しい経験をもって帰国したものです。東京で個人ギャラリーを経営する女性からチュルリョーニスの展示会のご提案があり実現しました。そういえば、昔、日本人男性でチュルリョーニスの音楽と絵の強烈なファンがいたという話を耳にしました。チュルリョーニスを初めて日本に紹介した［＊1970年］、イチローとかいう名前でしたね。この方は音楽学者だったのですか？［＊加藤一郎氏のこと。ピアノ教師、ロシア語翻訳者、あるいは音楽学者］。チュルリョーニスに傾倒してムーヴメントまで起こそうとしたといわれますね。［＊チュルリョーニス・クラブのこと］

彼の絵が日本の芸術に近似性があり、ジャポニスムに影響されているとその人は気がついたのです。チュルリョーニスが絵の勉強中にポーランドを訪れ、そこで浮世絵の展示会を観たのではないかと思います。

日本を訪れるその都度チュルリョーニスを紹介し演奏してきました。大学の講習会やレクチャーも行いました。話のテーマは少々変わったものでしたが、リトアニアの話を学生たちは熱心に耳傾けてくれました。学生とは常に知識を得たいと思うものですからね。

フルクサス・コンサートの話をしましょうか。

ジョーナス（ヨーナス）・メカス（Jonas Mekas 1922-2019）は、米国の前衛映画界を代表する者でありました。偉大な詩人、思想家です。そして１９６０年代のフルクサス芸術運動の設立者、ジョージ（ユルギス）・マチューナス（George『Jurgis』Maciunas 1931-1978）は建築家でノンアート・マネージャー。このユルギスは私の幼友達でした。サークルにはヨーコ・オノやジョン・ケージ、など沢山参加していました。ユルギスと私は意見交換を重ね、１９６６年にリトアニアのヴィリニュスでフルクサスコンサートを行ったのですよ。また別の機会、イースト・アンド・ウエスト・フェスティヴァルの招待に答えてフルクサス風にチュルリョーニスのピアノ・リサイタルも行いました。ある韓国の前衛芸術家と友達になったのはこの機会でした。私と同年生まれのナム・ジュン・パイク［＊現代美術家 1932-2006］は１９９５年の光州の国際フェスティヴァルに招いてくれました。これでまた新しい経験がひとつ増えました！

ここで休憩。お水を飲んで余談、その一部を公開。

とっぷり日が暮れて、部屋の中は暗いどころか互いの顔が見えなくなりました。ドアの脇に座って我々のやり取りを聞いていたオシュキニス君に室内灯を点けてもらいます。

ランズベルギス氏に、インターネットのサイトには日本訪問された時のコメントが幾つか見られますよ、こうお伝えすると、「そうですか、評価くださっているんですか。そういうのを英語にして送ってくださいな。嬉しいことです。また日本の訪問をしたいと？　ええ思いますよ。でもその夢は断たれてしまった。今まで周囲に日本訪問の話はあまりしていませんが素晴らしい思い出になっているんです」。

「2011年の訪問といえば、そう、思い出した。ミセス・ワタリという名前だった。東京の小さなギャラリーでした。本物の絵を送るわけにいかずに複製画を展示してもらいました。チュルリョーニスの作品についてレクチャーしたり、コーベ（神戸）だったかな、2つの大学を訪問して話したり。多くの学生が聴講してくれました」。

オシュキニス君も祖父から日本の話を直接聞くのは今日が初めてだということでした。「でもいつか祖父からあれもこれも話を聞きたいと思っているんです」というオシュキニス君に、祖父のランズベルギス氏の素早い応酬です。「あはは、でも彼はね、時間がないいんだって！」。皮肉たっぷり、和やかな祖父とお孫さんのやり取りがありました。

2015年7月15日に掲載されたドラウガス・ニュース［＊Draugas News は米国で1909年に発足し、リトアニア人向けの英字日刊紙として最も歴史の古いカトリック系新聞］。記者のダリウス・フルモナヴィチウス［＊Darius Furmonavicius 弁護士、リサーチャー］の質問に答える元国家元首。祖国を率いた者と祖国を思う記者と、アウトサイダーの介入できない、当事者同士のやり取りを見つけました。

氏は、この記事を眼鏡越しに読まれ「ああ、あのフルモナヴィチウスのね」とよく覚えておら

れました。［＊掲載はフルモナヴィチウス氏の了承済み。なおこのインタヴューは移動する車の中で行われたものだった］

是非聞いてみたかった筆者の最後の質問に、この記事が導いてくれました。

## ドラウガス・ニュース

「2015年7月1日、リトアニア国家の元リーダー、プロフェッサー・ランズベルギスは英国のハウス・オブ・コモンズで講ずるために招かれた。テーマは〝EU―ロシアの関連、とりわけバルト諸国の安全対策〟。

これは東ヨーロッパの昨今の進展を見つめ分析したものであり、特にヨーロッパ、その地域、そしてヨーロッパ連合とナトー（NATO、［＊北大西洋条約機構―North Atlantic Treaty Organization. アメリカ合衆国を中心に北米とヨーロッパ諸国が結成する軍事同盟］）の平和と主権に関するロシアのあり方を考察するものであった」。

▽フルモナヴィチウス：

今起きている国際状況の中でリトアニアン・アメリカンとして何ができ、またしなくてはならないでしょうか？　私がここに強調したいのは、今起きているバルト国に対するロシアの攻撃的な行動や挑戦的態度についてですが。

▽ランズベルギス：

まずは、行動しなくてはいけない。その昔、ブッシュ大統領に向けて行ったように、オバマ大統領に嘆願メッセージ、といってもシンプルなものを作成すること：〝大統領、ストップ・ザ・ワー〟など。話題になる、ということは実際に戦いが想定されている、となれば侵攻の足場作りを進めようとするクセ者たちを前もって阻止しなくてはならないから。これは致命的なことであって、戦いに至らせてはならないのです。野放しにして拡散させてしまえば取り返しのつかぬことになる。肝を据えて行動せねば西側の民主主義が降伏をもたらすだけでなく破滅を呼ぶ。

▽フルモナヴィチウス：

ではこんな質問を。クレムリンは何を求めているのか、長期ゲームプランとは何のことなのか。

▽ランズベルギス：

それは明らか。西は無力であると表明することで、西側は無駄に従事しているんだ、地位の放棄にさえ頓着しないってことです。ウクライナがあのような冒瀆を受けたのは西側の方策を選んだことにある。周囲が〝ウクライナには何が起きているのだ、あなたたちは何を求めているのか〟と問いかけている最中に叩かれ始めた。これがモルドバ、ジョージアなど民主主義を選択した国々を待ち受けている状況だ。分断（国民を）してしまおうとする試みは（彼らロシアの）専売特許だ。我々にとって援助の源は間違いなく米国であろう。なぜならクレムリンがまだ恐怖を感じている国だから。これ（恐怖）がクレムリンが米国を嫌悪する原因で、それがナトーを軽蔑することにもなっている。（以下略）

昨晩、私はここロンドンで欧州―大西洋グループにロシアのボコ・ハラム化について話をした。このボコ・ハラム団は欧州は敵であり壊すべきものだとのイデオロギーを持つ。クレムリンはといえば基本的には同じ宣言をしている。クレムリンはまだ公に人前で人の首を切っていない、とはいえ一人ずつ撃ち殺しはする。イデオロギーの観点から根本的な違いはなかろう。方法論が異なっても西への憎しみや破壊希望の目標ということでは同じだ。（以下略）

一方、クレムリンの戦略的目標とは、米国を切り離すためにヨーロッパで優位に立つこと。（以下略）

古来からのホームランドの幸せを思うリトアニア系アメリカの人にとって大変重要なのは、危機にあるのはリトアニアだけではないと理解すること。ヨーロッパだけでなく西欧文明までもが明らかな危機に瀕している。

少し前、アメリカの政治家たちと新聞記者たちの集会に呼ばれ話すことになった。数名から、リトアニアはナトー（加盟）に承認されなくてはいけませんかというような質問があった。連中はナトーがリトアニアを守れるか疑問を持ったのだ。こういう単細胞な思考があるからリトアニアは最初から犠牲者だったのだ。

〝彼ら（リトアニア）を保護するなんてもうごめんだ、もうこやつらは敵の餌食にでもなってしまえ〟（とでもいいたいのだろう）、だから私は連中にこういってやったんだ：あなた方はのんびり、マイアミビーチで日光浴なすっていらっしゃる。だから全ては遠いことのように見えておいでだろう。そう、しかし、リトアニアに関知せぬ、ということは前戦がマイアミビーチに接近してくる、ということですよ。前戦がマイアミビーチに近づいてくるのをお望みなのですか？とね。ヨーロッパの防衛は米国の防衛ということに他ならない。そしてヨーロッパの防衛はリトアニアから始まる。前戦が置かれているのはリトアニアです。（以下略）

▽フルモナヴィチウス：

どのようなメッセージをリトアニアン・アメリカンの読者たちに送りたいですか？

▽ランズベルギス：

前世代のリトアニアン・アメリカン達はリトアニアの諸問題に深く関わってきた。それは彼らの存在意義としての一端だった。多くは戦後米国に渡り、あるいはすでにその前に来ていた。子どもを育て、言語と文化を大切にした。子どもらをユース・キャンプに参加させ、土曜・補習学校に通わせて活きたリトアニアの伝統を継承するだけでなく、将来彼らがリトアニアを支援できる準備をしてきた。彼らは尽力してきたのだ。（以下略）

しかしその仕事（貢献）は終わっていない。リトアニアは今だに脅かされている。精神面、文化面への抑圧を受け、内的占領に苦悩している。中には、建設的に勤勉に生活したいと思わぬ者も居る。アルコールに依存する者もいて、これはまさに退廃である。リトアニアはつい最近までの占領時代の悲劇から完全に立ち直ってはいないということだ。そうです！リトアニアはまだ貴方達の支援が必要です。しかしリトアニアがそれを必要としているからではなく、それが貴方達の常々の関心ごとであることを願って止みません。価値あることに尽くす時（我々の）生活は豊かになると思う。貴方達には大洋を隔てた向こうにもう一つファミリーがあって、その幸せが貴方の一部になれば、と期待するばかりです。

（プロフェッサー・ランズベルギスのインタヴュー An Interview with Prof.Vytautas/Landsbergis ダリウス・フルモナヴィチウス筆、ドラウガス・ニュース、政治欄。By Darius Furmonavicius/ Draugas News ; Politics July 15, 2015）

筆者最後の質問。

リトアニアには他の諸国からどのような援助が必要なのでしょうか。

「それは、確かに、直接的な援助というのは大事ですがね。デモクラシーはどんな場合でもこれが基盤になっていなくてはならない。私はマテリアリズム（唯物主義、物質主義）が好きになれない。コンシューマリズム（消費主義）もだめですよ。賛成できません。わたし（我々）は社会が民主的であることを望みます。モスクワはリトアニアに挑もうと思えばいつでもありうる。誰が助けに駆けつけてくれるでしょう？　もしかすると誰も来てくれない。見てごらんなさいあのウクライナ。日本からはどう見られているのでしょうか？」［＊唐突な質問に私は少し動転。ウクライナについて日本の報道は追ってはおらず、かといってロシアがウクライナを攻撃した時の大きな疑問がそのままになっていました。これを話したものかどうか迷っていると、すうと話が先に行ってしまいました］

「ロシアがウクライナを破壊するだろう。政治的な制裁はありますが不充分です。ロシアはやりたい放題にやりました。奇妙で嘘つきなゲームだった。こうなれば我々は欧州メンバーと協力しあって強い意志でもって彼らに対抗していくしかありません。それぞれが強くあらねばならないということですね。侵略者はあなたが躊躇しているとやってくるんですよ。躊躇がアトラクションになるからです。」

何か哲学が必要かと？　いえいえ、そうではなくてね。おそらく他の方法がある。私が思うに、現在世界には生産者と消費者しかいません。基本的にはこの二つの戦略で物事が成り立っておる世界だ。どう生産し、どう売って、どう買うか。これでは意味がない、としか言いようがないじゃありませんか。この宇宙で我々は何ができるのか？　人の命は？　人間としてどんな風にあなた（とわたしの）の生活を創り上げるかが問題です。隣人より強いからといって、その人を殴る？なんという悪性。人らしくすべきです。思うに、この（私の）論理は世界各国の政府のものではないとしても、攻撃性はおよそ意味を持たぬ、それ以上の何物でもありません。

あの独立の運動。それは我々にとって忘れがたい記憶の遺産です。言葉にならぬ体験でした。人々はまるで兄弟のように繋がった。あんなに多くの人たちが一度に家族になったんですよ。少しずつ忘れられ始めているのも確かです、けれど思い出すたびにね、幸せを感じるんです。誰一人（ソヴィエト軍の戦車を前にして）不安や恐怖を覚えたものがいなかった。命をかけていました。もし死んだとしても、その死は冒涜されることなく従属を強要されない死です。そう、そう、おっしゃる通りです。これはまさにハーモニーでした、それも完璧な勝利のハーモニーでした。我々の魂から生まれた勝利です。彼らの暴力、メンタリティー、誇大妄想に勝ったんです。

今日の若い世代はこんな歴史を、聞いて読んで、背景を理解しなくてはいけませんね。第二次大戦の後、我々は再び占領されてしまった。これに対抗したパトリオット（愛国志士）がかなりいましたよ。命を賭けて彼らは戦った。これらの話をどんなに多く聞いてきたことか。

物事を力で解決しようと思うなら分別などは必要がなくなる。本当、そう思いません？　自由の中で死んでしまった方が、拷問にかけられたり、無理やり密告者になることを強いられたりするよりどんなに良いか。彼らパトリオット達のことを我々は「森のフリーダム・ファイター」と呼ぶんです。長い戦いの末、周りを囲まれて、捕まり、殺害される。それも自殺を装ってね。

もし私だったら裏切り者にはならない、自由のまま死ぬ方を選びます。

どこかの壁にこんなことが書いてありましたね。「彼らにできるのなら、どうして私にできないことがありましょう」とね。

聖ヨハネの言葉で私の大好きなものがあります。「愛がなければ、私とは無に等しい」。

独立運動に人々の情熱を感じました。我々が再び、スピリチュアル（精神的）な改革が出来るとしたら、それはなんと素晴らしいことでしょうか。

＊インタヴューの最後には、声が低く耳に届きにくい言葉もありました。先の「好きな言葉」というのは、次の言葉のことを示しておられるようでした。

＊新約聖書、コリントの信徒への手紙13章から1、2、3

1　たとえ私が人の言葉や御使いの言葉で語ろうとも、愛がなければ、騒がしい鐘、やかましいシンバルと同じ

2　たとえ私が予言の力を持ち、あらゆる奥義とあらゆる知識に通じ、また山を動かすほどの信仰を持っていようとも、愛がなければ、無に等しい

3　また、私が全財産を貧しい人々に分かち与え、体を焼かれる為にわが身を引き渡そうとも、愛がなければ、何の役にもたたない

The human civilization with all its technological achievements underwent essential change.
Don't vote for any change before being sure that it is not evil.
The only means of salvation is love.
Love for truth,of course.

Vytautas Landsbergis

## エピローグ

本著の第4章のおわりのほうに置かれた新約聖書の言葉は、筆者が追加したものです。ランズベルギス氏に掲載の承認をいただくためあえて、コリントの信徒への手紙を添え、「愛がなければ…、というお言葉は、ここからの引用と解釈してよろしいですか」と訊ねました。氏の柔らかい声がインタヴューのおわりにきて、か細くなってしまったからです。「愛がなければ、私は無に…」、氏は囁くように発音され、さりとて聞き返すタイミングもありませんでした。気がつくとインタヴューはなんと1時間をかなり回っており、しかも連日の暑さ。猛暑に慣れぬ北国の人たちには、「体が追いつかぬような天候」と言われていました。

幸いにも、氏から折り返し了承のお返事をいただきました。ほっと胸をなで下ろしたものです。と、そんな経緯がありました。そしてあえて削除しないことにしました。

私自身は宗教を持ちません。宗教観のようなものはあっても特定したものはありません。人が持つ神性、自然物に宿る神性、我々を取り巻く神性、これに加えて、計り知れない力に触れることがあります。そんな時、私は生命に感慨を覚え、音楽家でよかったと思わずにいられません。

本著ではランズベルギス氏の生涯にも触れました。国家の独立という偉業については詳細な分析もなされているようですが、ここではもっとシンプルに、その「人」に迫ってみました。何度かお目にかかり、交わした限られた言葉、とはいえ氏が持たれる「センス」に対面した思いです。
ご家族を取り上げたのは物見遊山ではないと記したとおりです。そこから発見がありました。父上の存在の無限大、これは想像を上回るものでした。加えて、母上やその他のご家族、ご祖父の存在、さらに歴史遡るランズベルギス家の息吹きを感じ、ふと（彼らの）ミッションという言葉が浮かんできました。

本著、締めくくりの英文の出処は、ヴィータウタス・ランズベルギス著の「Guilt and Atonement」です。独立運動の経緯について書かれ、そこに載せられたご自身の結びの言葉です。２０１９年３月、英国で行われたリトアニア独立記念日のセレモニーに招かれて演奏した際にプレゼントで頂戴した大判のドキュメンタリー著書（２０１５年出版）です。

ここではバルト三国のリトアニアのみを取り上げました。ラトヴィアやエストニアについては筆が及びませんでした。
リトアニア統計局は２０１９年１月の人口を二七九万４千人と発表したところです。昨年から約０・５％ほどの減少になりますが、これからに期待します。空気がピュアーで汚すものがないことを誇る人々。一方、いや、バルト海をみるがよい、という声もあります。この世界のどこに汚染の影響を受けていない国があるでしょう。

冒頭に明石美代子大使について書きました。芸術に造詣深く、その力を信じておられました。２０１７年の12月に旅立たれました。思いもよらぬことでした。心からご冥福をお祈りします。芸術とは、その作品を観たり聴いたりした人の心に刻印を残し、重大な変化と力をよびさますものといって良いと思います。

リトアニア国の元リーダーが音楽家、演奏家であること、音楽のポテンンシャルを身をもって政治の舞台で実践されてこられたことを考えるとき、明石元大使と元国家元首ランズベルギス氏に一本の糸が繋がるような気がします。

自国のアイデンティティを強く追い求めるリトアニアの姿は私たちに多くを語りかけてきます。少なくとも私には、そこからおおいに触発されるものがありました。

以前に出版された自著2冊「笛吹のおらんだ語り」「沖縄アンダンテ」に引き続き、編集のご援助を頂いた石田百合さん。本著ではさらなる力添えを頂きました。出版までの道のりを支えてくださったことにはお礼の言葉もありません。本当にありがとうございました。ヒントを賜った野中文江さんにもお礼申し上げます。社会評論社の松田健二社長と中野多恵子さんには編集を、ブックデザインでは伊勢功治さんに、皆様大変お世話になりました。

本著で引用した次の書簡、論文、テキストや詩も含めて翻訳は筆者によるものです。よって至らぬところが多々あると思います。その場合はどうかご容赦ください。

第1章の1、C・アデール著「軍事航空」（1908年）の序文とフランスの大統領へのオープンレター、新聞「ル・マタン」掲載（1908年）

H・ファーマンの書簡（1908年）

J・ドブケヴィチウスの母への5書簡（1925年まで）

A・グスタイティスの「パイロット技術誌」に掲載された「思い出の言葉」（1926年）。

第2章の2、V・オシュキニス氏の論文（2017年）——世界大戦間（インターワー）リトアニアにおける建築と音楽・モダニズムのあり方

第2章の3、J・ランズベルギーテ氏の論文（2016年）——リトアニアのホームランドの概念、「超越した展望」、詩を含めた全文

第3章の1、V・ランズベルギス氏の言葉、著書「リトアニア・独立を再び」（2000年）から

第3章の2、加藤一郎著「バルティック研究日誌」（1976年）

C・レヴィ＝ストロース著「月の裏側」（2011年）の序文

第3章の4、V・レーニンの言葉

L・テルミンとO・マッティ（1989年）の対談

第3章の5、カヤバ・ミチノスケ（Ｆｕｊｉ ＴＶ）によるモスクワのホテルで行われた杉原千畝のインタヴュー（1977年8月4日）

第4章の1、聖母マリアの歌詞

第4章の2、欧州委員会の提案事項に対抗する、イタリアの論説（2005年1月15日）ネット文章

ヨーナス・メカスの詩

第4章の3、Ｄ・フルモナヴィチウスによるドラウガス・ニュース新聞・政治欄（2015年7月15日掲載記事）「プロフェッサー、ランズベルギスのインタヴュー」

＊追記　本著に使用された写真について。「1988年、自由を求めて」「僧侶Ｓ・ドブロヴォルスキス」の作者、関係者に連絡が不可能でした。お心当たりある方にはよろしくお願いいたします。

# 謝辞

山崎史郎・在リトアニア日本特命全権大使、そして前代の重枝豊英元大使、白石和子元大使、明石美代子・初代在リトアニア日本特命全権大使、各位に御厚情を賜ってまいりました。拝謝いたします。また当機関の各位にも、様々なシーンでご援助頂いて参りましたこと、厚く御礼申し上げます。

本著の根幹ともなるインタヴューのご協力を頂いた方々へ、稀な機会を得てしかもユニークな体験であり、素晴らしい思い出になりました。心からの感謝を表明したいと思います。

元国家元首ヴィータウタス・ランズベルギス氏にはご多忙のなかお時間を頂きました。インタヴュー終了後、ご自身のチュルリョーニスのピアノ作品のCD、独立革命のドキュメンタリー映画のDVD、特別にデザインされたとか、氏の肖像絵のサイン入りリトグラフィー（？）まで頂戴しました。それらは本著の大切な資料にさせて頂きました。

ユラーテ・ランズベルギーテ氏、カスタンタス・ルケナス氏、ヴィータウタス・オシュキニス氏、それぞれを初めて読者に紹介できました。ご協力いただけて本当に幸いでした。皆様に御礼申し上げます。

国立航空博物館では、博物館館長レミギユス・ヤンカウスカス氏、ギーティス・ラモシュカ氏、サウリウス・シュトゥーラス氏、アイスティス・ルコシェヴィチウス氏。重ねての謝辞とともに、大変有難うございました。

筆跡解読者のカタリーナ・ファン・サールロース・フィセンコ氏（ロシア人）と翻訳者のライマ・デ・フリース・カズラウスカイテ氏（リトアニア人）、両氏に感謝を述べたいと思います。これなくユルギス・ドブケヴィチウスの書簡の掲載はできませんでした。どうやら、これらの書簡は翻訳されたこともなく、またおそらくは、読まれることもないまま長年眠っていたものです。ありがとうございました。

2019年の7月下旬でした。カウナス市近郊にある、J・ドブケヴィチウスのお墓参りが実現しました。パイロットの墓石の上には飛行機のプロペラがデザインされ、石にはめ込まれた小さな写真が、木漏れ日の陰で揺れているように見えました。

最後に、本著のきっかけを作ってくれたユルギス・ドブケヴィチウスに感謝の意を表して。

［参考文献・主要資料一覧］

「チュルリョーニスの時代」V・ランズベルギス　佐藤泰一訳　ヤングトゥリープレス　２００８年
「ロシア音楽史」フランシス・マース　森田稔・梅津紀雄・中田朱美訳　春秋社　２００６年
「杉原千畝」白石仁章　新潮文庫　２０１５年
「命のビザを繋いだ男――小辻節三とユダヤ難民」山田純大　ＮＨＫ出版　２０１３年
「杉原千畝物語」杉原幸子・杉原弘樹　フォア文庫　２００７年
「レーニン」オッセンドフスキー　木村毅訳　実業之日本社　１９５６年
「物語　バルト三国の歴史」志摩園子　中公新書　２０１７年
「物語　オランダの歴史」桜田美津夫　中公新書　２０１７年
「闘う文豪とナチス・ドイツ――トーマス・マンの亡命日記」池内紀　中公新書　２０１７年
「命のビザ　遥かなる旅路――杉原千畝を陰で支えた日本人たち」北出明　交通新聞社新書　２０１５年
「ソビエトの分割」小室直樹　光之社　１９９１年
「坂の上のヤポーニア」平野久美子　産経新聞出版　２０１０年
「18世紀におけるオランダ東インド会社とアジア経済」福島邦久　大阪大学西洋史学会『パブリック・ヒストリー』9号　２０１２年
「ロシア高等教育機関における日本語教育」マシニナ・アナスタシア　金沢大学外国語教育センター『外国語教育フォーラム』3号　２００９年
「1862年第2回ロンドン万国博覧会における日本」楠元町子『愛知淑徳大学論集』第40号 ２０１５年
「鎖国時代のロシアにおける日本水夫たち」ヴラディスラヴ・ニカノロヴィッチ・ゴレグリャード　国際日本文化研究センター『日文研フォーラム報告書』第１２３回　２００１年

「ロシアにおける日本研究の歴史と現在」エカテリーナ・レフチェンコ　国際日本文化研究センター『世界の日本研究』２０１４年
「ロシア革命の擁護」（トロツキーのコペンハーゲン演説）渡辺憲正訳　第1巻トロツキー著作集第2巻、ソヴィエト社会とスターリン独裁から　『トロツキー研究』第5号　１９９２年
「１７世紀中葉オランダの東インド通商圏」　科野孝蔵　『地学雑誌』　１９８１年
「過去半世紀における飛行機設計の進歩」木村秀政　『日本航空学会誌』2巻6号　１９５４年
「ウイルナの争奪　欧州新伏魔殿のバルチック諸国」『中外商業新報』１９２７年12月3日～7日
「模造、命のビザ、救いの証――リトアニア公文書館が保管」栗田晃　『東京新聞』　２０１８年9月2日
「会見リポート」　佐々木正明　産経新聞外信部　２００９年11月20日
「リトアニア共和國」　外務省　２０１８年5月18日
*Jetro Report*　ユーロトレンド　2009～2017.
*Lithuania Independent Again*　Vytautas Landsbergis, University of Wales Press CARDIFF.　2000.
*De Recht-Vaardigen*　Jan Brokken, Atlas-Contact.　2018.
*L' Aviation Militaire in 1908*　Clément Ader.　2015.
*Vingt-Cinq Années D' Aviation Militaire 1920-1945*　J.Hebrard, Alban Michel.　1947.
*Inleiding in de Filosofie*　Karl Jaspers, Vantilt.　1976.
*L' Autre Face De La Lune*　Claude Lévi-Strauss, Seuil.　2011.
*Masse et Puissance*　Elias Canetti, Gallimard.　1966.
*Op Reis met de VOC*　M.L.Barend-Van Haeften, Walburg Press.　1996.
*The Power of the Song*　Guntis Smidchens, The University of Washington Press.　2014.
*Guilt and Atonement-The Story of 13 January*　Vytautas Landsbergis, Vilnius : Briedis.　2015.

*Lithuanian Artist in Australia 1950-1990 Vol-1* Genovaite Elena Kazokas, University of Tasmania. 1992.

*Influence of Japonisme on Art of M.K.Ciurlionis and His Contemporaries* Yumiko Nunokawa, Kaunas University of Technology. 2015.

*Musical Interest and Priorities of Vladimir Lenin* Emil M.Preisman, Journal of Siberian University & Social Sciences. 2015.

*Fluxus in Vilnius* Petra Stegmann, World New Music Magazine Nr.18. 2007.

*M.K.Ciurlionis The Lithuanian Composer and Painter, And the Correlation between Pictorial and Music Compositions* Ichiro Kato, JBS.Vol 7. No. 1. 1976.

*Wood in Contemporary Lithuanian Architecture:Traditions and Novations* Arnoldas Gabrenas, (Summary of Doctoral Dissertation), Vilnius Gediminas Technical University. 2014.

*An Interview with Prof.Vytautas Landsbergis* Darius Furmonavicius Draugas News, Jul.15. 2015

*Landsbergis and Pakruojis Region* Gene Juodyte, Mar.2013. JSC.

*An Interview with L.Thermine* Art Technology & Gesture, Oct. 4, 2002.

*Upheaval in the East:Lithuania to the Core* Vytautas Landsbergis, NewYork Times Archives. 1990.

*Interview with Vytautas Landsbergis* The Baltic Times, Mar. 5, 2015.

*Frattini Apre ai Paesi dell' Est* Francesca Caferri, La Repubblica. Feb. 2005.

高橋眞知子（たかはしまちこ）　フルート奏者

1969年留学。1970年、スイスのジュネーブ音楽院を首席卒業。
A. ペパン、A. ジョネに師事。
1973年、パリの現代音楽アンサンブル「コレクティフ」（指揮者L. ベリオ、G. シノーポリ、他）の首席奏者、ソリストに就任。ヨーロッパ諸国を中心に長年国際音楽祭に出演を重ね、特に現代音楽シーンで活躍してきた。「オランダ室内管弦楽団」や「ロイヤル・コンセルトヘボウ・室内管弦楽団」などオーケストラの首席奏者を努め、みずから結成した「オランダ室内アンサンブル」および弦楽奏者12名とフルートの編成の室内オーケストラ「コンセルトヘボウのソリスト達」は日本公演も行っている。オランダのアーネム音楽院の教授、のち2015年まで沖縄県立芸術大学の教授。国際コンクールの審査員、各国でマスタークラスをおこなう。

CDをオランダ、イタリア、日本でリリース。

著書は『笛吹きのおらんだ語り』（未来社、1999年）『沖縄アンダンテ』（学藝書林、2012年）

**歌の革命**
**——リトアニアの独立とそれにまつわる人々——**

2019年12月10日　初版第1刷発行

著　者＊高橋眞知子
発行人＊松田健二
カバー・口絵デザイン＊伊勢功治
本文組版＊中野多恵子＋菅又俊世
発行所＊株式会社社会評論社
東京都文京区本郷2-3-10　☎03（3814）3861 FAX03（3818）2808
http://www.shahyo.com
印刷・製本＊倉敷印刷株式会社